A IMPLANTAÇÃO DA INDÚSTRIA AUTOMOBILÍSTICA NO BRASIL

SYDNEY A. LATINI

A IMPLANTAÇÃO DA INDÚSTRIA AUTOMOBILÍSTICA NO BRASIL

DA SUBSTITUIÇÃO DE IMPORTAÇÕES ATIVA À GLOBALIZAÇÃO PASSIVA

EDITORA ALAÚDE

Dados Internacionais de Catalogação na Publicação (CIP)
(Câmara Brasileira do Livro, SP, Brasil)

Latini, Sydney A. A implantação da indústria automobilística no Brasil : da substituição de importações ativa à globalização passiva / Sydney A. Latini. – São Paulo : Alaúde Editorial, 2007.

"50 anos da aprovação dos planos nacionais automobilísticos e do GEIA: meta 27 do programa de metas: governo Juscelino Kubitschek (1956/1961)"
Bibliografia.
ISBN 978-85-98497-55-6

1. Automóvel - Brasil - História 2. Brasil - Condições econômicas 3. Brasil - Indústrias 4. Desenvolvimento econômico 5. Grupo Executivo da Indústria Automobilística (GEIA) - História 6. Indústria automobilística - Brasil - História I. Título.

07-0808 CDD-338.4762920981

Índices para catálogo sistemático:
1. Brasil : Indústria automobilística :
Economia : História 338.4762920981

Editor
Antonio Cestaro

Coordenação Editorial
Lucimara Leal

Digitação
Alda Maria Latini

Revisão de Texto
Celso Barroso Leite
Ronaldo Antonelli
Lucimara Leal

Projeto Gráfico e Diagramação
Flávia da Matta Design

Capa
Walter Cesar Godoy

Agente Cultural
Euci Dalforne

Impressão e Acabamento
EGB - Editora Gráfica Bernardi Ltda

Alaúde Editorial Ltda.
R. Hildebrando Thomaz de Carvalho, 60 - CEP 04012-120 - São Paulo - SP
Telefax: (11) 5572-9474 / 5579-6757
alaude@alaude.com.br
www.alaude.com.br

A Alda,
minha mulher, que compartilhou comigo,
ao longo de sessenta anos, momentos de alegria e tristeza,
a minha homenagem.

"O testemunho pessoal ganha relevância quando inserido no contexto histórico, em particular se o cronista é personagem do drama."

Celso Furtado, *A fantasia organizada*

"... nossa pobreza não é uma fatalidade imposta por um mundo injusto. É algo que podemos superar com diligência municiada pela paixão e disciplinada pela razão."

Roberto Campos, *A lanterna na popa*

Agradecimentos

A elaboração deste livro foi um exercício quase solitário de meditação. Companheiros de jornada ao longo de mais de cinco décadas, a maioria dos quais já não se encontra entre nós, contribuíram com seus depoimentos registrados em documentos, entrevistas à imprensa e bibliografia que colecionei ao longo desse período. Seus nomes estão mencionados ao longo do texto ou em notas de rodapé. Sem esse precioso legado, seria muito mais difícil – se não impossível – resgatar a saga da implantação da indústria automobilística no Brasil e seus antecedentes.

A transformação das idéias em realidade palpável, centenas de páginas cuidadosamente digitadas e corrigidas, com paciência, devo a uma secretária muito especial: minha filha Alda Maria, coadjuvada por seu filho, meu neto Felipe.

A pesquisa de fotografias contou com a colaboração prestimosa de outro neto, Pedro Ivo, também filho de Alda Maria. O interlocutor exigente foi meu "filho-coruja" Carlos Henrique.

Celso Barroso Leite, companheiro no Conselho Técnico da Confederação Nacional do Comércio (CNC), foi o incansável revisor do texto. Não deixou passar nenhum cochilo, não raro justificando suas correções em bem-humoradas notas à margem.

O embaixador Vasco Mariz, também companheiro do Conselho Técnico, foi o animador do projeto, colocando-me em contato com o meio editorial.

Devo a esses valiosos coloboradores o estímulo para concluir o trabalho a que me propus. A todos, os meus agradecimentos.

Sumário

Prefácio

M.F. Thompson Motta

O Brasil foi um dos países que mais cresceram no século passado, sendo superado apenas pelo Japão. Hoje, segundo critério do Banco Mundial *Purchasing Power Parity* é o quinto no mundo em poder de compra, com mais de um trilhão de dólares. A grande arrancada para a industrialização na segunda metade do século foi um dos fatores para esse resultado: o país passou, nos últimos cinqüenta anos, de fornecedor de produtos de qualidade duvidosa para fabricante de aviões, computadores e de turbinas hidráulicas de maior porte no mundo.

Foi fundamental para esse desempenho o Brasil ter podido contar no setor privado e no estatal com dirigentes de competência necessária e com condições de assimilar a tecnologia e os métodos de administração adotados no exterior.

De acordo com o ministro Roberto Campos, o grande celeiro de dirigentes, não só para o setor privado como também para o estatal, foi sem dúvida o Banco do Brasil, em que além de seleção rigorosa os funcionários estão sujeitos a avaliações permanentes e a educação continuada no país e no exterior.

O Banco do Brasil teve durante muito tempo as funções de agente financeiro do governo federal, como banco de fomento, principalmente no setor agropecuário e no comércio exterior. Por outro lado, através de suas agências, tem sido o ponto de referência em quase todas as nações do mundo, em assuntos vinculados à economia do Brasil.

O economista Sydney Latini fez parte do grupo do Banco do Brasil que se destacou no grande esforço do desenvolvimento do país, integrado por Casemiro Ribeiro, Sergio Ribeiro, Ernane Galvêas, José Luiz Miranda, João Paulo dos Reis Velloso, Raul Velloso, Maílson da Nobrega e muitos outros.

A pressão da procura de veículos automotores, na década dos 50, tinha chegado a níveis insuportáveis para as disponibilidades de pagamento ao exterior. O mercado nacional de veículos passou, após a Segunda Guerra Mundial, a representar no balanço de pagamentos tanto quanto o trigo e o petróleo.

O presidente Juscelino Kubitschek, percebendo a gravidade do problema, criou o GEIA – Grupo Executivo da Indústria Automobilística, com o objetivo de instituir condições para fabricação de veículos no país, dentro de prazos rígidos de nacionalização progressiva estabelecidos nos decretos que constituíram os planos nacionais automobilísticos. Coube ao almirante Lucio Meira a Presidência, e ao economista Latini a função de secretário executivo. O grupo era constituído pelo diretor executivo da Superintendência da Moeda e do Crédito – Sumoc, pelos diretores da Carteira de Câmbio e de Comércio Exterior do Banco do Brasil e pelo diretor superintendente do BNDE.

É interessante frisar que, na época, muitos eram pessimistas a respeito da fabricação de veículos no Brasil. Em seminário no Conselho de Economia, por exemplo, a respeito da indústria automobilística, um representante de uma grande empresa automobilística declarou ser impossível a fundição de motores diesel no Brasil, em face da dificuldade de mão-de-obra qualificada e de tecnologia apropriada.

Entretanto, em dezembro de 1955, o presidente Juscelino Kubitschek, ainda não empossado, participou de uma cerimônia em São Paulo onde foi lançado o primeiro bloco de motor diesel, produzido em escala industrial no Brasil. A proeza foi da Fundição Sofunge, de capital nacional e presidida por Othon Barcelos.

O livro do economista Latini descreve o trabalho dessa equipe do GEIA que conseguiu, num prazo relativamente curto, estabelecer as diretrizes de confiança para que os empresários do setor automotivo investissem no país em contrapartida aos estímulos, assegurados pelo governo, de ordem cambial, fiscais, creditícios e comerciais.

A permissão para a entrada de máquinas e equipamentos sem cobertura cambial (instrução 113 da Sumoc), na forma de capital, trouxe para a indústria a possibilidade de acesso rápido a máquinas seminovas e com tecnologia atualizada.

O grupo executivo, como foi concebido, permitia a análise dos projetos de forma explicita e sem burocratização. Quando o grupo aprovava, automaticamente o projeto estava aprovado nos diversos órgãos oficiais envolvidos. O economista Sydney Latini, preposto de Lucio Meira, foi decisivo nesse programa, uma vez que gozava de excelente trânsito junto aos investidores e ao próprio governo, devido a sua competência e lisura no trato dos grandes problemas, inevitáveis num projeto como o da indústria automobilística.

Latini, como participante ativo, relata em seu livro, além da criação da indústria automobilística, os fatos e episódios relativos ao desenvolvimento econômico, enfatizando a rápida industrialização do país, com absorção das melhores tecnologias do mundo e produtos atualizados e competitivos.

Introdução

A implantação da indústria automobilística no Brasil, na segunda metade do século recém-findo, foi um dos acontecimentos mais expressivos da história do desenvolvimento econômico do país.

A saga dos esforços realizados, tanto pelos empresários pioneiros como pelos homens de governo que perceberam a importância desse setor de atividade para a alavancagem da economia, tem sido narrada em entrevistas, artigos e livros, por observadores, pesquisadores ou testemunhas dos acontecimentos, em diversos graus de abrangência.

Fui, em diferentes etapas, observador, pesquisador e, sobretudo, testemunha e participante desse processo, em sua fase mais decisiva, como secretário executivo do GEIA (Grupo Executivo da Indústria Automobilística), responsável pela coordenação dos Planos Nacionais Automobilísticos – a Meta nº 27 do Plano de Metas do governo Juscelino Kubitschek (1956/1961).

Como representante do almirante Lúcio Meira, presidente do GEIA, tive o privilégio de conviver diariamente, durante mais de seis anos (1957/1963), com esse insigne brasileiro, que foi o idealizador e o comandante (desde 1951, ainda no segundo governo de Getúlio Vargas) de todo o processo que culminou com a implantação da indústria automobilística no Brasil.

A par de me beneficiar da transmissão oral da experiência de Lúcio Meira, fruto de seus contatos com empresários, autoridades governamentais e outros responsáveis pela administração pública, desde o início de suas articulações, pude acrescentar minha própria experiência, auferida ao longo de minha carreira de funcionário do Banco do Brasil atento aos problemas da economia brasileira, o que me proporcionou a oportunidade de recolher preciosos subsídios, sobretudo nas áreas de desenvolvimento industrial e balanço de pagamentos.

Depois que deixei o GEIA, e durante muitos anos, considerei-me devedor de um depoimento pessoal, abrangente, em forma de livro, sobre o desafio que havíamos enfrentado e os resultados alcançados. Em palestras, entrevistas, artigos, depoimentos, sempre prestei contas de nossas realizações e procurei defender nossas posições, enfrentando algumas vezes a crítica rigorosa, geralmente fruto de má informação, ideológica ou política. No afã de cumprir as metas previstas, nem sempre foi possível desviar nossa atenção das tarefas cotidianas para descer a detalhes explicativos ou polemizar, embora não faltasse desejo de cumprir esse dever nem disposição para isso.

Ao longo dos anos a cobrança aumentou, e finalmente procurei encontrar tempo e abrir mão de outros interesses mais prementes para resgatar o que sempre considerei uma dívida. Esta a razão deste livro.

Passados tantos anos, era impossível contar com a colaboração de companheiros que já se foram e que certamente muito poderiam enriquecer este trabalho. Procurei suprir suas ausências, na medida do possível, com depoimentos, entrevistas e outras marcas de sua passagem, que consegui recuperar de nossos envelhecidos arquivos.

Organizei depoimento em quatro partes: numa primeira parte – intitulada *O aquecimento* – resumi minhas observações e minha participação pessoal relativas ao período que vai da eclosão da Segunda Guerra Mundial ao final do governo Vargas, quando ganharam expressão as convicções da importância da ação do Estado no processo do desenvolvimento econômico.

A segunda parte concentra-se na análise dos *Planos Nacionais Automobilísticos* que balizaram a implantação da indústria automobilística no Brasil, inserida no Plano de Metas do governo Juscelino Kubitschek, comprometido com a realização de "cinqüenta anos em cinco". É a parte central do livro, intitulada *A arrancada*.

Na terceira parte, são focalizadas as mudanças de rumo ocorridas a partir de 1964, com o regime imposto pelo movimento político-militar e os *Novos desafios* enfrentados pela indústria recém-implantada. É o mais longo período analisado, do qual não participei – pois já não mantinha qualquer vínculo com a administração pública – mas nunca deixei de ser atento observador.

A Expressão da Indústria Automobilística na Economia Brasileira é o tema analisado na quarta e última parte, destinada a um confronto entre o panorama visualizado para o futuro, na fase de implantação, a realidade atual, decorridos cinqüenta anos, e uma tentativa de vislumbrar as perspectivas para o seu desenvolvimento.

PRIMEIRA PARTE

O AQUECIMENTO

Da eclosão da Segunda Guerra Mundial ao final do governo Vargas

A expansão econômica que se vinha processando no Brasil nos anos 1926-1928, causada pelo crescimento da agricultura de exportação, a partir de 1929 perdeu seu dinamismo, caindo o PNB e a renda nacional em valores absolutos nos anos de 1930-1932. Isso se deveu à Grande Depressão de 1929-1933, que afetou substancialmente o comércio exterior do país, e à crise do café. No fim dos anos 30, apesar de a agricultura ainda representar cerca de 57% do produto físico, o setor industrial ganhara bastante importância.

Nos anos 1933-1939 e no período pós-Depressão até a Segunda Guerra Mundial, a renda per capita brasileira manteve-se praticamente estagnada, no nível de 1928. Se a produção industrial não tivesse substituído a agricultura de exportação como setor dinâmico da economia, teria havido queda da renda per capita, em vez de apenas estagnação.

A ambição de industrializar rapidamente um país atrasado, a par de numerosas outras circunstâncias, forçou o governo a intervir de maneira crescente no sistema econômico[1]. No imediato pós-guerra, segunda metade dos anos 40, o setor privado brasileiro foi o maior benefíciário do crescimento industrial. Essa maior generosidade para com o setor privado (não apenas industrial mas também agrícola) foi particularmente verdadeira no que se refere ao Banco do Brasil, mediante recursos canalizados, em sua maior parte, via Creai (Carteira de Crédito Agrícola e Industrial).

Em fins dos anos 40 se tornou cada vez mais claro que o crescimento contínuo do setor industrial e da agricultura não se fizera acompanhar de uma expansão adequada da infra-estrutura do país – especialmente nos campos do transporte e da geração de eletricidade. Ademais, o descaso com os investimentos em infra-estrutura ameaçava criar pontos de estrangulamento que poderiam limitar seriamente o crescimento futuro. Uma vez que o setor privado interno não possuía nem os meios técnicos nem os financeiros necessários para ingressar nesse campo, e também porque o setor privado estrangeiro não desejava imobilizar no-

---

[1] VILLELA, Annibal. *Escritos selecionados*. Capítulos: "As Modificações no Papel do Estado na Economia Brasileira", "A Grande Depressão e a Estagnação da Renda Real, 1929-1938", "Os Setores Estatal e Privado na Economia Brasileira", IPEA, Brasília, 2000.

vos e grandes volumes de recursos num setor que se caracterizava por períodos de gestação de investimentos muito longos e sujeitos à regulamentação governamental, a grande expansão do Estado nessas esferas tornou-se inevitável.

Dada a iminência da guerra, o projeto de implantação da grande siderurgia no Brasil foi discutido em meio a um cenário internacional extremamente instável. Graças à habilidade de negociação do governo Vargas e à preocupação de Franklin Delano Roosevelt, presidente dos Estados Unidos, de promover alianças estratégicas na América do Sul – e em particular com o Brasil, para assegurar o fornecimento de matérias-primas indispensáveis ao esforço de guerra, notadamente minério de ferro –, nosso governo conseguiu em 1940 um empréstimo de US$ 20 mihões do Eximbank, para aquisição de máquinas e equipamentos, o que tornou possível a implantação da grande siderurgia no Brasil, com a criação da Companhia Siderúrgica Nacional (CSN), em Volta Redonda (RJ), em abril de 1941.

No início dos anos 50, quando cada vez mais se aceitava a indústrialização como principal estratégia de desenvolvimento, e não apenas como mecanismo de defesa temporária contra crises no balanço de pagamentos, tornou-se claro para os formuladores da política econômica que seria impossível uma rápida industrialização se se dependesse apenas do setor privado interno. A despeito de duas décadas de expansão, as indústrias brasileiras não possuíam o capital, os conhecimentos técnicos e a organização necessários para criar setores industriais mais avançados. Em conseqüência, e em face da necessidade de deflagar uma rápida industrialização substitutiva, a ênfase relativa mudou para o desenvolvimento dos setores de propriedade estatal e estrangeira.

Foi necessário aparelhar o Estado para atender às novas exigências. Nesse período surgiram ou foram aperfeiçoados mecanismos mais adequados às novas responsabilidades: a Superintendência da Moeda e do Crédito (Sumoc) e a Carteira de Exportação e Importação (Cexim) – beneficiando-se ambas da estrutura administrativa do Banco do Brasil; o Banco Nacional do Desenvolvimento Econômico (BNDE), por recomendação da Comissão Mista Brasil–Estados Unidos; o Conselho de Desenvolvimento Industrial, subordinado ao Ministério da Fazenda, além do Departamento

Administrativo do Serviço Público (DASP), que num período anterior foi responsável por uma das nossas mais expressivas reformas de adminstração pública.

Foi também nesse período que começaram a ficar em evidência no Brasil a profissão de economista e uma nova técnica – o planejamento econômico –, despertando a atenção da geração que emergia, estimulada pelas oportunidades que se ofereciam no âmbito dos organismos internacionais surgidos com a criação da Organização das Nações Unidas (ONU).

A crise de balanço de pagamentos, após a Segunda Guerra Mundial, decorrente dos crescentes déficits da balança comercial, deu origem a um rígido regime de controle cambial e de substituição de importações, que muito contribuiu para acelerar o processo de industrialização do país.

As importações do complexo automobilístico (veículos e autopeças) figuravam entre os principais responsáveis pelo dispêndio de divisas, e o setor de fabricação de autopeças foi um dos que mais se desenvolveram durante os anos de guerra, para suprir o mercado de reposição e manter a frota de veículos em funcionamento. Essa circunstância despertou atenção para o exame da viabilidade de um esforço para desenvolver a incipiente indústria de montagem de veículos, já instalada aqui, oferecendo estímulos para a incorporação crescente de peças de fabricação nacional.

Os primeiros estudos com esse objetivo foram realizados no âmbito do Conselho de Desenvolvimento Industrial, criado por iniciativa da Assessoria Técnica da Presidência da República e subordinado ao Ministério da Fazenda.

Capítulo I

No limiar da Segunda Guerra Mundial

1. Os movimentos extremistas e o fortalecimento dos ideais democráticos

Para a juventude brasileira que despertava para a vida no início dos anos 40, a eclosão da Segunda Guerra Mundial pareceu inicialmente algo muito distante, problemas do Velho Mundo, que não nos diziam respeito e cujas conseqüências pouco nos atingiam.

A vida cotidiana continuou a fluir normalmente. Os sonhos de realização pessoal não foram abalados pelas refregas na Europa, que dominavam o noticiário da imprensa, dividindo as simpatias dos leitores: os que pendiam para os países aliados e se indignavam com as façanhas dos alemães, anexando territórios de países vizinhos; e os que simpatizavam com as demonstrações de força do *Führer*, desafiando a ordem esta-belecida pelo Tratado de Versalhes, após a Primeira Guerra Mundial.

No início não pareciam muito nítidas – pelo menos para mim – as preocupações com a defesa dos regimes democráticos liderados por Churchill e Roosevelt, em face da ameaça de ditadura, personificada por Hitler e Mussolini.

No Brasil, Getúlio Vargas tinha conseguido manter-se no poder mais de dez anos, impondo uma Constituição que extinguiu os partidos políticos, o direito de voto, as greves, e mantinha sob rígido controle as manifestações populares e a liberdade de imprensa. Na área econômica e social, dividia suas simpatias entre o *New Deal* de Roosevelt, a *Carta del Lavoro* de Mussolini e o direcionismo do comércio exterior e da política cambial, de inspiração alemã.

Seu viés progressista e nacionalista agradava tanto à juventude universitária como aos trabalhadores e à emergente burguesia industrial; e contava com o apoio da administração pública, fortalecida por uma reforma que a valorizou, resguardando-a das injunções da política partidária.

Do outro lado estava a velha oligarquia apeada do poder em 1930, cuja expressão política eram os antigos partidos, inconformados com a nova ordem. Suas lideranças, que nunca deixaram de conspirar contra o regime, enfrentaram perseguição e, em muitos casos, os excessos da repressão.

Os radicais de esquerda, infiltrados nos meios estudantis, nos sindicatos de trabalhadores, na administração pública, nos meios intelectuais e na imprensa, cresceram na clandestinidade, sob a liderança de Luiz Carlos Prestes, o Cavaleiro da Esperança, o mito que havia entusiasmado a juventude, desde antes da Revolução de 30, com rasgos de heroísmo ao comandar a Coluna Prestes. Partindo do sul, percorreu vasta extensão do território brasileiro, criando o clima para a implantação de um regime político inspirado na vitoriosa Revolução Comunista que, a partir da União Soviética, conquistava adeptos em todo o mundo.

Para enfrentar o proselitismo dos comunistas surgiu em meados dos anos 30 a Ação Integralista Brasileira, liderada por Plínio Salgado, um movimento de extrema direita impregnado de idéias fascistas e nazistas, tanto em sua doutrina como em sua exteriorização. Eram os integralistas. Nacionalistas xenófobos, discriminavam os judeus, usavam uniforme (camisas verdes) e símbolo (sigma), a exemplo das camisas pardas (dos nazistas) e negras (dos fascistas); faziam saudação erguendo o braço direito, como seus símiles e, bradando “Anauê”, realizavam desfiles marchando com passo militar, bandeiras e estandartes, entoando hinos marciais.

Tanto os comunistas (em 1935) quanto os integralistas (em 1939) tentaram derrubar Vargas mediante movimentos militares rapidamente abortados, que só serviram para acentuar ainda mais a repressão a toda tentativa de oposição ao regime estabelecido.

Foi nesse clima que os ideais democráticos, reavivados pela eclosão da Segunda Guerra Mundial, se fortaleceram e voltaram a ser difundidos no Brasil, sem inibição. Os anseios de liberdade já não podiam ser contidos: liberdade de expressão, liberdade de reunião, liberdade de crítica, passaram a ser reivindicações correntes e crescentes.

O alinhamento do Brasil com os países aliados, na luta contra a ditadura nazi-fascista, tornava-se iminente. No grande esforço de mobilização para derrotar os países que formavam o eixo Berlim/Roma/Tóquio, até a ditadura comunista que dominava a União Soviética foi temporariamente absolvida, com a adesão de Stalin ao bloco de países aliados e com reflexos em nosso país, onde arrefeceu a "caça às bruxas".

2. O Brasil vai à guerra

A neutralidade do Brasil não resistiu por muito tempo. Em 1942, após o bombardeio de navios mercantes brasileiros em nosso litoral por submarinos alemães, o povo foi às ruas exigir a declaração de guerra às potências do eixo. Vargas não teve opção: em 22 de agosto daquele ano o Brasil declarou guerra à Alemanha e em 1944 enviou à Itália uma divisão de infantaria, sob o comando do general João Batista Mascarenhas de Moraes[2].

A guerra, que até pouco antes parecia algo distante, foi-se tornando uma preocupação palpável. Com o envolvimento direto do Brasil, quando eu tinha apenas dezoito anos de idade, comecei a sentir a probabilidade de ser convocado para uma luta que jamais me havia passado pela cabeça. À medida que decorriam os meses e se concretizava a organização da Força Expedicionária Brasileira, aumentava a ansiedade e a sensação de que o impensável estava para acontecer.

---

[2] Dada a iminência da guerra, o projeto de implantação da grande siderurgia no Brasil foi discutido em meio a um cenário internacional extremamente instável. Na convicção de que o governo dos Estados Unidos estava protelando as negociações para a concessão de um empréstimo do Eximbank ao Brasil, para financiar a criação da Companhia Siderúrgica Nacional (CSN), Getúlio Vargas começou a fortalecer contatos com a Alemanha, tendo ficado célebre seu discurso, em 11 de junho de 1940, a bordo do encouraçado Minas Gerais, interpretado como uma manifestação explícita de simpatia pela Alemanha. Foi preciso a interferência direta de Roosevelt, preocupado em implantar alianças estratégicas na América do Sul, para que o Eximbank concedesse, em 26 de setembro de 1940, o empréstimo de US$ 20 milhões para a aquisição de máquinas e equipamentos necessários à usina de Volta Redonda, criada em 9 de abril de 1941. CSN "Um Sonho Feito de Aço e Ousadia", Regina da Luz Moreira, Fundação Getúlio Vargas (CPDOC), abril de 2000.

A Cia. Vale do Rio Doce foi criada em 1º de julho de 1942, em resultado da encampação da Itabira Iron Company, de Percival Farquhar, com recursos também fornecidos pelo Eximbank, para atender a necessidades geradas pela guerra. Lucas Lopes, *memórias do desenvolvimento*, CPDOC, FGV, 1991).

3. O desembarque no Banco do Brasil

Quando os pracinhas brasileiros estavam se preparando para embarcar para a Europa, eu fazia concurso, em março de 1944, para ingressar no Banco do Brasil. No dia 6 de junho – o "Dia D", no código dos estrategistas – as tropas aliadas desembarcavam na Normandia, na costa da França, abrindo a segunda frente de combate na Europa, e eu *desembarcava* no 6º andar da rua 1º de Março, onde funcionava o Departamento de Contabilidade (Decon), do Banco do Brasil, contratado *em caráter precário*, por dois anos, norma adotada, segundo constava, para admissão de funcionários sujeitos à convocação para o serviço ativo do exército, por se encontrarem na faixa etária em torno de 21 anos de idade durante o período de vigência do contrato. Passei a torcer para a guerra terminar antes de junho de 1946.

Minha primeira tarefa era o controle da remuneração dos funcionários do Banco integrantes da FEB: um ordenado pago em dólares na frente de combate, um ordenado creditado em conta, no Brasil, à disposição de seus familiares. Eram numerosos os colegas convocados para a guerra. Faziam parte desse contingente os funcionários da Agência do Banco do Brasil junto à FEB (AGFEB) e que receberam patentes, desde cabo (os contínuos), a tenente-coronel (gerente da Agência).

Sentia-me orgulhoso de integrar o quadro de funcionários do Banco do Brasil, embora como *precário*, como logo passaram a ser designados pelos mais antigos os calouros ingressados no período da guerra. Afinal de contas, a carreira no banco era das mais cobiçadas, em função dos benefícios auferidos: assistência médica de excelente qualidade, estabilidade, gratificações semestrais, complementação de aposentadoria, além do prestígio social. Ter um filho funcionário do Banco do Brasil era o sonho e motivo de orgulho para muitos chefes de família.

O Banco do Brasil desempenhava funções de um grande ministério. Seu papel na administração da economia brasileira não tinha paralelo, como agente financeiro do governo e como banco de fomento, principalmente da agropecuária, no comércio e das transações com o exterior em geral. Nada se fazia na área econômica sem a participação do Banco do Brasil. Seus funcionários mais graduados eram convocados para as mais diversas funções de relevo na administração pública e disputados pela iniciativa privada.

Logo percebi o leque de oportunidades que a carreira no Banco do Brasil poderia oferecer, mas também a dura competição com milhares de funcionários. Estava concluindo meu curso de Economia na Faculdade de Ciências Econômicas e Administrativas de Niterói, cidade onde sempre morei, desde que cheguei, com 15 anos, de Nova Friburgo, minha terra natal, onde fiz o ginásio – aquele velho e eficiente currículo de cinco anos – e onde me beneficiei do convívio com os padres jesuítas do Colégio Anchieta, base sólida de minha formação moral e religiosa.

Minha tarefa no Decon era puramente burocrática. Ao final de poucos meses me senti subutilizado e com disposição para exercer outra atividade que me satisfizesse profissionalmente. Nesse sentido procurei fazer contatos com outros setores do banco. Descobri logo o Departamento de Estatística e Estudos Econômicos (Desec), que dispunha de uma razoável biblioteca especializada e onde me identifiquei com dois colegas igualmente interessados em se realizar profissionalmente como economistas, dentro do banco: Mário Orlando de Carvalho e Casimiro Antônio Ribeiro, responsáveis pela elaboração de séries estatísticas (principalmente nas áreas bancária, de finanças públicas e de comércio exterior) e comentários publicados mensalmente no *Boletim Estatístico e Econômico*.

Passei a freqüentar o Desec com a habitualidade possível, nos horários disponíveis, descobrindo livros e revistas, nacionais e estrangeiros, que me eram emprestados e que me mantinham razoavelmente informado. Entre os livros, recordo de um que me impressionou muito: *How to pay for the war*, de John Maynard Keynes, em que o famoso economista expôs seu plano de mobilização de recursos para o Tesouro da Grã Bretanha fazer face às despesas de guerra, mediante a emissão de obrigações de subscrição compulsória, que inspirou o governo brasileiro quando lançou as Obrigações de Guerra, com a mesma finalidade.

Entre as revistas, passei a ler com certa regularidade os boletins mensais dos Bancos Federais da Reserva americanos, que publicavam estatísticas e análises de evolução da conjuntura; e comecei a sonhar com a viabilidade de produzirmos no Brasil algo semelhante.

Em maio de 1945 terminou a guerra. Em julho, quando o primeiro escalão da FEB retornou ao Brasil – após mais de sete meses de luta na Itália – havia deixado no pequeno e florido cemitério de Pistóia perto de quinhentos mortos. Entre eles, dois colegas meus de ginásio: José Jeronymo Mesquita e Aldino Tavares.

No final daquele mesmo ano recebi o diploma de bacharel em Ciências Econômicas ou, como se compraziam em nos alcunhar os bacharéis de Direito, ciosos da exclusividade que pretendiam se preservar do título, de bacharel em Secos e Molhados...

4. Querendo exercer a profissão de economista

O ensino de Economia no Brasil, durante muitos anos, só era ministrado nas faculdades de Direito e de Engenharia, numa cadeira denominada Economia Política, cujas aulas se baseavam num livro que se tornou muito divulgado naquela época: *História das Doutrinas Econômicas*, de Charles Gide e Charles Rist.

As faculdades de Ciências Econômicas começaram a conquistar certo prestígio, no Rio de Janeiro e em São Paulo, adotando currículos mais ambiciosos, se bem que ainda muito influenciados pelo ensino de Direito. No Rio, as mais procuradas eram a Faculdade de Ciências Econômicas e Administrativas, depois incorporada à Universidade do Brasil, com o nome de Faculdade Nacional de Economia, e a Faculdade de Ciências Políticas e Econômicas Cândido Mendes, que passou a denominar-se Faculdade de Economia da Universidade Cândido Mendes, quando esta foi criada.

Em 1941, Niterói ganhou sua Faculdade de Ciências Econômicas, na qual me matriculei, estimulado por leituras sobre temas econômicos em revistas que chegavam às minhas mãos – principalmente a publicada pelo Idort – Instituto de Organização Racional do Trabalho, uma instituição fundada por Armando Salles de Oliveira, e *Think*, editada pela IBM – International Business Machines, representada no Brasil pela firma Serviços Hollerith, S. A., presidida por Valentim Bouças. Bouças conquistou muito prestígio junto ao presidente Getúlio Vargas, de cujo governo participou ocupando o cargo vitalício de presidente do Conselho Técnico de Economia e Finanças, do Ministério da Fazenda, órgão incumbido de administrar a dívida externa do Brasil, que havia sido consolidada em 1932, uma das primeiras realizações da Revolução de 1930.

Valentim Bouças era personalidade instigante, de acentuado espírito público, que muito influiu na modernização do serviço público no Brasil, difundindo a ampla utilização das máquinas IBM (que passaram a ser conhecidas no Brasil como máquinas Hollerith), não só nas repartições do governo mas também no meio empresarial. Esses equipamentos, que funcionavam à base de carões perfurados para registrar dados, foram os precursores dos computadores, também introduzidos no Brasil pela IBM, que em suas primeiras versões eram máquinas volumosas e passaram a ser designadas com o pomposo nome de *cérebros eletrônicos*.

A profissão de economista, designação do portador do grau universitário de bacharel em Ciências Econômicas, não era então muito conhecida e valorizada e seu exercício não era sequer regulamentado, como é de praxe no Brasil em relação a quase todas as profissões. Um dos poucos economistas conhecidos e respeitados no país era o professor Eugênio Gudin, formado em Engenharia. O professor Octávio Gouveia de Bulhões, formado em Direito, começava apenas a conquistar notoriedade como economista, no Conselho Técnico de Economia e Finanças do Ministério da Fazenda. O dr. Gudin era o oráculo ao qual recorriam as autoridades governamentais para se aconselhar em assuntos econômicos. De formação clássica, sempre foi um ardoroso adepto da economia liberal de mercado e um crítico intransigente da intervenção do Estado na economia, posições que defendia com mordacidade em seus artigos, na grande imprensa diária, redigidos com muito brilho, pois era também um grande jornalista.

Os jovens economistas, recém-egressos das universidades, não tinham mercado de trabalho como tais. Habilitavam-se nos concursos para o preenchimento de vagas em carreiras na administração pública que pressupunham algum conhecimento de economia, ou procuravam abrir espaço na imprensa, sem qualquer remuneração.

A grande crise iniciada em 1929 nos Estados Unidos, as contingências da Segunda Guerra Mundial e a reconstrução no pós-guerra puseram em evidência as idéias heterodoxas de Keynes, que atribuíam grande importância à intervenção do Estado na economia, para corrigir as distorções decorrentes do livre jogo do mercado, reconstruir os países atingidos pela guerra e promover o desenvolvimento dos países emergentes.

Eram essas as idéias que empolgavam a nova geração de economistas e que encontraram grande receptividade não só nos meios acadêmicos como nos governos, não apenas do Brasil mas do mundo inteiro, preocupados em restabelecer a *normalidade* de pré-guerra e sobretudo em corrigir as distorções do funcionamento de um sistema econômico que gerou a Grande Depressão e desaguou na mais sangrenta guerra de todos os tempos.

A necessidade de intervenção do Estado na economia parecia evidente, pois tornava-se urgente a mobilização de todos os recursos disponíveis, tanto da iniciativa privada como do governo, para a grande tarefa de reconstruir as economias devastadas pela guerra e promover o desenvolvimento acelerado dos países de economia retardada e dependente.

A vitória dos ideais democráticos acentuou as aspirações dos povos por liberdade e igualdade e a busca de novas fórmulas para conquistá-las. A atitude fraterna dos Estados Unidos – única potência vitoriosa que não sofrera a destruição da guerra em seu próprio território – em relação aos aliados e até aos ex-inimigos na Europa e na Ásia gerou a expectativa de que estava em gestação a grande aliança, em escala global, contra a miséria e a injustiça, e que os ódios seculares entre as nações iriam desaparecer.

Vimos a criação da Organização das Nações Unidas, o Plano Marshall, a modernização do Japão, empreendida pelo governo de ocupação (que poderia ser designado governo de cooperação) sob o comando do general MacArthur, a reaproximação entre os Estados Unidos – maior expressão da economia capitalista – e a União Soviética, líder do mundo comunista, fruto de uma aliança construída durante a guerra. Todos esses acontecimentos alimentavam a esperança de que finalmente estava em marcha o ideal de um mundo único. Estado e iniciativa privada se dariam as mãos. Pouco se questionou, nessa fase, se deveria caber ao Estado ou à iniciativa privada criar oportunidades de emprego, produzir ou construir. A tarefa seria de responsabilidade de todos, mas compreendeu-se a necessidade de reconstruir em novas bases o Estado, ao qual caberia o papel de monitorar a economia, inclusive na busca de nova inserção internacional.

Capítulo II

A identificação profissional

1. O horizonte descortinado no Banco do Brasil e a descoberta do DASP

Esse era o clima que prevalecia no imediato pós-guerra, quando ingressei no Banco do Brasil e concluí meu curso de Economia. Estava completando 21 anos mas tinha muita pressa. Queria ter uma participação mais expressiva no processo que se descortinava. Lia tudo que meu pouco tempo disponível permitia, principalmente depois que descobri a biblioteca do Desec e a facilidade de tomar livros emprestados. Mas não era só o Banco do Brasil que me interessava, e as oportunidades que dentro de sua estrutura queria explorar. Queria saber como funcionava a máquina administrativa do governo. Queria conhecer as pessoas que se destacavam no funcionamento de toda essa engrenagem.

Logo no início do curso de Economia, tomei conhecimento da tarefa que vinha realizando o DASP (Departamento Administrativo do Serviço Público). Foi o professor Eutacílio da Silva Leal, técnico de administração do DASP, que, nas aulas da cadeira de Ciência da Administração, despertou meu entusiasmo pela matéria e pela reforma da administração pública que vinha sendo empreendida pelo governo Vargas. Foi assim que descobri a Biblioteca do DASP. Funcionava no imponente edifício do Ministério da Fazenda, inaugurado havia poucos anos e cuja majestade impressionou tanto o escritor Stefan Zweig e serviu de inspiração para o título de seu livro *Brasil, país do futuro*.

Na biblioteca do DASP me abasteci de quase toda a literatura que enriqueceu meu curso de Economia. Ali encontrava não só os melhores e mais atualizados textos de economia, administração e finanças, como também podia solicitar que fossem adquiridos os livros que lá ainda não estivessem disponíveis, e minhas sugestões eram quase sempre acolhidas. Foi também lá que conheci e encontrava com freqüência o professor Richard Lewinsohn, um vienense especialista em finanças que vivera há muitos anos na França, de onde emigrou para o Brasil após a *débâcle* de 1940. Escreveu sobre muitas coisas, mas sua obra mais conhecida era *Trustes e cartéis na economia mundial*. Leitor atento das revistas de economia e finanças dos Estados Unidos e da Europa, teve notável papel educativo entre nós, chamando a atenção para o que de importante aparecia.

Lewinsohn, que era assessor de finanças do diretor geral do DASP, honrava-me com sua atenção e paciência. Nossas conversas começavam na biblioteca e prolongavam-se às vezes até altas horas da noite, numa ampla sala que ele ocupava no mesmo edifício do Ministério da Fazenda.

2. A revista *Economika* ampliou o horizonte

Numa dessas tertúlias noturnas revelei timidamente meu pretensioso projeto de editar uma revista para divulgar artigos sobre economia, finanças e administração. Lewinsohn passou a ser o grande animador da idéia, prontificando-se desde logo a ser um colaborador permanente da revista. Tive ainda a sorte de encontrar um sócio para participar das despesas do projeto: Mozart Gusmão Coube Rodrigues, um colega do Banco do Brasil, jovem como eu e disposto a correr os riscos do empreendimento.

Em poucos meses estava pronto o boneco do primeiro número de *Economika* (assim mesmo, com K, para despertar a atenção). Cheio de esperança, com a ingenuidade e a inexperiência dos 21 anos, rumei, pela primeira vez, para o austero 4º andar do edifício da rua 1º de Março, 66, onde funcionava a diretoria do Banco do Brasil, confiante em conseguir uma entrevista com o presidente João Marques dos Reis, para apresentar meu projeto e pleitear uma publicidade que garantisse financeiramente sua realização.

Isso me parecia natural, uma vez que eu era um funcionário da casa, que o Banco certamente estaria disposto a estimular. Em seu gabinete, anunciei-me e fui recebido por Charles Pullen Hargreaves, recém-chegado da guerra na Itália, onde servia na Agência do Banco do Brasil junto à FEB (AGFEB) e, por isso, recebera a patente de tenente-coronel. Era um dos nomes de funcionários com os quais me havia familiarizado em função da tarefa que desempenhava ao iniciar minha carreira no Decon.

Hargreaves era um perfeito *gentleman*, que fazia jus à sua ascendência britânica. Ao tomar conhecimento da minha pretensão de marcar uma audiência com o presidente, para tratar de assunto particular, procurou convencer-me, com muita cortesia e paciência, de que seria muito difícil (evitando dizer "impossível") um funcionário (ainda mais *precário*...) ser recebido pelo presidente para tratar de assunto particular. Procurou saber, discretamente, qual seria o assunto. Neguei-me a revelar, insistindo porém que só ao presidente poderia transmitir. Diante de minha obstinação, sugeriu que continuasse tentando e voltasse ao gabinete em outra oportunidade. Durante uma semana, após o enceramento do expediente, às 18 horas, passei a freqüentar o gabinete do presidente e reiterar minha solicitação. Sempre a mesma amável acolhida de Hargreaves, mas nenhuma promessa de atendimento.

Foi durante essa peregrinação que encontrei Aporelly, ou Barão de Itararé, como era mais conhecido Apparício Torelly, um dos mais apreciados humoristas da imprensa carioca, onde pontificava nas páginas do seu semanário *A Manha*, um tablóide "*que não se dobrava*". Como eu, Apporelly tentava sensibilizar o presidente do Banco do Brasil para autorizar publicidade a ser divulgada em seu jornal. Enquanto esperávamos, deliciava-me com as espirituosas sátiras do Barão. Um dia ele pediu a Hargreaves que o anunciasse ao presidente: "Diga ao Marquês dos Reis que aqui está o Barão de Itararé".

No início de 1946, logo após a redemocratização do país, quando se discutia no Congresso a proposta orçamentária e não se conseguia chegar a um acordo quanto aos cortes de verbas, num esforço para equilibrar o orçamento, diante da pressão por maiores despesas e da precariedade das receitas, um deputado, cansado dos intermináveis debates, sugeriu que o governo, usando de sua prerrogativa, providenciasse a emissão de uma quantidade de papel-moeda que satisfizesse a todas as demandas de despesas governamentais e assim estaria encerrada a celeuma.

Glosando a óbvia solução preconizada pelo genial parlamentar, Aporelly, em uma coluna de seu jornal, manifestou simpatia pela solução acertada, fazendo apenas um reparo. Parecia-lhe que seu ilustre autor havia sido muito egoísta, procurando uma solução para equilibrar apenas as contas do governo. Se o governo tem o poder de emitir, por que não emitir logo uma quantidade de moeda suficiente não apenas para equilibrar as finanças governamentais, mas também para transformar todos os brasileiros em milionários? E concluía: brasileiro milionário, por definição, vai para Paris, e estariam resolvidos todos os problemas do país.

Ao final de uma semana esperando que o presidente Marques dos Reis me recebesse, e temendo que eu não desistisse de meu propósito, Hargreaves foi mais enfático e anunciou que definitivamente o presidente não iria me receber. Apelou para que eu revelasse o que queria e ele transmitiria minha solicitação. Embora sem confiar muito no empenho de um intermediário para transmitir minha pretensão, resolvi finalmente revelar meu segredo e passei às mãos de meu simpático interlocutor o *boneco* de *Economika*, com os originais dos artigos programados para seu primeiro número. Hargreaves prometeu colocar meu expediente em cima de uma pilha de papéis que levaria logo em seguida ao presidente para despacho e faria o que fosse possível.

Não se passaram quinze minutos e recebi, com a maior surpresa, a informação de que o presidente me aguardava. Muito simpático e deixando-me à vontade, passou os olhos atentamente pelos textos dos artigos que lhe haviam sido entregues, elogiou a iniciativa, lembrou tratar-se de tarefa que exigia persistência e dedicação – sem prejuízo de meu trabalho no Banco –, indagou sobre a tiragem, quem iria imprimir, quanto custaria e como pretendia fazer face a essas despesas.

Prestei os esclarecimentos solicitados, enfatizando minha pretensão de receber autorização para divulgar anúncio do Banco do Brasil na última capa da revista e da Caixa Econômica na contracapa. Perguntou-me se já havia obtido autorização da Caixa Econômica. Diante de minha negativa, redigiu seu despacho na correspondência que eu lhe havia dirigido, autorizando a publicação do anúncio solicitado, *por prazo indeterminado*.

Richard Lewinsohn abriu o primeiro número com um artigo sobre o "*inflationary gap*"[3], primeira crítica séria entre nós da versão crua da

[3] LEWINSOHN, Richard. "Alterações no conceito de inflação" – *Economika*, Rio de Janeiro, fevereiro 1946.

teoria quantitativa da moeda, que era dogma entre nossos professores de Economia.

Quando falamos em inflação, lembrava Lewinsohn em seu artigo, a primeira associação de idéias é a de que se trata de uma pletora de moeda que acarreta uma elevação de preços.

E mais adiante, falando sobre o conceito do "*inflationary gap*", afirmava:

> Segundo este conceito, não é a quantidade de moeda e a quantidade de bens que se encontram no mercado, mas a parte dos rendimentos que os consumidores estão dispostos a gastar e as mercadorias disponíveis. Durante a guerra a renda nacional foi grandemente aumentada, em virtude da produção do material de guerra, mas os bens disponíveis para o consumo foram muito restringidos. Entre o poder de compra da população e os bens que os consumidores podiam adquirir havia então uma lacuna, é o *inflationary gap*.
> A existência do *inflationary gap* não significa que o país deva cair forçosamente na inflação. É apenas, um potencial inflacionista e o governo pode e deve evitar que a lacuna seja entulhada por um acréscimo dos preços, absorvendo o poder de compra excessivo, por intermédio de impostos e empréstimos. Em outros termos, os rendimentos disponíveis devem ser adaptados à quantidade das mercadorias disponíveis. Se esse objetivo for atingido o volume monetário não influirá no nível dos preços.

Um jovem técnico de administração do DASP, servindo no Departamento do Serviço Público (DSP) do antigo Estado do Rio de Janeiro, onde o conheci, produziu dois artigos para *Economika*: "Organização do Município Moderno" (para o nº 3, de abril de 1946) e "A elaboração do orçamento" (nº 4, de setembro de 1946). Era Celso Furtado que, além de técnico de administração do DASP, era formado em Direito, foi crítico de arte na *Revista da Semana* e estava chegando da Europa, para onde fora integrando a Força Expedicionária Brasileira. Na volta, publicou ainda em 1946 seu primeiro livro, *De Nápoles a Paris (contos da vida expedicionária)*, que nada tinha a ver com sua farta e famosa bibliografia, que o tornaria um dos mais conhecidos economistas contemporâneos, principalmente depois da publicação dos clássicos *Formação econômica do Brasil* e *Teoria e política do desenvolvimento*.

A publicação de *Economika* foi uma oportunidade para ampliar meus contatos dentro e fora do Banco do Brasil. Dentro do banco, descobri colegas interessados em economia e desejosos de divulgar suas idéias. Foi assim que travei conhecimento com Herculano Borges da Fonseca, servindo no gabinete do influente diretor José Vieira Machado, que acumulava a diretoria da Carteira de Redescontos, da Caixa de Mobilização Bancária e da recém-criada Sumoc – Superintendência da Moeda e do Crédito; Orlandy Rubens Corrêa, da poderosa Creai (Carteira de Crédito Agrícola e Industrial); *Alarico A. Areas*, do Departamento de Estatística e Estudos Econômicos; e Ewald Possolo, do Departamento Jurídico e especialista em legislação bancária.

Fora do Banco do Brasil, estreitei minhas relações com técnicos de administração do DASP: além de Celso Furtado, já mencionado; Benedito Silva, editor da excelente *Revista do Serviço Público*; Eutacílio da Silva *Leal*, diretor do Departamento do Serviço Público (DSP) do Estado do Rio e meu professor de Ciência da Administração; Byron Torres de Freitas e Pedro Maia Filho, dos quais me aproximei por intermédio de George Washington Lait, também funcionário do DSP, meu colega de faculdade, de quem me tornei grande amigo, parceiro e cúmplice na fundação do Centro Acadêmico Herman Júnior, da Faculdade de Ciências Econômicas de Niterói e da União Fluminense de Estudantes.

Octávio Gouveia de Bulhões, já na época economista de grande prestígio, mais tarde diretor da Sumoc, em duas oportunidades, e ministro da Fazenda; Eduardo Lopes Rodrigues, da Seção de Estudos Econômicos do Ministério da Fazenda; Reynaldo S. Gonçalves, presidente do Sindicato dos Economistas; Tolstoi C. Klein, economista do Ministério do Trabalho, Indústria e Comércio; além de Cesar Catanhede, engenheiro civil, professor da Escola Nacional de Engenharia e diretor técnico dos Serviços Hollerith – todos faziam parte da selecionada equipe de colaboradores da Economika.

3. A disseminação de idéias inovadoras

Em 1945, quando terminava a Segunda Guerra Mundial, o Brasil tinha 46,2 milhões de habitantes, ou cerca de 28% da população atual (167 milhões em 2001).

A maior cidade era o Rio de Janeiro, então capital da República, com cerca de 2,0 milhões de habitantes, seguida por São Paulo com menos de 1,4 milhão. Eram as duas únicas com população superior a um milhão. Cada uma das demais cidades era habitada por menos de 300 mil pessoas. Àquela altura o Brasil ainda não possuía estatísticas confiáveis dos principais agregados da economia nacional, pois os números então divulgados como síntese das atividades econômicas ressentiam-se da insuficiência de certos dados, como também da falta de uniformidade e precisão conceitual deles.

Diante da precariedade de dados anteriores a 1947, vários economistas realizavam estimativas do Produto Real Bruto, no intuito de quantificar e melhor compreender a história econômica do Brasil. Apesar das características do período (1939/1945), afetado pelo conflito mundial, a economia brasileira teria crescido 18-20% com taxa anual de cerca de 3%, o que daria o crescimento anual *per capita* de aproximadamente 0,7%, levando-se em conta a expansão demográfica de 2,3% a.a[4]. Antes da guerra, o Brasil era pouco mais que uma grande fazenda, com a maior parte de sua população vivendo das culturas de café, cacau e algodão e, que, acrescida ao açúcar, extraído da cana, eram responsáveis por mais de 80% de nossas exportações. A agricultura de subsistência (feijão, arroz, legumes, hortaliças e frutas) e uma atividade industrial inicipiente (concentrada na fabricação de tecidos e produtos alimentícios) apoiavam-se no comércio interno dessas mercadorias e de produtos importados. A burrocracia governamental e a prestação de serviços, geralmente rudimentares, absorviam o restante da mão-de-obra ocupada.

Máquinas, equipamentos, matérias-primas básicas (como combustíveis), produtos químicos e farmacênticos, metais (ferrosos e não-ferrosos) eram, em sua esmagadora maioria, importados por intermédio de empresas comerciais atacadistas, nacionais e estrangeiras, que formavam, com os grandes proprietários rurais, o estrato mais influente da elite empresarial no Brasil. As entidades de representação empresarial e os partidos políticos (estes últimos até a Revolução de 1930) eram dominados por essa elite.

---

[4] BELCHIOR, Elysio de Oliveira. *A economia brasileira em 1945*, Confederação Nacional do Comércio (CNC), Departamento Econômico, Rio de Janeiro, 1997.

Os sacrifícios impostos à economia brasileira em conseqüência da Segunda Guerra Mundial enrijeceram a disposição do empresariado, estimulado pelo governo, no sentido de se realizar um grande esforço para produzir aqui as mercadorias importadas que se tornaram escassas ou impossíveis de obter, em face da demanda prioritária para atender às necessidades militares dos países diretamente envolvidos no conflito.

Quando se aproximava o fim da guerra, as entidades representativas do empresariado (então denominadas classes produtoras), reuniram-se em 1945 em Teresópolis (RJ), e resumiram os princípios básicos de política econômica, constitutivos de uma consciência coletiva, em histórico documento – a *Carta de Teresópolis* – que teve na época a mais ampla repercussão.

Quatro anos depois, reuniram-se novamente em Araxá (MG) e produziram outro memorável documento – a *Carta de Araxá* – que interpretou com rara felicidade o momento político, social e econômico do país naquele ano de 1949, ao mencionar textualmente:

> Começamos a sair da fase puramente opinativa, quando não de palpites vagos e de críticas sem fundamento para a dos inquéritos, das pesquisas sérias, e afinal para um conhecimento mais objetivo do quadro tão complexo de nossas realidades.

Foram de fato aqueles dois documentos os disseminadores de idéias inovadoras e precurssoras de iniciativas que se transformaram em palpável realidade, no decorrer das décadas que se seguiram,[5] cabendo destacar:

– o *planejamento* da ação nacional, fundado no primado da iniciativa privada, articulada com o Estado;
– o revigoramento do processo de *industrialização* e de *substituição de importações*;
– a elaboração de *índices de renda nacional e de padrão de vida regionais*;

[5] Confederação das Associações Comerciais do Brasil (CACB). *Carta de Minas Gerais*, Belo Horizonte (MG), 1975.

– a *abolição de qualquer imposto ou taxa sobre a exportação*, assim como de *barreiras fiscais entre os Estados e os Municípios*;
– estímulos fiscais ao *reflorestamento*, visando o combate à erosão;
– coordenação dos meios de *transporte*, mediante de um *plano nacional* de bases nacionais;
– a criação do *Banco Central*;
– o estabelecimento de um *mercado nacional de valores*, fomentando a difusão de Bolsas;
– o estímulo à criação de *institutos de pesquisas*, tecnológicas e econômicas;
– a criação de *bancos de investimentos* para lançamento de debêntures ou ações;
– revigoramento do *ensino profissional* de nível médio;
– *descentralização industrial*, visando aos centros de matérias-primas e valorização regional;
– *modernização dos métodos de comercialização*, identificando a *precariedade do sistema de armazenamento e conservação* como responsável por vultoso desperdício de riqueza.

Duas importantes lideranças empresariais se destacaram na mobilização do empresariado nessa época e foram as grandes inspiradoras das idéias inovadoras: João Daudt de Oliveira, empresário gaucho radicado no Rio de Janeiro, onde presidiu por muitos anos a Associação Comercial e a Confederação Nacional do Comércio, quando de sua criação; e Roberto Simonsen, industrial paulista, primeiro presidente da Confederação Nacional da Indústria, autor do livro *História econômica do Brasil* (que se tornou referência obrigatória), que se notabilizou também pela defesa intransigente da industrialização do Brasil, e cujas idéias tinham como principal opositor o economista conservador Engênio Gudin.

A nova geração de economistas, egressa das faculdades que foram ganhando prestígio, começou a aparecer: Aldo Baptista Franco, Genival de Almeida Santos e Jayme Magrassi de Sá, no Instituto Mauá, da Associação Comercial do Rio de Janeiro; Rômulo de Almeida, no Departamento Econômico, recém-criado, da Confederação Nacional da Indústria. Cabe uma referência, também a Hélio Beltrão e dos *técnicos de administração* do DASP, uma nova profissão e uma nova carreira, que muito contribuiram para a valorização do serviço público. Roberto Campos e Celso Furtado apareceram pouco depois. Vinham com novas idéias, estavam muito atentos para o que acontecia no mundo; e muita coisa nova estava acontecendo.

Terminada a guerra, ficou evidente a preocupação de *reconstruir* as economias desorganizadas durante o conflito e aproveitar a oportunidade para acelerar o *desenvolvimento* dos países cujas economias não haviam conseguido se organizar antes da catástrofe bélica que abalou o mundo.

No Brasil, único país da América Latina que participou diretamente da guerra, enviando sua Força Expediconária à Europa para lutar ao lado das forças aliadas, Roberto Simonsen ergueu sua voz clamando por um tratamento para os países subdesenvolvidos da América Latina igual ao que os Estados Unidos vinham dispensando aos países europeus, principalmente depois do Plano Marshall de ajuda econômica.

Na Comissão Econômica para a América Latina (Cepal), entidade sediada em Santiago do Chile, vinculada à Organização das Nações Unidas (ONU), o economista Raul Prebisch, ex-presidente do Banco Central da Argentina reforçava a pregação de Roberto Simonsen. (Ver Capítulo IV – 2. A Cepal e o planejamento econômico).

Foi nesse clima que se realizaram as Conferências das Classes Produtoras de Teresópolis e de Araxá e que os empresários se aproximaram dos economistas e da tecnocracia governamental. Um confronto entre as aspirações das classes empresariais e sua acolhida na área governamental ao longo das décadas que seguiram revela considerável unidade de propósitos das classes produtoras e sua identidade com os poderes públicos, fortalecida com o fim do regime ditatorial e a redemocratização do país, em 1946.

Retornando ao poder, constitucionalmente eleito em 1950, Getúlio Vargas toma providências para acelerar o ritmo de desenvolvimento e industrialização e a modernização institucional e administrativa, contando com a adesão do empresariado e uma tecnocracia mais preparada e coesa, que nos dois primeiros anos de seu novo governo conseguiram conter as investidas das classes políticas comprometidas com o passado rural-conservador e inconformadas com a industrialização acelerada.

Capítulo III

O aprendizado no Banco do Brasil

1. Uma ampla visão da economia brasileira e de suas peculiaridades regionais

O Deifa – Departamento de Inspeção e Fiscalização de Agências, do Banco do Brasil, gozava de grande prestígio em sua estrutura administrativa. Seu quadro de *inspetores* e *pareceristas* era integrado por funcionários que faziam parte da elite do estabelecimento, selecionados com todo rigor por seu chefe, Humberto Moletta, um dos *cardeais* de nosso maior estabelecimento de crédito.

Tomei conhecimento de uma circular do Deifa anunciando a seleção de funcionários para preencher número reduzido de vagas de *parecerista*. Cabia aos pareceristas analisar os relatórios de inspeção das agências e manifestar sua opinião (seu *parecer*) sobre as recomendações dos inspetores, visando ao aprimoramento da gestão dessas dependências, principalmente no que se refere ao fiel cumprimento das sadias normas consolidadas na CIC, sigla das *Circulares* e *Instruções Codificadas*; e da potencialidade econômica das regiões respectivas.

Confiante no diploma de economista, não obstante minha pouca experiência, candidatei-me ao posto e fui aprovado. O estágio de cerca de dois anos no Deifa eqüivaleu a um proveitoso curso de pós-graduação. Já com mais de cento e cinqüenta anos de história, que se confundem com o próprio processo de construção da nação brasileira, o Banco do Brasil tornou-se um instrumento essencial para a administração pública, porque está presente em todas as regiões – tanto nos mais importantes municípios como naqueles onde não há outra agência bancária – e tem, portanto, contato diário e direto, com a sociedade, com a população, com a agenda do país para o seu desenvolvimento.

Tive oportunidade, não só de ler os relatórios de inspeção procedentes de todas as regiões em que o banco mantinha agências, familiarizandome com as operações realizadas por todas as dependências, mas também de adquirir uma ampla visão do funcionamento da economia brasileira e de suas peculiaridades regionais.

O consumo de bens importados, que já tinha sido amplamente restringido durante a grande depressão dos anos 30, reduziu-se ainda mais durante a Segunda Guerra Mundial (1939 – 1945).

Na maior parte dos meios de transporte os equipamentos eram obsoletos. Observava-se premente necessidade de novos equipamentos também no setor industrial. A intenção do governo era liberalizar o mercado cambial tão rapidamente quanto possível, para permitir a importação de bens. Por decreto de 27/02/1946 estabeleceu-se um mercado de câmbio completamente livre. Baseou-se a medida nas elevadas divisas acumuladas durante os anos de guerra, especialmente 1943 e 1944, quando se reduziram as importações, devido à escassez de bens no exterior, e aumentaram nossas exportações de matérias-primas consideradas estratégicas.

Seguiu-se um período de grande euforia de importações, que em pouco tempo consumiu as divisas acumuladas durante a guerra. Nossos saldos credores transformaram-se em *atrasados comerciais*. Em 1946 foi instituído o regime de licença prévia, tanto para importação como para exportação, porque os países europeus enfrentavam séria crise econômica ao final da guerra e no imediato pós-guerra. A Inglaterra congelou o pagamento de dívidas contraídas durante o conflito, causando ao Brasil a perda de 52 milhões de libras esterlinas.

2. A política de substituição de importações e o estímulo à industrialização

A Cexim (Carteira de Exportação e Importação, do Banco do Brasil), criada pelo decreto-lei 3.293, de 21/05/1941, com a finalidade inicial de estimular o comércio exterior, mediante financiamento à exportação e à importação, não chegou a exercer as funções para as quais foi criada e recebeu a incumbência de administrar o regime de licença-prévia.

Aos poucos foi-se plasmando e tomou corpo a chamada *política de substituição de importações*, cujo objetivo era estimular o desenvolvimento econômico mediante controle do comércio exterior.

Para aplicação do regime de licença-prévia foi necessário manter no Banco do Brasil, a partir de 1948, uma organização adequada às suas novas atribuições, que, com poderes semelhantes aos de um Ministério do Comércio Exterior, chegou a ter cerca de 4 mil servidores. Formaram-se excelentes especialistas e, tanto na Carteira de Exportação e Importação (Cexim) como na Carteira de Comércio Exterior (Cacex), que a sucedeu, foram desenvolvidas metodologias de análise que compreendiam pesquisas e mesas-redondas, nas quais se reuniam, para debates e esclarecimentos, exportadores, importadores, consumidores, produtores e investidores, visando à melhor compreensão dos problemas[6].

Integrava essa nova estrutura uma Seção de Informações e Pesquisas (SIPES), para a qual foram sendo selecionados funcionários do Banco do Brasil com formação nas áreas de economia, química, engenharia e vocação para pesquisa. Tomei conhecimento da nova oportunidade, apresentei-me, passei nos testes e em poucas semanas assumia as novas funções. Tratava-se de investigar a existência de mercadorias produzidas no Brasil, em quantidade, qualidade e preços adequados, para substituir similares cuja licença de importação se solicitava. A tarefa era muito interessante. Distribuídas as incumbências, os pesquisadores procuravam reunir o máximo de informações, como estatísticas de importação, produção, consumo aparente e literatura disponível sobre o produto; e consultava-se o mercado, em contatos pessoais com importadores e usuários, procurando-se formar um consenso sobre sua essencialidade. Com o decorrer do tempo, os pesquisadores iam se especializando em uma gama de mercadorias e conseqüentemente se familiarizando com seus fabricantes, importadores e usuários.

3. As primeiras vitórias: a indústria de plásticos e a indústria de bicicletas

Foi com muito entusiasmo que integrei essa estrutura e vivenciei um dos períodos mais afirmativos em nosso processo de desenvolvimento

[6] SILVA PINTO, Mário da. "O controle do comércio exterior e o desenvolvimento econômico do Brasil (Subsídios para a história)", *Carta Mensal*, Conselho Técnico da Confederação Nacional do Comércio, Rio de Janeiro, junho, 1992.

econômico. Muitas indústrias se estabeleceram e prosperaram nesse período, sob o estímulo da concessão prioritária de divisas para importação de matérias-primas e equipamentos ainda não produzidos no país e reserva de mercado para a produção nacional.

Fui incumbido de pesquisar o item *plásticos*, ou *matérias plásticas*, designação mais usual à época. É que durante a guerra surgiram novas utilizações para os plásticos, tendo mesmo desenvolvido novos tipos desses produtos, pouco ou não conhecidos no Brasil. Com o fim do conflito e a liberalização das importações, o mercado brasileiro foi inundado por uma grande variedade de manufaturas de matérias plásticas. As calçadas da avenida Rio Branco exibiam brinquedos, utensílios domésticos, confecções de todos os tipos, fabricados com os novos materiais e oferecidos em profusão por camelôs.

Ficou a impressão de que havíamos esgotado as divisas acumuladas durante a guerra com o esbanjamento ou importações supérfluas, de que os plásticos passaram a constituir verdadeiro símbolo. Dizia-se que havíamos consumido as preciosas divisas com importações de matérias plásticas. Era óbvio o exagero desse julgamento. Mas formou-se um generalizado preconceito contra o licenciamento de importações de *matérias plásticas*, não só de suas manufaturas, como também, por contágio, das importações de matérias-primas (resinas sintéticas) e máquinas para sua fabricação no país. Formavam-se pilhas de solicitações, sem atendimento, de licenças para importação desses itens.

Cabia-me analisar o setor, em seu sentido mais amplo, extrair conclusões e recomendar critérios para licenciamento, levando em conta seu grau de essencialidade para a economia nacional. Tratava-se de um grande desafio para um calouro, mas um desafio fascinante. Comecei por ler tudo o que consegui sobre o assunto, em livros e revistas especializadas. Procurei atualizar meus conhecimentos de química orgânica para entender expressões como *polímero, copolímero, termoplásticos, termofixos*, toda a cadeia de derivados do petróleo, enfim o maravilhoso mundo da petroquímica e dos sintéticos. Não satisfeito, procurei no Instituto Nacional de Tecnologia (INT) alguém que me pudesse orientar. Tive a sorte de encontrar, no Laboratório de Borracha e Sintéticos, o dr. Aluizio Araújo, que se prontificou a ministrar-me um verdadeiro curso de iniciação na matéria. Diariamente, após o encerramento do meu expediente, rumava para a avenida Venezuela, onde funcionava o INT, e lá permanecia de duas a três horas procurando absorver seus ensinamentos. Simultaneamente, ouvia industriais e comerciantes do ramo, ansiosos por uma solução para suas pretensões. Foi nessa época que fiz meus primeiros contatos com São Paulo e sua indústria.

Ao final de poucos meses concluí meu parecer. Tornou-se finalmente possível classificar naquela pilha de pedidos de licença para importação – considerando naturalmente a relatividade do conceito – o que era mais essencial, menos essencial ou não essencial para importação, levando em conta o interesse em promover a industrialização do país e o desenvolvimento da economia nacional.

Minha análise enfatizava a importância de desenvolver uma indústria de plásticos no Brasil, tendo em vista não apenas sua utilidade-fim, mas sua utilidade-meio, uma vez que essa atividade gera um expressivo mercado para as matérias-primas básicas derivadas da indústria petroquímica; o etano, o metano e toda a cadeia de insumos para a fabricação das resinas sintéticas, com as quais são produzidos todos os plásticos modernos: o poliestireno, o polietileno, o cloreto de polivinila, ou polivinil (PVC), os acrílicos, seus polímeros e copolímeros. Assim, uma importante indústria de plásticos constituiu a base para o desenvolvimento da indústria petroquímica. A Petrobrás ainda não existia, mas a auto-suficiência em petróleo, com todas as suas conseqüências, já era um sonho nacional[7].

O parecer foi elogiado pelo general Anápio Gomes, então diretor da Cexim, e acolhido pela Comissão Consultiva do Intercâmbio Comercial com o Exterior (Cocie) – órgão colegiado no qual tinham assento representantes dos Ministérios da Fazenda, Exterior, Trabalho, Indústria e Comércio, Agricultura, e representantes da Carteira de Câmbio, da Cexim e de órgãos classistas da lavoura, indústria e comércio – cuja atribuição era fixar os critérios de importação.

Coube-me também analisar as importações de bicicletas, tendo em vista o interesse em estimular a incipiente indústria nacional, que já iniciara a

[7] A Petrobrás (Petróleo Brasileiro S.A.) foi criada em 2 de abril de 1954, com a finalidade de executar a política do governo brasileiro relativa a pesquisa, exploração, refinação e transporte do petróleo.

montagem desses veículos no país. O objetivo era examinar a viabilidade de aumentar a proporção de peças fabricadas no produto final. Visitei as duas montadoras em funcionamento no País e consegui amostras de todas as peças utilizadas na montagem de uma bicicleta convencional. Expus essas peças no chão de uma sala disponível nas dependências da Cexim e pintei de vermelho aquelas ainda não fabricadas – ou supostamente não fabricadas – pela indústria nacional. Pude constatar que a quantidade de partes e peças já fabricadas no Brasil era bem expressiva, restando porém a necessidade de importar alguns dos componentes de maior valor, entre eles a *coroa e pinhão* e a *corrente transmissora.*

Os montadores reivindicavam também a importação de *tubos de aço* sem costura, ainda não fabricados no Brasil, para confecção da estrutura básica da bicicleta, usualmente denominada quadro, e do guidão, que representavam percentual expressivo em peso e valor do veículo montado. Iniciava-se então a fabricação nacional de *tubos de aço com costura eletrônica*, que – segundo afirmava seu único fabricante – poderiam substituir satisfatoriamente os tubos sem costura importados (que vinham sendo usados pelos montadores de bicicletas), sem comprometer a segurança do veículo. O pioneiro nacional na fabricação dos tubos com costura considerava fundamental para o sucesso de seu empreendimento a utilização do produto pela indústria de bicicletas, então seu principal usuário. Após alguma resistência, foi possível formar um consenso entre as partes e evitar o dispêndio de divisas com a importação de parte substancial dos componentes da bicicleta, além de assegurar mercado a uma indústria nascente de tubos sem costura e estimular o surgimento de concorrentes.

Capítulo IV

Ampliando o horizonte

1. O jornalismo econômico como tribuna

A publicação de *Economika* não foi além de sua quinta edição, por falta de apoio financeiro, quando o presidente Marques dos Reis deixou a presidência do Banco do Brasil e cessou a publicidade por ele autorizada.

Não cessou, porém, meu interesse em manter contato com os meios de divulgação. Passei a escrever artigos para o *Observador Econômico e Financeiro*, valendo-me de contatos feitos através de *Economika*. Fui generosamente acolhido em suas prestigiosas páginas, graças ao estímulo dos editores, Evaldo Simas Pereira e Omer Mont`Alegre. Aproximei-me também, da *Revista do Senai*, por intermédio de seu secretário João Firmino da Silva. Foi em suas páginas que divulguei minhas idéias a respeito da criação de um *Cadastro Industrial*, fruto de pesquisa durante a qual conheci Rômulo de Almeida, então chefe do Departamento Econômico da Confederação Nacional da Indústria, de quem me tornei amigo fraternal.

Nessa mesma época fui procurado, para minha surpresa, por Jesus Soares Pereira, que não conhecia e que, logo vim a saber, era um dos mais competentes e respeitados conhecedores da economia brasileira, fruto da experiência adquirida inicialmente como profissional com sólida formação em Sociologia, servindo no Conselho Federal do Comércio Exterior, que, fundado e dirigido por Leonardo Truda, foi durante muitos anos um dos mais importantes núcleos de formulação de política econômica do país.

Soares Pereira vinha convidar-me para fazer parte de uma equipe de economistas que, sob sua coordenação, seria responsável pela redação da página semanal de assuntos econômicos do tradicional e renovado *Diário Carioca*. Meu nome havia sido lembrado por Jócio Caldeira de Andrade, aluno da Faculdade de Ciências Econômicas de Niterói, onde lecionei a cadeira de Moeda e Crédito, de 1946 a 1950, logo após à conclusão de meu curso, em 1945.

Na moderna sede do *Diário Carioca*, primeiro na avenida Presidente Vargas e depois na avenida Rio Branco, Soares Pereira, Domar Campos, Jacy Vieira de Miranda, Jócio Caldeira de Andrade e eu nos reuníamos à noite uma vez por semana, para apresentar e discutir nossos artigos. Domar, um socialista romântico que se havia apresentado à Legião Estrangeira da França, para lutar como voluntário, antes do engajamento do Brasil no conflito, trabalhava no Departamento Econômico do Itamaraty; Jacy Miranda era técnico de orçamento do DASP. Soares Pereira, que pertencia aos quadros do Ministério da Agricultura, servindo no Instituto do Pinho, criticava pacientemente nossos escritos e transmitia-nos sua vasta experiência, como atento analista dos problemas brasileiros. Era um nacionalista ferveroso, de formação positivista, cujas idéias muito contribuíram para moldar nossas convicções.

A mesa desses debates noturnos não raro atraía a atenção de uma elite de jornalistas que militavam no *Diário Carioca*, da qual faziam parte expoentes como Prudente de Moraes, neto, Octávio Thyrso, Pompeu de Souza, Odálio Amorim e Carlos Castello Branco, além de iniciantes que mais tarde se tornaram famosos, como Nelson Pereira dos Santos e Armando Nogueira. Durante anos mantivemos a página, com elevado padrão de crítica e independência, cuja influência repercutia no próprio Congresso Nacional.

Foi nesse período que se constituíram e ganharam forma as instituições internacionais surgidas no final da guerra e no imediato pós-guerra, cujo núcleo principal era a ONU. Do acordo de Bretton Woods resultaram o Fundo Monetário Internacional (FMI) e o Banco Internacional de Reconstrução e Desenvolvimento (BIRD), também conhecido como Banco Mundial; na reunião de Havana, consolidou-se o Acordo Geral de Comércio Internacional e Tarifas (GATT); a Comissão Econômica para a América Latina (Cepal), hoje incluindo o Caribe, se instalou em Santiago do Chile.

Começaram a aparecer os nomes de profissionais brasileiros que de alguma forma se foram vinculando às atividades dessas instituições. Roberto Campos, diplomata e economista, destacou-se como assessor do ministro Oswaldo Aranha, das Relações Exteriores, no início do funcionamento da ONU; Octávio Paranaguá, vinculado ao Ministério da Fazenda, assumiu uma diretoria no Fundo Monetário Internacional, representando o Brasil e outros países latino-americanos, desde os primeiros anos da instituição, e lá permaneceu até meados da década de 50; Gerson Augusto Silva, funcionário do Ministério da Fazenda e grande especialista em assuntos tributários, acompanhou o surgimento do GATT desde seus primórdios e teve destacada participação em suas sucessivas reuniões, como representante do Brasil; Celso Furtado foi para a Cepal e, ao lado de Raul Prebisch, granjeou grande prestígio internacional.

As informações, estatísticas e análises provenientes dessas instituições constituíam fontes de referências preciosas para os artigos que produzíamos.

Um dos problemas que mais preocupavam na época era o das relações entre industrialização e comércio exterior. A doutrina prevalecente nos meios *responsáveis* rezava que a industrialização latino-americana fora em grande parte fruto das condições artificiais criadas pela guerra. Teria havido desvio de fatores, e isso estava repercutindo negativamente na retomada das exportações. Ademais, havia a pressão de grupos alarmados com a perda do mercado que viam na substituição de importações por produção manufatureira local. As políticas de controle de câmbio, que Raul Prebisch era acusado de ter introduzido na América Latina, quando presidente do Banco Central da Argentina, outra coisa não haviam sido – afirmavam seus críticos – senão manobras defensivas de economias submetidas a forte contração de suas reservas.

2. A Cepal e o planejamento econômico

O famoso *Estudo da Cepal*, redigido a partir de idéias originalmente formuladas por Prebisch, não fazia propriamente uma crítica à teoria clássica (ou neoclássica) do comércio internacional. Seu objeto de ataque era o sistema real da divisão internacional do trabalho, que vinha conduzindo historicamente à concentração de renda em benefício dos centros industrializados. Afirmava-se que a legitimidade desse sistema se fundava na tese de que os frutos do progresso técnico tendiam a repartir-se equanimente entre os países que participassem do intercâmbio. Ora, aí estavam os dados demonstrando o contrário, pois a relação de trocas evoluíra persistentemente contra os países da periferia. O ataque à ordem internacional existente e seus ideólogos era direto: nessa ordem não cabia a industria-lização dos países novos.

O documento da Cepal buscava mostrar que a antiga divisão internacional do trabalho, a qual separava os países entre grandes centros industriais e centros produtores de alimentos e matérias-primas, fora desmentida pelos fatos. Em conseqüência, para alcançar o desenvolvimento seria necessário que os governos promovessem deliberadamente a industrialização, como forma de superar o desenvolvimento e a pobreza.

De acordo com seus autores: *primeiro*, o crescimento, o progresso técnico e o comércio internacional distribuem-se de maneira diferente nos países cêntricos e nos periféricos. Há uma deterioração dos termos de troca da periferia, que não retém os frutos do progresso técnico e expande a oferta dos bens primários, deprimindo seus preços internacionais. Existe, em conseqüência, um desequilíbrio de balanço de pagamentos, e a indústria absorve a mão-de-obra na agricultura, o que demonstra as vantagens da industrialização e justifica o recurso ao protecionismo. *Segundo*, também as condições estruturais internas dos países subdesenvolvidos são diferentes e dificultam a substituição pela via da industrialização espontânea. Há um baixo grau de diversificação de todos os setores, exceto o de exportação, da atividade econômica, e uma baixa produtividade também de todos, exceto o da exportação, o que leva a dois hiatos de insuficiência de poupança e de divisas – e há três tendências perversas: o desequilíbrio estrutural do balanço de pagamentos, a inflação e o desemprego. *Em terceiro lugar*, como decorrência, é necessário o planejamento estável, em apoio ao processo de desenvolvimento. Com um claro gesto na direção da nova geração, Prebisch assinalava a carência de economistas capazes de penetrar com critério original os fenômenos concretos latino-americanos. E acrescentava, enfático, que não bastava enviá-los às universidades da Europa e dos Estados Unidos, pois "uma das falhas mais sérias de que padece a teoria econômica geral, contemplada da periferia, é seu falso sentido de universalidade".[8]

[8] BIELSCHOWSKY, Ricardo. *Cinqüenta anos de pensamento na Cepal*. Rio de Janeiro: Record, 2000.

O texto de Presbisch foi traduzido para o português por Celso Furtado e publicado na *Revista Brasileira de Economia,* da Fundação Getúlio Vargas, depois de receber o *nihil obstat* do professor Eugênio Gudin, que, após ter lido os originais do texto e feito algumas anotações, observou ao seu tradutor: "A verdade é que nós economistas não lemos uns aos outros. Na mesma época em que Presbisch começou a falar de periferia eu aqui me referia a *economias reflexas*".[9]

Mas o professor Gudin era mais cético com respeito à eficácia dos instrumentos de intervenção do economista. Era um representante típico das velhas classes dirigentes. Formara-se em uma época em que era opinião corrente que um país sem fontes próprias de hulha não tinha vocação industrial.

Já Roberto Campos considerava o planejamento um instrumento neutro, que pode tanto inviabilizar a economia de mercado (pelo planejamento socialista) como auxiliá-la (pela clara definição de áreas próprias e de áreas impróprias de intervenção governamental).

Inclinava-se também, mais que os mestres neoliberais, a aceitar a ênfase cepalina sobre substituições de importações, admitindo certa validade nos argumentos cepalinos sobre os fatores adversos, que tornariam a industrialização uma saída necessária para os desequilíbrios externos.

Reconhecia a contribuição de fatores estruturais e institucionais na explicação da peculiar vulnerabilidade do Brasil e da América Latina à inflação, mas estava longe de se tornar um estruturalista, diferenciando-se nisso de Celso Furtado. As inflexibilidades estruturais tornavam esses países vulneráveis às pressões inflacionárias, mas não exerciam papel causal. A crença na centralidade de expansão monetária como causa de inflação era a ponte que o ligava aos monetaristas.

Suas divergências com Gudin e Bulhões, muito comentadas na época, eram talvez mais de ênfase do que de substância, segundo ele próprio; e, segundo confessa, "diminuíram rapidamente, à medida que adquiriu maturidade intelectual e experimentou desilusões quanto à maturidade e eficácia do serviço público".[10]

---

[9] FURTADO, Celso. *A fantasia organizada* (3ª edição), Rio de Janeiro: Paz e Terra, 1985.
[10] CAMPOS, Roberto. *A lanterna na popa (Memórias)*, Rio de Janeiro: Topbooks, 1994.

Cabia denunciar os interesses que estavam empenhados em subordinar a industrialização à reconstituição do velho sistema primário-exportador. Desenvolver o país, recuperar o tempo perdido, não era apenas um desafio; deveria ser a responsabilidade maior de quem pretende dirigi-lo. Essa era a linha de pensamento e de ação que orientava essa equipe liderada por Soares Pereira, no *Diário Carioca*.

3. A Sumoc e os alicerces do Banco Central

O professor Octávio Gouvêa de Bulhões voltava das reuniões de Bretton Woods, em 1944, onde integrou a delegação brasileira, juntamente com seu amigo professor Eugênio Gudin, e das quais resultou a criação do Fundo Monetário Internacional (FMI). Trazia uma idéia arraigada em suas convicções de pioneiro no ensino de Economia no Brasil e veterano assessor do ministro da Fazenda: criar o Banco Central do Brasil.

É compreensível que a existência de um banco oficial – o Banco do Brasil – desempenhando simultaneamente funções de banco central e rural, banco industrial e comercial, tenha induzido muitas pessoas não familiarizadas com a concepção correta de banco central a concluir que a solução já havia sido encontrada: um banco central misto.

Os estudiosos da matéria, no país e no exterior, entretanto, sempre se pronunciaram contra o banco central misto, pelas seguintes razões principais: a) a necessidade de dedicação total às funções típicas de banco central, para assegurar a eficiência do órgão; b) incompatibilidade ética do desempenho de operações diretamente competitivas com instituições privadas.

A opção de transformar o Banco do Brasil em Banco Central implicaria a extinção de todas as funções incompatíveis com as de banco central, o que seria inconveniente para a economia nacional. Seria deveras lamentável que, para criar o Banco Central, fosse necessário eliminar todas as demais funções úteis que o Banco do Brasil desempenha com uma ampla rede de agências e seu numeroso funcionalismo. Eis aí toda a questão: inaceitável a idéia de banco central misto e da extinção das outras funções de banco oficial desempenhadas pelo Banco do Brasil, a alternativa racional era a criação de um banco independente.[11]

---

[11] RIBEIRO, Casimiro. "O Banco Central e a Reforma do Estado" – Carta Mensal (Conselho Técnico da Confederação Nacional do Comércio) – Rio de Janeiro: setembro de 1990.

Com o objetivo de preparar a criação do Banco Central foi criada, em 1945, a Superintendência da Moeda e do Crédito (Sumoc), subordinada diretamente ao Ministério da Fazenda, mas com seus serviços executados pelo Banco do Brasil.

Para assessorar José Vieira Machado, seu primeiro diretor, criou-se uma Assessoria Técnica, cuja primeira chefia coube a Herculano Borges da Fonseca, advogado e economista do Banco do Brasil.

Foi no 4º andar do edifício do Banco do Brasil, na rua 1º de Março, que a Sumoc começou a funcionar e onde conheci Herculano, levado por Orlandy Rubens Corrêa (outro colega do Banco do Brasil), em busca de colaboradores para *Economika*. Desde então passei a freqüentar, com a possível assiduidade, o gabinete de Vieira Machado, onde trabalhava Herculano, para com ele partilhar nossos sonhos.

A Sumoc era o órgão incumbido de coordenar os contatos das agências do governo brasileiro com o Fundo Monetário Internacional. Era lá que chegavam as publicações deste, nas quais eu tomava conhecimento, em primeira mão, da profusão de estatísticas financeiras internacionais divulgadas na publicação mensal *International Financial Statistics* e dos relatórios sobre os sistemas cambiais (*Exchange Restrictions Report*) de todos os países-membros.

Sonhávamos com a perspectiva de poder contribuir, de alguma forma, para o aprimoramento das estatísticas brasileiras na área econômica e financeira. Sabíamos que a recém-criada Fundação Getúlio Vargas havia iniciado um movimento nesse sentido, sob o estímulo e a assistência do grande Richard Lewinsohn e com apoio dos professores Eugênio Gudin e Octávio Gouveia de Bulhões. A revista *Conjuntura Econômica* havia começado a circular, com aspecto gráfico modesto, mas divulgando as principais séries periódicas regulares de índices de custo de vida e outras. O economista Genival de Almeida Santos ensaiava as primeiras estimativas de renda nacional, e Guilherme Augusto Pegurier, um estudioso e competente funcionário da Carteira de Câmbio do Banco do Brasil, queimava as pestanas para organizar o primeiro balanço de pagamentos do Brasil, uma das exigências do Fundo Monetário Internacional.

4. O Fundo Monetário Internacional e o Balanço de Pagamentos

Foi numa das tertúlias com Herculano que tomei conhecimento de que Pegurier estava nos Estados Unidos, estagiando no Fundo Monetário Internacional e na Divisão de Balanço de Pagamentos do Departamento de Comércio do governo americano, e que, de volta ao Brasil, traria maiores informações sobre um futuro curso de Balanço de Pagamentos, em organização no FMI, para o qual era sua intenção pleitear vaga para um *trainee* brasileiro. Herculano ofereceu-me a oportunidade. Passei a burilar meu inglês e meu currículo. Pegurier chegou às vésperas do encerramento das inscrições e ajudou a superar minhas hesitações, animando-me com seus esclarecimentos sobre o ambiente que iria encontrar em Washington.

Em poucas semanas preenchi os formulários de habilitação para o curso e percorri uma *via crucis* a fim de obter a licença do Banco do Brasil para afastar-me por um ano, com vencimentos, como se em exercício estivesse. Convenci minha mulher a acompanhar-me, com os dois filhos – de três e dois anos de idade. Tudo pronto, aguardei, ansioso, a resposta do FMI, que não tardou. No início de março de 1951 desembarcava em Washington, e com mais sete companheiros, procedentes do Egito, Tailândia, Paquistão, Honduras, Cuba e Porto Rico, começávamos a nos familiarizar com os segredos do *Manual de Balanço de Pagamentos do Fundo Monetário Internacional*, assistindo a aulas e estagiando no FMI e no Departamento de Comércio.

Estava em Washington havia já algumas semanas quando chegou Herculano, para assumir a Diretoria Adjunta do FMI, cujo titular era Octávio Paranaguá. Passei a sentir-me muito mais em casa, principalmente porque aproveitávamos todas as oportunidades para dar vazão a nossos sonhos. Herculano vinha substituir outro colega do Banco do Brasil, Walther Blomeyer, que, por sua vez, de volta ao Brasil, passou a substituir Herculano na Assessoria Técnica da Sumoc.

Com pouco tempo nos matriculamos num curso noturno, de verão, de *Money and Banking*, ministrado por Charles Merwin, economista do FMI, durante o qual pudemos nos familiarizar com o funcionamento do Federal Reserve System e fortalecer nossas convicções quanto à oportunidade – quando de nosso retorno ao Brasil – de envidar esforços para reunir na Sumoc uma equipe de profissionais capazes de acelerar a formação de um ambiente propício ao surgimento do Banco Central.

Em 1952, quando já estávamos de volta e Walter Moreira Salles era o Diretor Executivo da Sumoc, foi dado importante passo nesse sentido com a criação, na Assessoria Técnica, do Setor de Balanço de Pagamentos, que projetou e implantou a sistemática de coleta e ajustamento dos dados estatísticos de comércio exterior e câmbio, para elaborar as primeiras séries oficiais de balanço de pagamentos, de acordo com as normas estabelecidas pelo Fundo Monetário Internacional. Requisitado ao Banco do Brasil, fui designado para chefiar o novo Setor de Balanço de Pagamentos, que contou, durante meses, com um único funcionário: o seu chefe. Quando Herculano Borges da Fonseca desligou-se do FMI e reassumiu as funções de Assessor Técnico da SUMOC, conseguiu mais um funcionário: Carlos Eduardo Mauro.

As estatísticas de comércio exterior eram elaboradas no Ministério da Fazenda, e as estatísticas de câmbio, na Carteira de Câmbio do Banco do Brasil. Estas últimas não eram divulgadas, e a elas só tinham acesso alguns poucos funcionários graduados, entre os quais não estávamos incluídos. Elas eram essenciais para a elaboração do Balanço de Pagamentos. Com muita habilidade e paciência, fomos aos poucos conquistando a confiança dos guardiães dos segredos das estatísticas de câmbio, para nos desincumbirmos de nossa tarefa.

No Departamento de Comércio, em Washington, havíamos estagiado numa Divisão de Balanço de Pagamentos com mais de cem funcionários, muitos dos quais altamente especializados. Impressionou-me, por exemplo, um setor com cerca de uma dúzia de especialistas no item *frete marítimo com a costa ocidental da América Latina*. Economistas conceituados elaboravam e analisavam cada item das contas internacionais. Foram os nossos professores.

Aqui devíamos elaborar sozinhos o documento. Sentíamos o peso de nossa responsabilidade, sabedores que o FMI exigia que os países membros lhe submetessem essas informações anualmente – uma das principais exigências para se habilitar às operações financeiras a que poderiam fazer jus.

Chegou o dia em que o governo brasileiro precisou realizar uma operação de *compra* de dólares utilizando parte de suas reservas em cruzeiros (moeda nacional, da época) junto àquela instituição. Uma das exigências era enviar os balanços de pagamentos dos últimos três anos e uma projeção para o próximo exercício.

Solicitado a fornecer as informações, o Setor de Balanço de Pagamentos teve que exibir a precariedade de sua estrutura para justificar a impossibilidade de atender à solicitação no prazo exíguo que lhe fora determinado e reiterou suas reivindicações no sentido de aparelhar-se adequadamente para cumprir suas atribuições. Fomos então autorizados a nos equipar com máquinas Hollerith, contratar e treinar funcionários para operá-las. Trabalhamos com afinco durante seis meses e preparamos as estimativas referentes aos anos de 1949, 1950, 1951 e a projeção para 1952, da melhor forma possível, e as submetemos, com um memorando de encaminhamento que salientava a ressalva que se impunha: "trata-se de estimativas preliminares, tão precisas como o instrumento de um agrimensor de roça, que pode oscilar de 0 a 180 graus."

Felizmente as informações foram bem aceitas, com alguns ajustamentos, pelos órgãos técnicos do FMI, após o cruzamento habitual com as estimativas de balanço de pagamentos de outros países-membros, e finalmente publicadas no *International Financial Statistics*. Só então recebemos o *nihil obstat* do dr. Gudin, que, consultado, como de praxe, antes do envio ao FMI, não se havia conformado com os saldos negativos do movimento de capitais e suas rendas, que então se tornaram evidentes, segundo as estimativas.

5. A Comissão Mista Brasil–Estados Unidos e os pontos de estrangulamento da economia brasileira

Ainda comemorávamos essa primeira vitória quando fui designado pelo diretor Moreira Salles para representá-lo na Comissão Mista Brasil–Estados Unidos, que acabava de ser constituída para analisar os pontos de estrangulamento da economia brasileira e fazer recomendações para corrigi-los, com a cooperação do governo americano.[12]

---

[12] "No período de sua existência (1951 a 1953) a CMBEU aprovou 48 projetos, que exigiam um total de US$ 392 milhões, dos quais vieram a ser financiados US$ 186 milhões, assim

O presidente Getúlio Vargas, de volta ao poder em 1951, não mais como ditador porém eleito democraticamente, nos termos da Constituição de 1946, ao final desse primeiro ano do novo governo, em seu tradicional discurso de fim de ano, denunciou a crescente sangria da economia brasileira com a remessa de lucros, *royalties* e dividendos que, como bola de neve, em muito superavam os ingressos de capitais estrangeiros no país, e anunciou a criação de um registro desses capitais, com a finalidade de controlar sua movimentação.

Esse pronunciamento teve grande repercussão e, em conseqüência, o presidente Vargas resolveu encaminhar à Comissão Mista Brasil–Estados Unidos a volumosa correspondência que estava recebendo, contendo, ora críticas, ora aplausos a suas declarações, para que fossem examinadas e aquele colegiado se pronunciasse sobre o assunto. Com essa finalidade, foi constituído o grupo de trabalho informal do qual faziam parte Roberto Campos e Octávio Dias Carneiro, também economista e diplomata, que se notabilizaria por seus profundos conhecimentos de matemática e, mais tarde, como um dos pioneiros dos estudos sobre geração de energia nuclear no Brasil.

Fui incumbido por Roberto Campos de elaborar demonstrativo que ele apelidou de *Tableau Économique*, cobrindo o maior período possível, com a finalidade de quantificar o movimento de capitais estrangeiros e suas rendas, para dele extrair um índice de pressão cambial, como resolveu designar.

Foi nesse período que me aproximei daqueles dois brilhantes economistas, e tive a oportunidade de participar de inesquecíveis discussões das quais participava, também, esporadicamente, o não menos brilhante Clementino Santiago Dantas, que muito se interessava pelo assunto, uma vez que era então advogado famoso de empresas estrangeiras com inves-

---

mesmo com bastante atraso, em vista da tenção irresoluta entre o Banco Mundial e o Eximbank. Aquele, a rigor, cessou o financiamento ao Brasil, em razão do agravamento da situação cambial, a partir do segundo semestre de 1952, assim como de desentendimentos quanto à política macroeconômica do país e ao tratamento de capitais estrangeiros. Mas a contribuição mais importante da CMBEU talvez não tenha sido estritamente financeira, e sim para implantar sistemáticas de análise custo / benefício e cálculos de rentabilidade, em substituição à velha tradição de desembolsos por requisições burocráticas, desapoiadas em cálculos de viabilidade." (CAMPOS, Roberto. *A lanterna na popa*. Rio de Janeiro: Topbooks, 1994, p. 162) timentos no Brasil e que ainda não se havia notabilizado como uma das maiores expressões do primeiro escalão da administração pública brasileira, como ministro da Fazenda.

É curioso notar que, naquela época, Roberto Campos era considerado, em certos círculos, homem com tendências esquerdistas, enquanto Santiago Dantas, ao contrário, era um notório representante de interesses do capital estrangeiro no país, posições que pouco mais tarde se inverteram.

6. A Conferência de Estatística de Comércio Exterior e Balanço de Pagamento, no Panamá

Em dezembro de 1951 foi realizada na cidade de Panamá a Conferência de Estatística de Comércio Exterior e Balanço de Pagamentos, organizada conjuntamente pela ONU, pelo FMI e pelo Instituto Internacional de Estatística. Guilherme Augusto Pegurier e eu representávamos o Brasil, ele pelo Banco do Brasil e eu pela Sumoc. Balanço de pagamentos era uma expressão pouco divulgada então, e sua definição e conceitos básicos, muito menos. Procurados pela imprensa local para falar sobre o evento, os representantes do Brasil foram indagados sobre o que significava *balanço de pagamentos* e qual sua importância para os países.

Esforçamo-nos para esclarecer os jornalistas da melhor forma possível. No dia seguinte, um jornal panamenho assim definia balanço de pagamentos e sua importância: "É um documento exigido pelo Fundo Monetário Internacional aos países-membros, como condição para lhes conceder empréstimos". A imprecisão da definição não afastava, porém, a grande motivação para os países realizarem um esforço no sentido de apurar sistematicamente seus dados de balanço de pagamentos.

No Brasil o balanço de pagamentos também só era mencionado num círculo reduzido de profissionais ou acadêmicos. Pouco se sabia de suas principais características e de suas tendências, a não ser no que se refere às estatísticas de comércio exterior, cujos superávits ou déficits não raro eram confundidos com os resultados do balanço de pagamentos. Hoje não se passa um dia sem que os jornais, praticamente todos, o mencionem e que muitos procurem interpretá-lo e analisá-lo, revelando conhecimento razoável de seus conceitos e de seus números. Universidades e instituições especializadas reservam grande espaço a sua análise e a prognósticos de seu comportamento.

Se a elaboração do balanço de pagamentos passou a constituir uma exigência do Fundo Monetário Internacional nos anos 40, para os países conseguirem empréstimos naquela instituição, como ressaltava o jornal panamenho, pode-se afirmar que a cuidadosa elaboração, interpretação e análise desses agregados estatísticos tornou-se indispensável não apenas – e não tanto – para conseguir empréstimo no FMI, mas, sobretudo, para dialogar com o FMI.

É oportuno assinalar que muito se deve à elaboração e divulgação das estatísticas de balanço de pagamentos a tomada de consciência de certos problemas e a formulação de certas políticas. Esse mérito deve ser compartilhado com o Fundo Monetário Internacional, por haver exigido que seus países membros elaborassem, padronizadamente, aqueles demonstrativos e por divulgá-los amplamente, para que pudessem ser comparados. Tal afirmação pode parecer paradoxal, em face das notórias críticas àquela instituição, apontada com freqüência como símbolo de dominação do capitalismo selvagem.

Inclino-me a admitir que o Fundo Monetário Internacional teve sua parcela de responsabilidade pela chamada política de substituição de importações, adotada principalmente pelos países em desenvolvimento da América Latina, destacando-se o Brasil, e não apenas a Cepal, instituição que se costuma culpar pela febre nacionalista que dominou esses países durante pelo menos três décadas.

7. Missão à Argentina

No primeiro semestre de 1952, quando ainda ensaiava os primeiros passos para elaborar sistematicamente o balanço de pagamentos do Brasil, fui surpreendido com minha designação para integrar uma missão à Argentina, sob a chefia do embaixador Edmundo Barbosa da Silva, então chefe do Departamento Econômico do Itamaraty.

Foi na época em que vigoravam os Acordos Bilaterais de Comércio Exterior e de Pagamentos com diversos países, os quais regulavam transações movimentadas na moeda escritural denominada *dólar de compensação ou dólar-convênio.*

Um desses acordos foi firmado entre o Brasil e a Argentina e, como de costume, estabelecia limites de valor, prazo de vigência e forma de liquidação do saldo (devedor ou credor), ao final do período.

O prazo do acordo com a Argentina havia expirado no ano anterior e registrava um saldo favorável ao Brasil da ordem de US$ 2,0 milhões. Segundo as condições estabelecidas, esse saldo deveria ser liquidado em moeda conversível (dólares norte-americanos) ou em mercadoria de livre escolha do país credor. Interessava ao Brasil receber seu crédito em trigo argentino, uma vez que a alternativa seria importar dos Estados Unidos ou do Canadá, com pagamento em dólares conversíveis.

O governo argentino tinha dúvidas, seja quanto ao saldo, seja quanto à disponibilidade de trigo, alegando enfrentar escassez desse cereal, motivada pela frustração de safras em conseqüência de seca prolongada na região de seu cultivo.

O objetivo da missão, coordenada pelo Departamento Econômico do Itamaraty, era esclarecer as dúvidas e negociar condições para renovação do acordo. Integravam-na representantes das agências governamentais responsáveis pela administração do acordo: além do próprio Ministério das Relações Exteriores, a Superintendência da Moeda e do Crédito (Sumoc), a Carteira de Comércio Exterior (Cacex) e a Carteira de Câmbio, do Banco do Brasil.[13]

Como representante da Sumoc, cabia-me preparar o balanço de pagamentos bilateral entre Brasil e Argentina. Foi, sem dúvida, o primeiro desafio que enfrentei como chefe do recém-criado Serviço de Balanço de Pagamentos. Usando as estatísticas de câmbio, elaboradas pela Carteira de Câmbio do Banco do Brasil e as de comércio exterior, apuradas pelo Serviço de Estatística Econômica e Financeira do Ministério da Fazenda, o documento foi concluído antes de embarcarmos, tendo sido posteriormente aferido com a colaboração de técnicos do Banco Central da Argentina, ao chegarmos a Buenos Aires.

João Batista Luzardo era o embaixador do Brasil na Argentina, onde gozava de grande prestígio, tendo-se tornado, segundo constava, amigo pessoal do presidente Juan Domingo Perón. Não obstante, as negociações não foram fáceis. A Argentina atravessava um período de crise política e econômica.

---

[13] José Campos Mello, Cardoso, Fernando Mesquita, Henrique de Oliveira Duprat, Carlos Roberto de Carvalho e Sydney A. Latini

Eva Perón (Evita), que compartilhava o poder político com seu marido e ídolo, estava gravemente enferma. As demonstrações de carinho fanático por *la Señora* eram ostensivas e traduziam-se em manifestações públicas que quase paralisavam a ação governamental e se refletiam no comportamento da massa trabalhadora.

Os *paros forzosos* (greves) eram constantes e realizados, não para expressar reivindicações mas para manifestar solidariedade à ilustre enferma. Grandes cartazes, afixados nos muros e nas paredes dos edifícios, exibiam fotografias de Juan Perón e Eva Perón e dizeres como *Perón cumple y Eva dignifica*, ou *Perón es como el condor qui vuela cerca de Dios* (assinado: Eva Perón).

Assistimos ao incêndio da bela sede social do Joquei Clube de Buenos Aires, atribuído ao desvario de peronistas fanáticos, onde se reuniam os mais ilustres adversários do regime, quando foi destruída valiosa coleção de obras de arte que incluía, por exemplo, um lindo quadro de Goya. Na mesma ocasião, foi também incendiada a Biblioteca Thomas Jefferson, da Embaixada dos Estados Unidos, na *calle Florida*.

Pouco antes da chegada da delegação a Buenos Aires, havia circulado na Argentina uma edição da revista brasileira *O Cruzeiro,* que publicava artigo considerado pelos argentinos injurioso à *Señora Eva Perón*, causando grande indignação e a proibição da circulação da revista. Quando éramos identificados, tornavam-se evidentes as manifestações de frieza e contido ou ostensivo ressentimento.

Foi nesse clima que o embaixador Barbosa da Silva procurou iniciar contato com as autoridades argentinas e identificar os integrantes da Missão com a qual deveríamos negociar. O prestígio e o empenho do embaixador Luzardo não foram suficientes para evitar os sucessivos adiamentos da designação da Missão Argentina. Já estávamos em Buenos Aires havia mais de um mês sem conseguir iniciar as tratativas oficiais. Para aplacar nossa impaciência, o embaixador Luzardo promoveu almoço informal na Embaixada do Brasil com a intenção de nos aproximar de funcionários argentinos que provavelmente, a seu juízo, deveriam participar das negociações formais. A esse almoço compareceram, entre outros funcionários, dois oficiais do exército argentino. Em ambiente de cordialidade, foi possível esclarecer algumas dúvidas e identificar posições a negociar.

A certa altura de cuidadosa exposição do embaixador Barbosa da Silva, em que se tornou nítida a posição devedora da Argentina, um dos militares presentes dirigiu-se ao outro e fez a seguinte observação: "*Mira la situación a que llegamos nosotros. Dever hasta a Brasil*". Com a irreverência de meus vinte e sete anos, não consegui conter um murmúrio: "*Mira la situación a que llegamos nosotros, ser acreedores hasta de Argentina*". Terminado o almoço, fui advertido pelo embaixador Barbosa da Silva pela minha atitude pouco diplomática, revelando-se ele, não obstante, tolerante, tendo em vista a minha inexperiência. A partir de então – e até hoje – quando nos encontramos dirige-se a mim precedendo sua saudação com um simpático *twenty seven years old*. Já lá se vão mais de *fifty years*!

A oficialização do encontro das duas delegações continuou a ser adiada. Enquanto isso, o embaixador Luzardo promoveu nosso encontro com o próprio presidente Perón. Ele nos recebeu na Casa Rosada com imensa simpatia. Fez uma emocionada exposição sobre a difícil conjuntura política e econômica da Argentina, ressaltando a enfermidade de sua ilustre consorte, com os olhos marejados de lágrimas. Apelou para a compreensão do Brasil face à dificuldade de atender a nosso empenho em receber trigo argentino para regularizar o Acordo Comercial e de Pagamentos firmado pelos dois países. Invocou nosso testemunho para afirmar que os argentinos estavam comendo pão de qualidade inferior, em conseqüência da escassez de trigo. *Punta negra, olor a carbón* era o trigo que estava sendo usado, a raspa do que restava no fundo dos silos. Prometeu dar absoluta prioridade à demanda brasileira, mesmo com sacrifício dos argentinos, mas observou: "*Los argentinos estan dispuestos a hacer el mayor esfuerzo, pero son incapaces de hacer el menor sacrifício*".

Saímos animados do encontro. No dia seguinte, ainda no hotel, nos surpreendemos com a notícia, em destaque nos jornais locais, informando que o governo argentino havia firmado convênio com a Itália, comprometendo-se a exportar quantidade apreciável de trigo para aquele país, que não era tradicional importador de trigo argentino. Em contato com funcionários da área de comércio exterior, foi-nos dada a justificativa: "*Vendemos a quien nos venda lo que necesitamos. Que tienen ustedes para ofrecernos, bananas?*"

A missão brasileira continuou em Buenos Aires por mais alguns meses e, finalmente, tudo foi "arreglado".

8. A equipe pioneira do futuro Banco Central

Simultaneamente com as discussões, em nível político e acadêmico, sobre a oportunidade da criação de um banco central, iniciou-se na Sumoc, a partir de 1951, sob a liderança de Herculano Borges da Fonseca, a cuidadosa preparação dos quadros profissionais que foram se constituindo com funcionários selecionados do Banco do Brasil, postos à disposição do órgão criado para exercer o controle do mercado monetário e preparar a organização do banco central.

Depois do estágio de Pegurier e do curso que fiz no FMI, Casimiro Antônio Ribeiro vai para a London School of Economics e estagia no Banco da Inglaterra; Ernane Galvêas vai para o Centro de Estudos Monetários Latino-Americanos (CEMLA) e depois faz mestrado em Yale; Eduardo Gomes vai para o curso de programação monetária do FMI e para Yale (mestrado); José Luiz da Silveira Miranda vai para o Banco de Inglaterra e Universidade de Cambridge; *Fábio Reis* vai estagiar no Banco Mundial; Paulo Hortencio Pereira Lira vem da Faculdade Nacional de Economia; e aos poucos outros economistas vão sendo incorporados à equipe pioneira. Com a chegada de novos técnicos para ocupar cargos no recém-criado Departamento Econômico (Depec, sucessor da Assessoria Técnica), foi possível ao corpo profissional de pesquisas e assessoramento avançar mais rapidamente na coleta de novos dados estatísticos e em sua organização, o que foi feito observando os melhores padrões técnicos então existentes no país e no exterior, tanto na área de balanço de pagamentos quanto na de dados bancários, monetários, financeiros e fiscais.

Não existindo à época um Banco Central mas existindo operações que lhe são próprias, cumpria criar um substituto conceitual do nome Banco Central – o que foi feito com a cunhagem do termo Autoridades Monetárias, em sua função monetária de emissor do meio circulante; as várias carteiras do Banco do Brasil, como a de Redescontos e de Câmbio e a Superintendência da Moeda e do Crédito, detentora dos depósitos compulsórios e voluntários dos bancos comerciais, feitos no Banco do Brasil à sua ordem. Havia, portanto, que preparar um balanço estatístico, que se convencionou chamar Balanço Consolidado das Autoridades Monetárias, o qual, como o nome indica, consistiu na fusão dos balanços delas para eliminação dos saldos devedores e credores existentes entre eles em suas respectivas datas.

Na verdade, o Departamento Econômico da Sumoc era o núcleo do futuro Banco Central e o único lugar no país onde se pensava e se praticava o ofício de banqueiro central.[14] Em 1953, com José Soares Maciel Filho ocupando a Diretoria Executiva, ocorreu grande reforma na estrutura administrativa da Sumoc.

9. O orçamento cambial e o Balanço Consolidado das Autoridades Monetárias

Por um breve período (cerca de dois anos) funcionou sob minha chefia o Departamento de Coordenação de Orçamentos (Decor), que tinha como principal incumbência a elaboração do orçamento cambial.[15] Subordinava-se ao novo departamento a Divisão de Balanço de Pagamentos, chefiada por Guilherme Augusto Pegurier, a Divisão de Comércio Exterior, chefiada por Carlos Roberto de Carvalho, e a Divisão de Câmbio, chefiada por Ricardo Moura, todos funcionários do Banco do Brasil, com larga experiência nas áreas respectivas.

A elaboração de orçamentos de câmbio constituía então uma prática relativamente recente, adotada principalmente em países que enfrentavam problemas de escassez de divisas. Foi necessário criar toda uma metodologia para sua elaboração, baseada em critérios consensuais resultantes de ampla consulta, numa primeira fase, aos setores interessados.

Com base nas informações colhidas e, mais, no estudo das tendências reveladas pelas estatísticas do comércio exterior e câmbio, procurou-se calcular o que se convencionou chamar de necessidades mínimas de importação, em particular, e de divisas, em geral.

É evidente que conceituar com precisão o que se deve entender por necessidades mínimas não constitui tarefa simples. Como necessidades mínimas deveríamos entender aquelas indispensáveis à manutenção do ritmo de desenvolvimento dos últimos anos? Ou serão elas apenas o que se julga necessário para manter o ritmo de atividade econômica observado no início do período orçamentário? A manutenção do nível de negócios

---

[14] SILVEIRA, Eduardo Gomes Júnior. "Memória do Departamento Econômico: 1951-1993", Boletim do Banco Central do Brasil. *Suplemento*, vol . 30, nº. 9, setembro, 1994.

[15] LATINI, Sydney A. e MOURA, Ricardo. "Orçamento de Câmbio no Brasil". *Econômica Brasileira*, vol. nº 2, abril – junho, 1955, Rio de Janeiro.

e dos investimentos em determinadas ocasiões não viria a constituir um fator inflacionário? Nessa hipótese, que se poderia fazer no sentido de redistribuição de investimentos, adotando medidas indiretas de política creditícia ou cambial?

Sem querer entrar na análise minuciosa dessas questões, que por si sós evidenciam a complexidade do problema, também não se pretendia cair no extremo oposto e concluir que não há necessidades mínimas, aceitando a afirmativa simplista de que o país só deve importar o que lhe permite sua estreita receita em divisas. Isso seria uma solução cômoda para os problemas que nos afligem, entretanto muito pouco realista, dados os desequilíbrios sociais decorrentes do automatismo violento dos ajustamentos emergentes, que provocariam queda abrupta do nível de produção e emprego.

O certo, porém, é que a economia nacional não poderia parar à espera de uma definição de necessidade mínima. Pouco importa a definição científica, que ainda não surgiu. Também a conceituação de bens essenciais e não-essenciais envolve alto grau de subjetivismo. A rigor, não existem bens não-essenciais. Entretanto, se se classificar, por exemplo, como não essencial uma peça de vestuário ou artigos de alimentação produzidos satisfatoriamente no país, deve-se entender que tais produtos não são essenciais apenas para importação. Necessidades mínimas absorvem também grande parte do conceito de bens essenciais, pois é destes, principalmente, que se faz o levantamento para chegar à avaliação daquelas.

Nessa ordem de idéias, também o conceito de país desenvolvido é sujeito a controvérsias. Nem por isso se deixa geralmente de reconhecer que o Brasil é um país subdesenvolvido, ou em fase de desenvolvimento. E é para galgar um estágio econômico mais elevado que se deve procurar manter o fluxo de renda real pelo incremento da oferta de bens e serviços que os recursos em divisas podem proporcionar, sejam eles da receita normal do país ou da utilização de seu crédito externo, obtido mediante financiamentos de capitais estrangeiros.

As necessidades mínimas, portanto, em circunstâncias normais representam o fluxo de bens e serviços de que o país necessita para manter pelo menos o nível já atingido de emprego e produção, evitando deslocamentos contraproducentes de mão-de-obra e desajustes sociais de conseqüências graves. Esta é, aliás, a preocupação dominante dos estados modernos, levando inclusive países altamente industrializados a adotar política comercial protecionista e até mesmo de subvenção.

No que se refere às necessidades e compromissos em divisas do setor público, foram estabelecidas prioridades levando em conta todas as manifestações sobre política econômica, mediante exame de documentos básicos e de pronunciamentos das autoridades, tais como a mensagem anual do presidente da República ao Congresso Nacional, a mensagem de encaminhamento dos orçamentos públicos da União e dos Estados ao Legislativo, decisões ou recomendações especiais do próprio presidente da República etc.

Fixadas, assim, as linhas mestras da política econômica adotada, procedia-se à distribuição preliminar das divisas em graus de prioridade, levando em conta as solicitações das entidades públicas, coletadas, classificadas e apuradas por setores de atividade econômica.

As premissas que norteavam a elaboração dos orçamentos de câmbio das entidades públicas podem ser resumidas como segue:

- ação supletiva do Estado para romper os chamados pontos de estrangulamento e criar condições favoráveis à expansão da iniciativa privada;
- cumprimento de preceitos constitucionais que visam diminuir o desnível de desenvolvimento entre as regiões norte e sul do país, numa verdadeira obra de integração nacional, inclusive com objetivos de defesa;
- obediência a preceitos legais de monopólio estatal na exploração do petróleo, visando harmonizar os recursos em moeda nacional com as disponibilidades cambiais necessárias ao exercício desse monopólio;
- orientação das importações das entidades públicas para áreas de moedas menos escassas ou que admitam condições mais favoráveis de pagamento;
- empenho junto às entidades públicas no sentido de obter maiores financiamentos externos a prazo longo em face da exigüidade de recursos disponíveis para pronto pagamento;

- estímulo ao consumo de produtos da indústria nacional, negando-se favorecimento cambial a importações de similares já produzidos satisfatoriamente no país;
- contenção de gastos menos essenciais, negando o mesmo favorecimento para as importações de produtos assim classificados.

A elaboração de orçamentos de câmbio representou um considerável avanço no esforço de aprimoramento das previsões de balanço de pagamentos e de programação de gastos em divisas, e acompanhou uma tendência acentuada durante e após a Segunda Guerra Mundial no sentido de planejamento e de pleno emprego dos recursos nacionais a que se devem adaptar os movimentos de trocas.

Nem sempre, porém, os corretivos dos desvios das previsões iniciais significam a necessária adoção de medidas diretas no setor cambial. Não raro modificações da política monetária e creditícia, assim como providências de ordem fiscal, são o mais aconselhado para corrigir possíveis desequilíbrios no balanço de pagamentos. Isso significa que o processo coordenador na fase executória do orçamento de câmbio não deve ater-se unicamente a proposições de ordem meramente cambial.

Dentro dessa ordem de idéias, preconizava-se a elaboração de orçamentos de crédito – partindo da experiência de elaboração do Balanço Consolidado das Autoridades Monetárias – para orientar a política monetária do Brasil. Se adotada, a medida poderia ter constituído um complemento de grande alcance prático como elemento de harmonização de dois setores de política econômica que guardam entre si a mais estreita correlação.

Assim, por exemplo, de nada adiantaria proceder a cortes drásticos nas verbas destinadas ao atendimento das necessidades cambiais das entidades públicas, por um lado, se, de outra parte, facilidades mais amplas de acesso aos recursos em divisas e ao crédito bancário propiciassem às entidades privadas o aumento crescente da propensão a importar. Isso redundaria no sacrifício de obras governamentais programadas em setores básicos da economia nacional, dos quais a iniciativa privada naturalmente se desvia, atraída que está para empreendimentos que lhe acenam com maior rentabilidade e não exigem inversões maciças de capital.

Acentuava-se, por outro lado, que o orçamento de câmbio, embora focalizando curto período, não se deveria dissociar dos planos de desenvolvimento econômico concebidos a longo prazo, desde que houvesse uma política claramente definida nesse sentido, cuja realização em etapas sucessivas se entrosasse com o escalonamento dos gastos em divisas que necessariamente se refletem naquele instrumento de política econômica.

Por isso, para que os orçamentos de câmbio pudessem interpretar fielmente os programas de desenvolvimento, tornava-se imprescindível a elaboração de projeções econômicas a longo prazo, nas quais os objetivos a atingir fossem bem definidos.

10. Um interregno frustrante

Infelizmente, todo o esforço e toda a experiência acumulada pela equipe de profissionais reunida na Sumoc para a elaboração dos orçamentos cambiais do Brasil foram frustrados pela crise política que se abateu sobre o país com o fim trágico do presidente Getúlio Vargas, em agosto de 1954. No governo Café Filho, que então se instalou, o professor Eugênio Gudin assumiu o Ministério da Fazenda e Octávio Bulhões a Diretoria Executiva da Sumoc.

Gudin e Bulhões tinham alergia às palavras *planejamento* e *desenvolvimentismo* e, portanto, a qualquer iniciativa nesse sentido.

Logo nas primeiras semanas à frente da pasta da Fazenda, o novo ministro quis tomar conhecimento do orçamento de câmbio para o segundo semestre de 1954, que acabava de ser aprovado pelo Conselho da Superintendência da Moeda e do Crédito, em reunião de 20/07/1954,[16] ao apagar das luzes do governo anterior.

Fomos – Pegurier e eu – incumbidos por Bulhões de dar conhecimento do documento a Gudin, que nos recebeu no amplo salão de reuniões do 10º andar do Palácio da Fazenda. Após folhear algumas páginas e ouvir nossas respostas a poucas indagações, deteve-se em um item que registrava modesta dotação em divisas para atender a importações destinadas a uma entidade oficial de assistência à infância, localizada em um estado

[16] *Orçamento Cambial do Brasil* – 2º semestre de 1954. Superintendência da Moeda e do Crédito, Departamento de Coordenação de Orçamentos, Rio de Janeiro, junho, 1954.

nordestino e que merecera tratamento preferencial, à taxa de câmbio mais favorecida. E sentenciou:

> Vejam este item, por exemplo. Respeito muito os vossos sentimentos religiosos, mas isto não tem nada a ver com economia. As forças do mercado incumbir-se-ão, com o tempo, de reduzir as disparidades de renda dessas populações nordestinas. A intervenção governamental só contribuirá para agravá-las.

E seguiu-se uma aula sobre as maravilhas que o livre jogo da oferta e da procura seria capaz de operar em uma economia regida tão só e exclusivamente pela mão invisível de Adam Smith. Não se falou mais em orçamento cambial.

Mas Roberto Campos havia regressado de Los Angeles – onde recolheu-se como cônsul, depois de desligar-se do BNDE, incompatibilizado com Maciel Filho, e voltou para este, agora como diretor superintendente. Ao contrário de Gudin e Bulhões, Campos defendia com ousadia juvenil – para usar suas próprias expressões – tanto o *planejamento* quanto as idéias *desenvolvimentistas*. Bem interpretado, dizia, o *planejamento é um instrumento neutro, que pode tanto inviabilizar a economia de mercado (pelo planejamento socialista) como auxiliá-la (pela clara definição de idéias próprias e de áreas impróprias de intervenção governamental).*

Inclinava-se também, mais que os mestres neoliberais, a aceitar a ênfase cepalina sobre substituição de importações, admitindo certa vitalidade nos argumentos cepalinos sobre os fatores adversos, que tornariam a industrialização uma saída necessária para os desequilíbrios externos.

E costumava citar três argumentos básicos que justificariam, nos países subdesenvolvidos, um esforço de planejamento e um grau de intervenção estatal, dispensável nas economias maduras: a) a debilidade da iniciativa privada; b) a necessidade de concentração de recursos, por via fiscal, em virtude da inexistência de um mercado de capitais capaz de mobilizá-los; e c) a faculdade telescópica do governo para investimentos de longa maturação".[17]

---

[17] CAMPOS, Roberto. *A lanterna na popa (Memórias)*, Rio de Janeiro: Topbooks, 1994.

Gudin só pensava em combater a inflação, achando mesmo que não havia outra razão para ter ido para o ministério, colocando tudo o mais em segundo plano. Já Campos partia de uma visão diferente. Não havia tempo de espera para a simplificação cambial, pela urgente necessidade de estimular as exportações.

Quando, por injunções políticas, ao final de pouco mais de oito meses, Gudin e Bulhões afastaram-se de seus cargos, Campos foi mantido no BNDE pelo novo ministro, José Maria Whitaker, seduzido pelo propósito obsessivo do novo titular da pasta da Fazenda de efetuar a reforma cambial, tanto quanto Gudin tinha de acabar com a inflação.

Whitaker, para surpresa geral, nomeia Prudente de Moraes, neto, jornalista político, para a Diretoria Executiva da Sumoc, em substituição a Octávio Bulhões. Prudente encontrou ali seus antigos companheiros da página econômica do *Diário Carioca* – Domar Campos, Jacy Vieira de Miranda e eu – e trouxe outro companheiro de jornal, Odálio Amorim, o que facilitou a identificação do novo diretor com a equipe de técnicos que havíamos conseguido reunir.

11. O *Boletim da Superintendência da Moeda e do Crédito* e o *Memorando sobre a reforma cambial*

Essa afinidade deve ter contribuído para a concretização, durante sua passagem pela Sumoc, de antiga aspiração dos seus técnicos: o Boletim da Superintendência da Moeda e do Crédito, cujo primeiro número circulou em setembro de 1955. Em sua apresentação Prudente de Moraes ressalta:

> Criada, em 1945, como núcleo e o embrião do que há de ser, um dia, o futuro Banco Central, a Sumoc desenvolveu desde o início os seus serviços preparatórios e conseguiu formar um corpo de técnicos de primeira ordem, dedicados ao estudo e análise dos fenômenos e problemas econômicos e financeiros do Brasil. Para que os trabalhos realizados por essa equipe adquiram projeção e exerçam a influência correspondente ao seu merecimento, faltava apenas divulgá-los. E é o que ora se faz, com a publicação deste *Boletim*.[18]

---

[18] O Departamento Econômico da Sumoc, chefiado por Herculano Borges da Fonseca – responsável pela edição do *Boletim* – era, então, assim constituído: Divisão de Assuntos Internacionais (chefe: Walter Blomeyer); Divisão de Balanço de Pagamentos (chefe: Sydney Alberto

É importante ressaltar o pioneirismo do *Boletim*, que veio suprir deficiência na publicação de estudos e estatísticas monetárias e financeiras do país. Na época não havia qualquer publicação oficial de domínio público com periodicidade menor que a anual. O *Boletim* revolucionou os nossos meios acadêmicos e técnicos, divulgando estatísticas de qualidade, em nível profissional, abrangendo dados até então desconhecidos do público brasileiro.

Foi nesse período que Roberto Campos, incumbido por Whitaker, dedicou-se com afinco à elaboração de uma proposta de reforma cambial, cujo objetivo fundamental e dominante seria o incentivo às exportações. Para colaborar na preparação de sua proposta, Campos mobilizou a equipe que, na Sumoc, vinha se dedicando a esmiuçar os percalços do funcionamento do sistema cambial em vigor para desincumbir-se da tarefa de elaborar os orçamentos de câmbio. Foram noitadas de trabalho intenso, na elaboração de demonstrativos estatísticos e confrontos das mais diversas hipóteses de sistemas cambiais: taxas múltiplas de câmbio, taxas fixas (com controle quantitativo e sem controle quantitativo), taxas flutuantes e sistemas mistos. Ao final de alguns meses, estava concluindo o *Memorando sobre a reforma cambial*[19], encaminhado por Roberto Campos ao Ministro da Fazenda, em setembro de 1955, às vésperas de nova eleição presidencial, preconizando, em resumo, a adoção do mercado de taxa livre de câmbio puro e estrito. Não conseguindo consenso em torno dos termos da proposta dentro do governo nem a corresponsabilidade dos candidatos à presidência no próximo governo, prestes a iniciar-se, Whitaker pediu demissão em caracter irrevogável, e a reforma cambial ficou esquecida.

Latini); Divisão de Estudos Monetários e Financeiros (chefe: Casimiro Antônio Ribeiro); Divisão de Investimentos e Financiamentos Estrangeiros (chefe: Guilherme Augusto Pegurier). O número do *Boletim* correspondente aos meses de janeiro, fevereiro e março de 1956 foi dedicado à divulgação do primeiro relatório da Superintendência da Moeda e do Crédito, relativo ao exercício de 1955 – já na administração de Inar Dias de Figueiredo, que sucedeu a Prudente de Moraes, neto –, sob a responsabilidade de um Comité Editorial assim constituído: Herculano Borges da Fonseca (diretor), Sydney Alberto Latini (editor) e Domar Campos (secretário), além de Casimiro Ribeiro, Fernando Bergstein, Francisco da Cunha Ribeiro, Guilherme Augusto Pegurier, Manoel Lentini Baltar e Orlandy Rubem Corrêa. O Relatório tinha como tema "A economia brasileira em 1955 e a atuação da Superintendência da Moeda e do Crédito como Banco Central", Domar Campos foi o secretário do *Boletim* até 1964.

[19] CAMPOS, Roberto. *A lanterna na popa*, p. 1.288, Rio de Janeiro: Topbooks, 1994.

12. O Clube de Economistas

Celso Furtado retornou ao Brasil no início de 1953, após cinco anos de permanência em Santiago do Chile, integrando a equipe pioneira da Cepal (Comissão Econômica para a América Latina). Atendendo a um convite de Roberto Campos, veio coordenar os trabalhos do Grupo Misto BNDE - Cepal, com técnicos das duas instituições, para elaborar um sistema de projeção da economia brasileira, aplicando a técnica de programação da Cepal. O plano de trabalho compreendia um prognóstico das tendências, num horizonte de tempo variando de cinco a sete anos e uma série de projeções com base em hipóteses de decisões a ser tomadas pelo governo.

Enquanto o Grupo Misto desenvolvia suas pesquisas, na Sumoc trabalhávamos na elaboração dos orçamentos cambiais, ambas as equipes procurando superar as vicissitudes da crise política que evoluía e veio a culminar com a morte de Vargas. Assim como as diretrizes adotadas pelo novo governo, sob a orientação de Gudin, novo ministro da Fazenda, frustaram, como vimos, o esforço para elaboração dos orçamentos de câmbio, também arrefeceram o ânimo da equipe que trabalhava sob a coordenação de Furtado. Esta, porém, protegendo-se com o rótulo das Nações Unidas, conseguiu prosseguir em seu trabalho – mesmo sem esperança de que ele viesse a ter qualquer valor para a formulação de política no Brasil – e logrou concluí-lo em maio de 1955, quando o país já se mobilizava para eleger o novo presidente da República.

Foi a essa altura que ele me surpreendeu com um animado convite para reeditarmos a *Economika*. Pareceu-lhe oportuno que estabelecêssemos algum vínculo entre os problemas econômicos e que dispuséssemos de um órgão para veicular nossas idéias.

Essa convicção resultou do interesse despertado por seu livro *A economia brasileira*, que acabava de ser publicado e difundia uma linha de pensamento em clara oposição à escola ortodoxa, que pretendia monopolizar o enfoque científico dos problemas econômicos.

Ouvidos mais alguns companheiros, decidiu-se que criaríamos uma sociedade civil, que recebeu o nome de Clube de Economistas, presidido por Celso Furtado, com um número de membros fixado em quarenta, logo preenchido,[20]

[20] *Econômica Brasileira* – Corpo redatorial: Alexandre Fonseca Beltrão, Américo Barbosa de Oliveira, Américo Cury, Antônio Cláudio de Lima e Souza, Anníbal Villanova Villela, Casi-

cuja finalidade imediata, seria editar uma nova revista, que circularia trimestralmente sob o título de *Econômica Brasileira*.

O primeiro número circulou no início de 1955 (janeiro-março). Seu comitê de direção era integrado por Américo Barbosa de Oliveira, Eduardo Sobral, Celso Furtado, Sydney Latini e Thomaz Pompeu Accioly Borges, e a nota introdutória da edição inaugural ressaltava:

> A escassez de publicações especializadas condena importantes estudos a uma circulação restrita como documentos internos de certos organismos. Outras aparecem em publicações não especializadas, escapando à grande maioria das pessoas interessadas.
> A suprir parcialmente essa lacuna visa a presente publicação. Seu comitê redatorial inclui economistas com participação ativa nos principais departamentos de pesquisa econômica existentes na capital da República.

E finalizava oferecendo as páginas da revista...

> à colaboração espontânea de todas as pessoas que se interessarem pela compreensão de nossa realidade econômica e pelos problemas do desenvolvimento da economia brasileira.

Ao longo de sua existência, de quase uma década, a revista divulgou trabalhos que, em sua maioria, foram elaborados por economistas vinculados a instituições ligadas ao governo federal, como o BNDE, a Sumoc, o Banco do Brasil, o DASP, o IBGE e o Ministério da Fazenda, nas quais havia uma boa margem de capacidade de pesquisa subutilizada, que veio rapidamente à tona.

---

miro A. Ribeiro, Celso Furtado, Diogo Adolpho Nunes de Gaspar, Domar Campos, Eduardo Sobral, Edson Cezar de Carvalho, Ewaldo Correia Lima, Gerson da Silva, Guilherme Augusto Pegurier, Heitor Lima Rocha, Herculano Borges da Fonseca, Jacy Miranda, Jaime Magrassi, de Sá, Jesus Soares Pereira, João Paulo de Almeida Magalhães, João Otávio Knaak de Souza, Joaquim Ferreira Mângia, José Pelucio Ferreira, Juvenal Osório Gomes, Leon Zeitel, Luiz Carlos de Andrade, Luiz L. Vasconcelos, Luiz M. Botelho, Mário Magalhães da Silveira, Maurice Archer, Moacyr Paixão e Silva, Newton Corrêa Ramalho, Olindo Mury Knust, Paulo H. Pereira Lira, Ricardo Moura, Romulo de Almeida, Sebastião A. da Cunha, Sydney A. Latini, Thomaz Pompeu Accioly Borges, Thomaz Raposo de Almeida.

Segundo Lourdes Sola, em sua tese *The political and economic constraints to economic management in Brazil, 1945-1963*, citada por Roberto Campos em *A lanterna na popa* (pág. 196, nota de rodapé), dois grupos de técnicos participariam das assessorias governamentais; os técnicos nacionalistas, cujo centro de influência seria o Palácio do Catete, e os técnicos cosmopolitas, que se concentrariam principalmente na CMBEU e no BNDE. Segundo Campos, os técnicos nacionalistas se congregaram no Clube de Economistas. É fora de dúvida que a proposta do Clube de Economistas era eminentemente nacionalista, como a de seus membros, sem deixarem de se considerar também cosmopolitas, não parecendo que uma atitude excluísse a outra. Ocorre que os anos que passara nos Estados Unidos, onde completara estudos universitários, e a experiência das Nações Unidas, onde servira na delegação brasileira, haviam deixado forte impacto em sua visão de mundo. O nacionalismo lhe parecia uma força negativa, não pelos valores que continha, mas pelas paixões que despertava". (Celso Furtado, *A fantasia organizada*, págs. 155 e 156).

• • •

O período transcorrido entre a morte de Vargas, em 1954, e a posse de Juscelino, em 1956, foi de grande efervescência política e estagnação econômica. As equipes técnicas que se haviam aglutinado, principalmente na Sumoc e no BNDE, enriquecidas por funcionários selecionados do Banco do Brasil, do Itamaraty, do DASP e do Tesouro Nacional, foram mantidas em seus postos quase por inércia, aguardando dias mais promissores para realização de seus projetos.

As forças políticas que criaram o clima de instabilidade, explorando as fraquezas inerentes a qualquer governo, lograram interromper a continuidade administrativa, certas de haverem posto fim à era Vargas, iniciada em 1930, com a derrota das oligarquias até então dominantes. Fortalecido com as eleições democráticas de 1950, Getúlio Vargas havia assumido o poder como presidente eleito, em 1951, reacendendo o ânimo dos que nunca deixaram de conspirar contra ele. Com seu trágico desaparecimento, e quando seus inimigos apenas começavam a comemorar a vitória, eis que o trauma causado pelo inusitado evento reaglutina a aliança política que o havia reconduzido ao poder: a temida aliança do PSD com o PTB, que elegeu Eurico Dutra quando Vargas foi deposto, reconduziu este à presidência em 1950 e elegeu Juscelino Kubitschek em 1955.

Capítulo V

Acelerando o ritmo de industrialização

1. Transformando sonhos em realidade

O capitão-de-mar-e-guerra Lúcio Meira fez todo o curso da Escola Naval como aspirante nº 1 de sua turma, o que lhe valeu a conquista dos prêmios *Greenhalg, Conde de Anadia* e *Faraday*. Como primeiro tenente, integrou a guarnição do cruzador Bahia, que conduziu o ex-presidente Washington Luiz, deposto pela Revolução de 1930, a seu exílio nos Estados Unidos. A observação *in loco* do progresso realizado por aquele país, comparado com o estágio alcançado pelo Brasil, em período equivalente, despertou sua curiosidade para a identificação das causas que teriam determinado trajetórias tão distintas. O desenvolvimento industrial dos Estados Unidos contrastava com a excessiva dependência da agricultura, que caracterizava a economia brasileira.

Despertou sua atenção, em particular, como o automóvel, mais do que qualquer outra contribuição da moderna tecnologia, transformou o sistema de vida do homem comum norte-americano e exerceu um extraordinário efeito multiplicador sobre a economia.

Constatou então que um entre cada sete americanos trabalhava numa atividade ligada direta ou indiretamente à industria automobilística, nas fábricas de veículos, nas fábricas de peças, na comercialização, nas estradas, nos postos de gasolina, nas oficinas de reparos, no seguro, na publicidade, na produção de aço, na mineração, na fabricação de equipamentos e matrizes, na produção de carburantes etc.

Ficou claro para o jovem oficial que a indústria automobilística era uma atividade industrial de grande potencial, capaz de promover, em seu desenvolvimento, numerosas outras atividades econômicas. Com veículos a motor, as estradas que teriam de vir para realizar a integração nacional e o petróleo, com esse trinômio, teríamos a possibilidade de ocupar efetivamente vastas regiões do território pátrio, explorar seus recursos naturais, criar o grande mercado para a indústria nacional, promover a expansão econômica do país.[21]

Não foram os americanos que inventaram o automóvel. Experiências com veículos rodoviários movidos a vapor, na Grã Bretanha, datam do início do século dezenove; o motor de combustão interna foi principalmente de origem alemã; e uma considerável produção em escala comercial já existia na França, quase uma década antes de os carros americanos aparecerem no mercado.

A nítida contribuição americana ocorreu após ultrapassado o estágio da invenção pioneira de produção em massa na fabricação de automóveis e o desenvolvimento e refinamento dessas técnicas a um grau que levou a uma revolução tecnológica e econômica. Sob qualquer ângulo de avaliação, essa contribuição foi, de longe, mais importante do que a invenção original. Os avanços conseguidos nas áreas de organização da produção e da distribuição transformaram o automóvel, nos Estados Unidos, de artigo de luxo em artigo de consumo de massa. A indústria automobilística nos Estados Unidos tornou-se a mais tipicamente americana, e seu impacto sobre o sistema – do ponto de vista econômico, social e cultural – é inexcedível.

Não foi difícil ao jovem tenente brasileiro, atento aos sinais de progresso que o impressionavam, compreender o papel que a revolução do automóvel estava realizando na sociedade que acabava de descobrir. Por que não aspirar que idêntica revolução pudesse, também, ocorrer no Brasil? Estávamos iniciando uma nova era em nossa vida política. Os novos detentores do poder anunciavam sua disposição de romper amarras que nos mantinham dependentes de uma oligarquia rural desde séculos. A vocação siderúrgica do Brasil – havíamos produzido aço antes dos Estados Unidos – o qualificava para aspirar por uma posição condigna entre as nações industrializadas. A revolução industrial, iniciada no mundo ao final do século 18, apenas timidamente havia chegado até nós.

---

[21] MEIRA, Lúcio. "22 anos depois, entrevista à revista *Tendência*. Outubro de 1978, p. 44.

De volta ao Brasil, Lúcio Meira passou a observar mais atentamente como a paisagem urbana e a vida rural se modificavam rapidamente com a invasão dos veículos importados, em quantidades crescentes, da Europa e dos Estados Unidos, corroendo cada vez mais nosso balanço de pagamentos, que refletia as conseqüências da grande crise internacional de 1929, com a queda das exportações do café, *pièce de resistence* da economia brasileira de então. Ao longo de seu extenso e brilhante *curriculum vitae*,[22] desde a Escola Naval e nos diversos cargos que ocupou, nunca deixou de dedicar-se ao estudo dos problemas nacionais. Sonhava com a solução do problema siderúrgico. Vivíamos na era do aço, e o Brasil tinha montanhas imensas de minério de ferro. Por que não transformar em riquezas os recursos com que a natureza generosamente nos aquinhoara? Por que não produzíamos aço? Urgia equipar o Brasil, para estarmos à altura dos nossos tempos, da era do aço. Da siderurgia passou a estudar os demais problemas nacionais, especialmente o energético, o industrial e o de transportes.

2. A Comissão de Desenvolvimento Industrial (CDI) e a Subcomissão de Jipes, Caminhões, Tratores e Automóveis

A oportunidade de transformar seus sonhos em ação ofereceu-se em 1950, quando recebeu o convite do presidente Vargas para ser o subchefe do Ga-

---

[22] Do extenso currículo de Lúcio Meira, cabe distacar: como capitão-tenente, cursou com distinção a Escola Naval, tendo concluído o curso em 1934. Em 1935 fez o curso de submarinos, com distinção; já como capitão-d-corveta, cursou a Escola Nacional de Engenharia, da Universidade do Brasil, tendo sido graduado engenheiro civil em 1942; tomou parte em operações de guerra na Segunda Guerra Mundial, no comando da corveta Jaceguai. Nomeado interventor federal no Estado do Rio de Janeiro, em 9 de fevereiro de 1946, exerceu essa função até 23 de setembro de1946; já como capitão-de-fragata, foi designado subchefe do Gabinete Militar do presidente Getúlio Vargas, em fevereiro de 1951. Promovido a capitão-de-mar-e-guerra em 1952, foi designado para exercer as funções de representante da Marinha na Comissão de Desenvolvimento Industrial do Ministério da Fazenda. De 31 de janeiro de 1956 até julho de 1959 exerceu o alto cargo de ministro do estado dos Negócios da Viação e Obras Públicas, acumulando essas funções com as de presidente do GEIA , do Geimar, do Gemape, nomeado pelo presidente Juscelino Kubitschek de Oliveira. A partir de 29 de julho de 1959 exerceu cargo de presidente do Banco Nacional de Desenvolvimento Econômico (BNDE), cumulativamente com o de secretário geral do Conselho do Desenvolvimento, até 21/02/61. Assumiu a presidência da Companhia Siderúrgica Nacional (CSN) em 21/11/1961. Reformado como almirante-d-esquadra em 1964.

binete Militar da Presidência da República. Essa função proporcionava-lhe a grande oportunidade de ver de perto e do alto os grandes problemas nacionais.

Pouco depois de tomar posse, começou a participar espontaneamente das atividades da assessoria econômica do presidente Vargas, chefiada pelo economista Rômulo de Almeida e da qual também faziam parte Jesus Soares Pereira, Cleanto de Paiva Leite e Inácio Rangel. Essa assessoria formou a convicção de que urgia a criação de uma Comissão de Desenvolvimento da Indústria. Nenhuma agência governamental cuidava especificamente de acelerar o rítimo da industrialização do país.[23]

Logo nos primeiros dias no Palácio do Catete, Getúlio Vargas incumbe Lúcio Meira de uma missão: "Lúcio, você que é um apaixonado pela industrialização, faça um estudo sobre a Fábrica Nacional de Motores (FNM) e apresente um relatório com sugestões para iniciarmos algumas coisas grandiosas".

Era uma oportunidade. Lúcio Meira mergulhou no problema e o relatório final fala só por alto na *Fenemê*. O sumo da tese é uma sacudida geral no país, em amplos setores, num forte impulso. O relatório é aprovado. Cria-se, em conseqüência, a CDI (Comissão de Desenvolvimento Industrial), subordinada ao Ministério da Fazenda (cujo o titular era Horácio Lafer), com várias subcomissões. Uma delas é a de Jipes, Tratores, Caminhões e Automóveis. Lúcio Meira é designado para presidi-la, ao lado de Jorge Resende, Luiz Vilares e outros entusiastas. Foi o primeiro passo.[24]

O efeito da CDI como promotora do crescimento industrial foi reduzido. Seu Conselho, formado pelos presidentes das subcomissões e de técnicos convidados que, teoricamente, compunham a assessoria técnica, não impunha qualquer vínculo orgânico ou salarial. Competia-lhe discutir propostas das Subcomissões, para encaminhá-las ao presidente da República, por intermédio do ministro da Fazenda. As preocupações

---

[23] MEIRA, Lúcio. "22 anos depois", entrevista à revista *Tendência,* outubro de 1978, p. 44.
[24] MEIRA, Lúcio. "Um almirante de pé na tábua", entrevista a *Quatro Rodas*, janeiro de 1966, p. 48 e 49.

ministeriais estavam voltadas para a Comissão Mista Brasil – Estados Unidos, que também no Ministério da Fazenda elaborava um plano de realinhamento econômico. Era ali, portanto, o centro de decisão.

De fato, a experiência da Comissão Mista Brasil – Estados Unidos criou uma nova mentalidade nos técnicos brasileiros, que passaram a ver no planejamento setorial o melhor instrumento de ação coordenada do Estado, no tocante ao desenvolvimento econômico. Isso não só foi benéfico para o desenvolvimento brasileiro, mas também um instrumento de ação internacional que conseguia créditos norte-americanos para financiar projetos no Brasil; a par dessa característica, foi uma grande escola para um conjunto de técnicos brasileiros que, pelo convívio com técnicos americanos, tiveram contatos com os modernos instrumentos de planejamento.

Mas uma das subcomissões do CDI, a de Jipes, Tratores, Caminhões e Automóveis, conseguiu desenvolver trabalho e apresentar algumas medidas que transformaram o panorama da economia brasileira no que concerne ao setor de fabricação de veículos. Considera-se mesmo que essa foi a única dentre elas a produzir efeitos concretos na economia brasileira. Criada em 1952 pelo ministro da Fazenda, Horácio Lafer, era a sexta das subcomissões que compunham a Comissão de Desenvolvimento Industrial e funcionou no próprio Ministério, durante toda sua duração, sob a presidência de Lúcio Martins Meira.[25]

A subcomissão tinha duas incumbências principais: estudar as medidas necessárias à promoção de novas assessorias à indústria automobilística; e propor providências e estímulos voltados para a implantação desse ramo industrial.

Uma de suas primeiras providências foi realizar um levantamento para apurar:

– a existência de um mercado interno para a indústria automobilística; e

– os pré-requisitos para a implantação desse ramo industrial e suas condições de desenvolvimento.

---

[25] FRANCO, Wellington Moreira. "A nacionalização dos veículos no Brasil", USP, não datada, tese de mestrado.

O levantamento permitiu verificar:
a) que a faixa do mercado interno atingida pela indústria automobilística era insuficiente para justificar sua imprescindibilidade, mas já era suficiente para não negá-la de vez;
b) a importância do problema do transporte para o desenvolvimento do país;
c) que o Brasil não cumpria os pré-requisitos necessários à implantação desse tipo de indústria: não tinha mão-de-obra especializada, nem técnicos nem a matéria-prima exigida.

3. A "certidão de nascimento" da indústria automobilística

Com base nestes resultados, foi elaborado e apresentado ao presidente Vargas o Plano Nacional de Estímulo à Produção de Automóveis e à Implantação Gradativa da Indústria Automobilística, relatando a realidade do setor (suas dificuldades e necessidades), estabelecendo as diretrizes básicas para a programação da instalação da indústria no Brasil e determinando as medidas administrativas mais decisivas. Esse relatório foi encaminhado com a Exposição nº 1502, de 17/10/1952, e o despacho do presidente Vargas é considerado pelas pessoas ligadas ao setor como a certidão de nascimento da indústria automobilística.

Diz o despacho:

> 1. Aprovo as conclusões da Comissão de Desenvolvimento Industrial, constantes do Parecer da Subcomissão de Fabricação de Jipes, Tratores Caminhões e Automóveis e pertinentes ao fomento da produção, no país, de peças e acessórios de veículos automóveis e a implantação gradativa da indústria automobilística no país. Louvo o excelente trabalho de cooperação realizado sem dispêndio para o Tesouro.
>
> 2. Determino, pois, aos órgãos competentes da União que se orientem por essas conclusões e levem a efeito as medidas administrativas indicadas; e que colaborem com a CDI na elaboração dos projetos de lei sobre as providências a propor à deliberação do Congresso.

3. Mantenha-me a par dos efeitos das providências ora aprovadas, sugerindo as medidas complementares que pareçam conseqüentes ao êxito da política de produção de veículos automóveis no Brasil.

Rio de Janeiro, 30 de outubro de 1952
Getúlio Vargas[26]

O despacho presidencial foi um forte estímulo aos trabalhos da subcomissão, que se reunia quinzenalmente e era integrada por representantes de organismos estatais, empresas privadas ou associações de classe, com interesses no setor.[27]

Além dos temas analisados no documento original encaminhado ao presidente da República, três outros problemas foram exaustivamente debatidos:

1. a necessidade de mobilização de capitais internos e externos;
2. os interesses do comércio importador de produtos automobilísticos, contrariados diante da idéia da substituição de importações pela produção local;
3. os interesses dos exportadores estrangeiros, que tinham no mercado brasileiro para colocação de sua produção uma área de comércio vultosa, remuneradora e atraente.

---

[26] *Diário Oficial* de 31/10/1952.

[27] De sua primeira reunião, no dia 4 de março de 1952, à 36ª., no dia 5 de maio de 1954, fizeram parte da subcomissão como conselheiros: Lúcio Meira, presidente; Joelmir Araripe Macedo, representante da Fábrica Nacional de Motores; Mariano Ferraz, industrial; Luiz Dumont Villares, industrial; Abelardo Villas-Boas, funcionário do Ministério da Fazenda e secretário da Subcomissão; Euvaldo Lodi, deputado federal e representante da Confederação Nacional da Indústria, da qual era presidente. Euvaldo Lodi, na maioria das reuniões, foi representado pelo economista Knaak de Souza e por Jorge Resende industrial. Posteriormente passaram a conselheiros Eros Orosco, inicialmente representante da Cexim, e Eduardo Garcia Rossi. Foram ouvidos, como convidados, os representantes da Ford do Brasil, General Motors do Brasil, Distribuidora Studbaker S. A., Propac (Austin e Dodge), Varam Motores S.A , Morris S.A , Associação Profissional das Indústrias da Peças para Automóveis e Similares de São Paulo, Cexim, Senai, CIRB S.A (firma montadora do Rio Grande do Sul), Sindicato do Comércio Varejista de Automóveis e Acessórios, Comissão de Acordos Comerciais do Itamaraty, Comissão de Revisão de Tarifas, Mercedes Benz do Brasil, Firestone S.A.

Era natural que a subcomissão concentrasse suas preocupações nesses três itens, uma vez que grandes interesses comerciais e financeiros vinculados a fabricantes no exterior já se haviam constituído no país e não eram necessariamente coincidentes com o propósito de acelerar a fabricação de veículos aqui.

Os automóveis de passageiros, primeiro, e depois os caminhões e os ônibus começaram a chegar ao Brasil a partir da última década do século 19.

4. O crescimento do mercado de automóveis

Ao que tudo indica, o primeiro automóvel que chegou ao Brasil foi trazido por Alberto Santos Dumont – o futuro pai da aviação – ao retornar da França com a família, a bordo do navio *Portugal*, que atracou em Santos, em novembro de 1891. Era um Peugeot, motor Daimler, inventado cinco anos antes (quando também fora desenvolvido o similar *Benz*), com 3,5 cv e dois cilindros em V (1.018 cm^3), movido a gasolina, comprado por 6.200 francos, em Paris.[28]

Em 1897, também de volta de uma viagem à Europa, o jornalista José do Patrocínio – célebre por seu engajamento na libertação dos escravos – anuncia: "*Trago de Paris um carro a vapor, o veículo do futuro*. Trata-se de um Serpollet, com motor de 8 cv e quatro cilindros em V". Era o segundo automóvel a circular no Brasil e o primeiro a espantar os admirados transeuntes das ruas da capital federal.

Em 1900 apenas quatro automóveis haviam sido importados pelo Brasil. Até 1920 foram importados cerca de 30 mil veículos, entre automóveis e caminhões. Antes do início da Primeira Grande Guerra essas importações provinham de nações européias. As dificuldades que se depararam durante o período de guerra forçou o mercado brasileiro a se voltar para os Estados Unidos. De uma frota de 30 mil veículos, chegou-se a 250 mil, em 1930. Entre 1930 e 1940 o número de veículos existentes no país caiu de 250 mil para 160 mil, como conseqüência da crise econômica de 1929, que forçou uma parada na expansão.

---

[28] GONÇALVES, Vergniaud Calazans. *O século do automóvel no Brasil,* edição comemorativa do quadragésimo aniversário da Brasinca, São Paulo, 1989.

Em 1907 a firma Luiz Grassi & Irmão Indústria de Carros e Automóveis – fundada em 1904 para fabricar e reparar carruagens de tração animal – montava e colocava em funcionamento o primeiro Fiat a rodar no Brasil, tendo ainda sido pioneira no emprego de rodas de borracha maciça e, depois, de pneumáticos.

Em 1915 a Garagem Avenida, no Rio de Janeiro, inicia a construção de luxuosos automóveis sobre velhos chassis e lança o primeiro automóvel montado no Brasil, utilizando, na medida do possível, matéria-prima nacional.

Em 1916, três anos depois da invenção da linha de montagem, Henry Ford já estava raciocinando em termos globais. Após inaugurar fábricas, usando seu revolucionário processo de produção, no Canadá e na Grã-Bretanha, escolheu a Argentina para localizar sua terceira planta no exterior, tendo em vista o dinamismo de sua economia, que prenunciava um brilhante futuro como potência industrial.

Estimulada pelo sucesso de seu modelo T (o popular "Ford bigode"), que em pouco tempo conquistou o interior do Brasil, a Ford Motors Company, em 24 de abril de 1919, durante assembléia em Highland Park (EUA), decide criar a Ford brasileira, com capital inicial de 25 mil dólares, logo depois aumentado para 30 mil (111 contos de réis)[29]. O próprio Henry Ford profetiza: *o automóvel está destinado a fazer do Brasil uma grande nação*. Já no dia 1° de maio se instalam a primeira linha de montagem e o escritório, num pequeno prédio da rua Florêncio de Abreu, na cidade de São Paulo. Em 1920 a companhia passa a funcionar no local de um antigo rinque de patinação, na praça da República. Um ano depois, transfere-se para edifício próprio, construído no bairro do Bom Retiro, onde permaneceu durante longo tempo. Em 1925 a Ford vende 24.500 carros em todo o país. Em 1926, o sertanista Cândido Rondon utiliza um Ford bigode para desbravar os sertões de Mato Grosso e estender linhas de telégrafo.

Em 26 de janeiro de 1925 é construída naquela cidade a Companhia Geral de Motores S.A., também denominada General Motors do Brasil, cujo capital inicial de 270 mil dólares é integralizado pela matriz

---

[29] Pelo Decreto n°14.167, de maio de 1920, assinado pelo então presidente da República Epitácio Pessoa e seu ministro Simões Lopes, o governo brasileiro autorizou a Ford Motor Company do Brasil a funcionar no país para montagem de carros de passageiros e caminhões.

norte-americana. Oito meses depois sai da linha de montagem o primeiro Chevrolet. A produção diária é de 25 unidades, passando a 40 em 1926. Depois de produzir 25 mil carros, a companhia inaugura, em 1929, sua nova fábrica, em São Caetano do Sul, com área coberta de 45 mil metros quadrados, onde são montados cem veículos por dia. Em 1926, a International Harvester Máquinas S.A. fixa-se em São Paulo para montar caminhões.

Em 1929 Grassi, que em 1924 havia lançado os primeiros ônibus, carros fechados com bancos em sentido paralelo ao chassi, começou a produzir carrocerias de caminhões com cabines, para a Ford e para a General Motors. Foi a primeira tentativa de integração horizontal na indústria automobilística brasileira. Era tal o interesse pelo transporte em automóveis e caminhões que as rodovias passaram a liderar as preocupações governamentais, fazendo parte obrigatória das plataformas políticas.

Washington Luiz, então governador do estado de São Paulo, foi alvo de severas críticas dos patriarcas conservadores, que faziam restrições à sua frase avançada e evidentemente revolucionaria: "*Governar é abrir estradas*", convicção que consideravam responsável pelo esvaziamento dos cofres públicos no plano babilônico de cortar montanhas, entupir valados, abolir porteiras, transformando o leito dos caminhos numa terraplenagem igual às das estradas de ferro.

O desenvolvimento do tráfego rodoviário, como alternativa para atender às necessidades do transporte, apresentava sobre os demais sistemas de superfície – terrestre e marítimo de cabotagem – algumas vantagens, tais como: menor período de maturação dos investimentos, maior economicidade destes, maior flexibilidade, permitindo diversificar mais as correntes de tráfego. Havia que considerar a concomitante deterioração do sistema ferroviário e de navegação de cabotagem, devido respectivamente: à falta de reequipamento, conservação e expansão das ferrovias, oriunda de política tarifária inadequada e ineficiência em suas operações; às deficiências nas instalações e organização portuária; ao obsoletismo nas unidades destinadas ao serviço de cabotagem; e à política salarial para as atividades ligadas ao transporte marítimo, que influiu profundamente sobre o custo desse sistema de transporte.[30]

---

[30] ALMEIDA, José. "A implantação da indústria automobilística no Brasil". Fundação Getúlio Vargas (Instituto de Documentação, Serviço de Publicações), Rio de Janeiro, 1972.

Com a construção de estradas, o mercado cresce a passos largos. A cada ano surgem novos revendedores. E a frota de automóveis e caminhões que circula no país se diversifica, vendo-se de quase todas as marcas: Overland, Berliet, Buick, Benz, Chevrolet, Peugeot, Cadillac, Ford, Alfa Romeu, Isotta-Fraschini, Hispano-Suiza, Rolls-Royce, Packard, Citröen, Opel, Pontiac, Oldsmobile, FIAT e mais uma dezena de outras.

Nos anos 40 instalaram-se mais duas empresas montadoras de veículos: a Distribuidora de Automóveis Studebaker, mais tarde Vemag Veículos e Máquinas Agrícolas S.A, fundada em 1945, inicialmente para montagens, complementação e distribuição de veículos Studebaker e adicionando depois à linha de produtos os caminhões e ônibus Scania Vabis; e em 1949 a Fábrica Nacional de Motores montou os primeiros caminhões FNM – R 8, sob licença da empresa italiana Isotta Fraschini e, mais tarde, da Alfa Romeo.

Para poupar fretes e minorar a demanda de divisas (que se tornam escassas com muita freqüência), a grande indústria de veículos estrangeiros costuma exportar seus produtos desmontados (CKD: *completely knocked down*) e montá-los nos países importadores. Daí as chamadas linhas de montagem, ou montadoras, que envolvem instalações importantes para manipulação das peças a reunir, pintura e ensaios dos veículos. A fim de poupar divisas e taxas aduaneiras, compra-se nos países em que se faz a montagem o que é possível: a princípio, partes complementares do que se chama guarnição do automóvel (estofamentos, tapetes, tecidos); depois, pequenos acessórios (tubos de descarga, tanques de gasolina, pneus, câmaras de ar etc.); em seguida, certas pequenas peças embutidas, sobretudo para caminhões que exigem chapas menos largas, quando o país possui uma indústria siderúrgica (portas, paralamas, capô do motor etc.). Finalmente vêm as peças mecânicas de responsabilidade, propriamente ditas, para motores, chassis e outros acessórios mais complexos.

As peças produzidas no Brasil em fundições e oficinas mecânicas de limitados recursos, quando eclodiu a Segunda Guerra Mundial, eram destinadas à composição de máquinas têxteis, utilidades domésticas, máquinas elétricas e peças para a indústria em geral. Havíamos deixado o estágio das chapas de fogão, dos ralos de esgoto, dos ferros de engomar a carvão, dos moinhos de café e, paralelamente, ingressado na fabricação de algumas peças de ferro cinzento e maleável para caminhões e ônibus. O ferro maleável de tipo "coração branco" (*white heart*) fora introduzido no país em 1930 por fundidores espanhóis. O "coração negro" (*black heart*) só nos chegaria duas décadas depois.

5. A nascente indústria de autopeças

Desde que se tornara difícil ou mesmo inexequível a importação de peças para os veículos, em conseqüência da guerra, proprietários de caminhões, donos de oficinas mecânicas e, posteriormente, comerciantes do ramo de peças e assessórios passaram a solicitar aos fabricantes locais, em caráter experimental e depois de modo mais contínuo, peças que substituíssem as danificadas ou gastas pelo uso, a fim de que se mantivessem rodando os caminhões e os ônibus, responsáveis em grande parte pelos transportes urbanos, já bastante precários.

Os transportes ferroviários eram absolutamente deficientes, e nossas ferrovias estavam no limite da exaustão. Os transportes rodoviários limitavam-se a curtos trechos de difícil acesso, pois as estradas de rodagem eram poucas e péssimas, e não havia estradas asfaltadas. A frota compunha-se de veículos alquebrados, sem nenhuma possibilidade de renovação. A gasolina, racionada, era distribuída apenas a ônibus e caminhões, só restando aos automóveis de passageiros trafegar usando gasogênio ou ficar sobre cavaletes, nas garagens, durante anos.

Nessa tarefa de produzir peças para autoveículos, os fabricantes nacionais não ingressaram por diletantismo, modismo ou espírito de imitação, mas compelidos pelos usuários, diante das crescentes necessidades dos transportes, e porque os animava o desejo de colaborar na solução. E também porque essa atividade proporcionava algum resultado econômico, embora soubessem estar ingressando numa área proibida e, portanto, perigosa.

Foi assim que, aos poucos e vencendo enormes dificuldades e limitações, fundições, forjarias, estamparias e oficinas mecânicas, desenvolvidas algumas, incipientes a maioria, espalhadas aqui e ali, realizando às vezes milagres de adaptação, queimaram etapas e ampliaram sua produção, de modo a abranger quase todas as peças de desgaste forçado, como suporte de molas, acumuladores elétricos, tambores de freio, cubos de roda, polias, coroas, pinhões, semi-eixos e algumas peças de motor, como pistões, camisas, retentores, bronzinas e outras mais – como atividade secundária, preponderante ou exclusiva – para atender em boa parte à manutenção dos transportes nacionais. Em pouco tempo a produção de peças para veículos tornou-se para muitos desses industriais uma atividade vital.[31]

Talvez a prova mais eloqüente da importância da indústria de autopeças, no inicío dos anos 50, seja o fato de esse grupo de indústrias já dispor àquela época de suficiente capacidade para influenciar as autoridades federais no sentido de proibir a importação das peças fabricadas no Brasil.

Sob a liderança de Ramiz Gattás e Vicente Mamana Netto, dois pioneiros do setor, dedicados respectivamente à fabricação de peças fundidas e de pistões de alumínio para motores, surgiu em São Paulo, em agosto de 1952, a Associação Profissional da Indústria de Peças para Automóveis e Similares, logo em seguida, já com 122 empresas associadas, transformada em Sindicato: o hoje famoso Sindipeças – Sindicato Nacional da Indústria de Componentes para Veículos Automotores.

A participação dessa agremiação empresarial foi de importância decisiva na luta pela implantação da indústria automobilística no Brasil, desde as primeiras reuniões da Subcomissão de Jipes, Tratores, Caminhões e Automóveis, da Comissão de Desenvolvimento Industrial (CDI).

Foi graças a sua colaboração – realizando pesquisas, promovendo exposições, mantendo contato permanente com as autoridades governamentais, sustentando o debate e procurando convencer os céticos que não acreditavam na capacidade da nascente indústria de autopeças de adaptar-se às necessidades dos fabricantes de veículos – que se tornou possível, em grande parte, criar o clima propício às primeiras medidas de incentivo ao segmento.

---

[31] GATTÁS, Ramiz. *A indústria automobilística e a 2ª revolução industrial no Brasil*. São Paulo: Prello Editora, 1981, p. 40 e 41.

6. Os primeiros incentivos à fabricação de veículos automóveis no Brasil

A primeira dessas medidas foi o Aviso 288, de 19/08/1952 da Cexim, calcado em recomendações da Subcomissão de Jipes, Tratores, Caminhões e Automóveis, que liberou as importações anteriormente proibidas dos artigos automobilísticos não produzidos no país, mas tornando não licenciáveis as peças e acessórios constantes de uma lista de 104 grupos de itens já produzidos pela indústria nacional de autopeças. Periodicamente essa lista de peças de importação proibida era revista, para inclusão de outras peças que começassem a ser fabricadas no país, em quantidade e qualidade satisfatórias. Tão logo entrou em vigor o Aviso 288, iniciou-se intensa companha contra ele, cumulando de acusações a indústria de autopeças e responsabilizando-a pelos acidentes, pela paralisação dos transportes e pelo caos que adviria da medida.

O descontentamento de certas áreas do comércio importador, que se julgavam prejudicadas por não ter sido irrestrita a liberação das importações, de algumas áreas políticas da oposição e de determinadas grupos econômicos, não interessados no desenvolvimento da indústria nacional de material automobilístico, levou-os a mover, isoladamente ou associados, verdadeira guerra contra a indústria de autopeças. Foi criada a Associação Nacional dos Importadores de Veículos, Máquinas e Peças, com a finalidade de combater as medidas do governo. A Anvap pretendia ser ouvida sempre, para evitar novas medidas que prejudicassem seus interesses. As autoridades começaram a debater com seus dirigentes os problemas da indústria e da importação, convencendo-os de que as medidas adotadas, a médio prazo, lhes trariam benefícios. Entre outras medidas para estimular a criação da indústria automobilística, foi elaborado e enviado ao Congresso projeto de lei isentando do pagamento de direitos aduaneiros a importação de equipamentos industriais e máquinas-ferramenta destinados às fábricas com projetos aprovados pela Comissão de Desenvolvimento Industrial. Estas e outras medidas atraíram muitos empresários para a indústria automobilística. Criava-se o clima de segurança de que carecia a empresa privada para se lançar num empreendimento de grande envergadura, complexo e cheio de percalços como essa atividade.[32]

[32] Em 1954 contavam-se às dezenas as fábricas em produção, em instalação ou em diversificação de suas linhas. Cabe lembrar algumas, dentre muitas outras: Fábrica Nacional de

Decorridos oito meses da publicação do Aviso 288, a Cexim aprovou o Aviso 311. Suas disposições já tinham sido aprovadas pela subcomissão quando da discussão do Aviso 288. No entanto, a Cexim adiou sua publicação pelo prazo de um ano. Mas, sem esperar o término do prazo no dia 28 de abril de 1953, comunicou que não atenderia, a partir de 01/07/53, a pedidos de licença destinados à importação de veículos a motor, para fins comerciais (revenda), já devidamente montados.

Em conseqüência, e observadas, é óbvio, as demais normas sobre os licenciamentos da espécie, somente seriam passíveis de acolhimento os pedidos relativos a veículos para ser montados (e não desmontados) – correspondendo aquela expressão à norte-americana CKD, isto é, *completely knocked down* – e desde que obrigatoriamente adquiridos sem os respectivos estofamentos (armações, molas, forrações de assentos e encostos). Observe-se que os veículos importados passariam a ser montados sem as peças especificadas no Aviso 288, além das partes referentes ao estofamento.

Esse conjunto de medidas propostas pela subcomissão, e aprovadas pelos órgãos governamentais competentes, garantiu a realização dos objetivos iniciais: fortalecimento e estímulo à indústria de autopeças e preservação de mercado para a produção nacional pelo período de tempo necessário à implantação da indústria de veículos.

Em conferência pronunciada no Centro de Estudos Moraes Rêgo, de São Paulo, disse o comandante Meira que, *face à complexidade do organismo administrativo nacional e às freqüentes mutações sofridas por sua estrutura e pela orientação econômica do país, pareceu à subcomissão que não se poderia deixar às incertezas e solicitações dos seus vários órgãos os destinos e os entendimentos da nova indústria que se queria instituir no Brasil.* Ela envolveria um acúmulo excessivo de questões e decisões, para ser eficientemente discutidos e assumidos por órgãos menos experientes no problema concreto em foco.

Vagões (quadro do chassis e rodas), Cobrasma (peças forjadas), Walita e Arno (motores elétricos), Cima e Metal Leve (pistões, bronzinas), Fundição Tupy (ferro maleável), Sofunge (fundição do bloco do motor), Omega, Vilares, D. F. Vasconcelos etc.

Com justificativa na morosidade da máquina administrativa federal e na total falta de articulação para estabelecimento de prioridade entre os diversos órgãos interessados, Knaack de Souza, membro da subcomissão, foi incumbido de elaborar anteprojeto de criação da Ceima – Comissão Executiva da Indústria de Material Automobilístico. A esse órgão eram dados amplos poderes de interferência em todas as instâncias administrativas do processo decisório.

No dia 2 de fevereiro de 1954 é encaminhado ao ministro da Fazenda, Oswaldo Aranha, o anteprojeto de criação da Ceima, transformado pelo presidente Vargas no Decreto no 35.729, de 25/06/1954, que definia as atribuições do novo órgão, com a função precípua de elaborar e submeter à aprovação do presidente da República, ouvida a CDI, planos industriais para as diversas linhas de fabricação de material automobilístico e adaptá-los às contingências da situação econômica nacional. Foi instalado no Ministério da Fazenda e ficou diretamente subordinado a seu titular.

A escolha do presidente da Ceima cabia ao presidente da República, e ela teve um conselho de sete membros, cada qual representando, por delegação, os seguintes órgãos e atividades: Carteira do Comércio Exterior, Banco Nacional do Desenvolvimento Econômico, Instituto Nacional de Tecnologia, Comércio Importador de Material Automobilístico, Indústria de Veículos a Motor, Indústria de Peças para Veículos a Motor e Indústria do Aço.

A Ceima foi o embrião do Grupo Executivo da Indústria Automobilística (GEIA). Na verdade, quando da criação deste, suas características e funções já de há muito vinham sendo objeto de estudos e pesquisas. Uma comparação entre as funções do GEIA, definidas em lei, e as finalidades da Ceima permite constatar que a idéia da criação de um grupo executivo para encaminhar a política setorial surgiu na época da criação desta, na qual se inspiraram os idealizadores do Conselho de Desenvolvimento e de seus grupos executivos, ao tempo do governo Kubitscheck.

Simultaneamente à preocupação de criar as precondições indispensáveis à implantação da indústria automobilística no país, traduzidas sobretudo na preservação e no estímulo ao desenvolvimento de uma indústria de autopeças nascente, para torná-la compatível com a demanda futura dos fabricantes de veículos era necessária a mobilização de capitais internos e externos.

Em 1952 e 1953 Lúcio Meira visitou quase todos os grandes fabricantes de veículos do mundo. Não foi ao Japão, que não figurava entre eles naquela época, mas esteve nos Estados Unidos, na Alemanha, na França, na Itália e na Inglaterra, procurando convencer os industriais de que o Brasil não tardaria a se tornar uma grande potência. Os industriais que quisessem participar da fascinante aventura do Brasil potência industrial teriam como prêmio o grande mercado brasileiro. Naquele momento apresentava-se diante deles a grande oportunidade.

Quem demonstrou maior interesse foi a General Motors. Em fevereiro de 1953 Lúcio Meira foi aos Estados Unidos, acompanhado de Jorge Resende, Luiz Villares e Paulo Ivaniy. Jorge Resende era fabricante de máquinas, Luiz Villares, produtor de aços especiais, e Paulo Ivaniy, na época engenheiro da Ford do Brasil, depois desempenhou papel importante como diretor da Vemag e posteriormente foi diretor da Volkswagen do Brasil. O grupo fez contato com os grandes produtores: General Motors, Willys Overland, Chrysler e Ford.

A direção da Ford empenhou-se em demonstrar que o Brasil ainda não satisfazia os pré-requisitos para a fabricação de automóveis. A Chrysler ficou indiferente. A General Motors, embora considerasse as dificuldades enormes, manifestou desejo de estudar o atendimento às condições do governo brasileiro. Convencida da irretratabilidade das medidas governamentais e da inevitabilidade da fabricação nacional de veículos, a General Motors, após algum tempo de estudo e debate, mostrou-se disposta a colaborar com o governo. No segundo semestre de 1953 apresentou um projeto para fabricação por etapas de caminhões no Brasil. Esse foi o primeiro projeto aprovado pelo governo brasileiro. A Willys mostrou-se também interessada na fabricação de jipes.

A reação dos fabricantes europeus não foi muito simpática, no início. Os europeus estavam se curando das feridas da guerra e ainda não pensavam em grandes investimentos no exterior. Somente a Borgward, alemã, manifestou algum interesse, mas começou a enfrentar dificuldades de ordem econômica e não pôde levar avante o projeto.[33]

---

[33] MEIRA, Lúcio. Entrevista à revista *Banas*, nº 971, 27.11.1972, p. 40 e 41.

7. O papel pioneiro da Fábrica Nacional de Motores

Cabe, no entanto, destacar o papel pioneiro desempenhado pela empresa italiana Isotta Fraschini. Em 1949 a Fábrica Nacional de Motores montou os primeiros caminhões FNM – R 80, da marca Isotta Fraschini, mais tarde substituída pela Alfa Romeo. Instalada durante a Segunda Guerra Mundial, a Fábrica Nacional de Motores (FNM) desempenhou importante papel na pré-história da implantação da indústria automobilística no Brasil.

Valendo-se das facilidades de uma lei americana (a Lend & Lease, Lei de Empréstimos e Arrendamentos) que autorizava a concessão de financiamentos a países aliados para o fortalecimento de suas economias, com vistas ao esforço de guerra, foi importado dos Estados Unidos pelo governo brasileiro um conjunto de máquinas e equipamentos dos mais modernos à época, que tornariam possível ao que se dizia a fabricação no Brasil de motores de avião. Tendo à frente o brigadeiro Guedes Muniz, foi desapropriada uma vasta área na Raiz da Serra, pró-ximo a Petrópolis, para levar avante o empreendimento. A fábrica chegou a produzir motores de avião mas, terminada a guerra, enfrentou crises sucessivas. Por algum tempo, os galpões da FNM – com ar condicionado – serviram de palco para experiências desencontradas, que incluiriam a fabricação de geladeiras, oficina de reparos em motores aeronáuticos e, segundo consta, até criação de galinhas. Foi quando, em 1948, já transformada em sociedade anônima, sob o controle do governo, a fábrica firmou contrato com a Isotta Fraschini italiana e passou a nacionalizar progressivamente o caminhão daquela marca, um velho modelo utilizado pela Itália na guerra da Abissínia.

Em 1951, quando já havia montado cerca de duzentos caminhões italianos, a FNM viu-se às voltas com novo problema: a Isotta Fraschini entrou em crise e encerrou suas atividades na Itália. Pouco depois os temores de que a única empresa automobilística nacional não escaparia do fechamento foram dissipados pela proposta do governo italiano de oferecer o mesmo tipo de contrato, mas com a Alfa Romeo.

O contrato com a Alfa Romeo foi firmado; as circunstâncias exigiam, porém, opção mais profunda que a mera repetição das tímidas adaptações até então realizadas pela empresa nos Isotta Fraschini importados. Uma equipe comandada pelo engenheiro Túlio de Alencar Araripe, diretor industrial da empresa, nacionalizava o que podia do caminhão Alfa Romeo – o popular Fenemê. Mas não era fácil: a fábrica teria de produzir 30 mil caminhões por ano e não se conhecia antecedente de um único país suprido de veículos por uma só indústria. Simplista, evidentemente, este não era o caminho indicado para a consolidação de uma indústria automobilística, embora o próprio Lúcio Meira visse como realidades das mais ambiciosas o já elevado índice de peças nacionais (mais de 70 % do peso do caminhão) que compunham a Fenemê e a tenaz campanha que Túlio de Alencar Araripe vinha desenvolvendo pela nacionalização do produto, incentivando pequenas empresas, mecânicos natos que desde algum tempo vinham desenvolvendo suas habilidades artesanais em função da carência de autopeças resultante da guerra.

O contato de Lúcio Meira com a Fábrica Nacional de Motores e, por seu intermédio, com os fabricantes de autopeças convenceu-o da oportunidade para levar avante um esforço ainda maior, orientado pelo governo, para acelerar o processo, já iniciado, de desenvolvimento da indústria de veículos no Brasil.

A Subcomissão de Jipes, Tratores, Caminhões e Automóveis e a Comissão Executiva da Indústria de Material Automobilístico (Ceima), como visto, deram considerável impulso a esse esforço, entre 1952 e 1954.

8. O trágico desaparecimento de Getúlio Vargas e o interregno hostil à industrialização

Com o desaparecimento de Getúlio Vargas, inicia-se o período de crise institucional que vai terminar com a posse de Juscelino Kubitscheck, em janeiro de 1956. Durante esse tempo a presidência da República foi exercida por diversos titulares. Os primeiros, principalmente o vice-presidente Café Filho, imprimiram uma política econômico-financeira virtualmente contrária à industrialização do país. Nesse sentido, todas as medidas que objetivavam o processo foram relegadas a um segundo plano e, conseqüentemente, os organismos responsáveis pelo encaminhamento dessas medidas foram desmantelados, embora não extintos oficialmente.

O descaso governamental pelo cumprimento da legislação protecionista que beneficiava a indústria nacional motivou a reação dos empresários contra o governo, sem no entanto resultar em modificação na política adotada. É claro que, em decorrência da crise, os setores empresariais que se opunham ao governo preferiram unir-se à candidatura Kubitschek a lutar contra a nova política.

Lúcio Meira, subchefe da Casa Militar do presidente Vargas, que vinha se notabilizando por seu empenho em coordenar as ações que resultariam na fabricação de veículos automotores em escala verdadeiramente industrial, foi transferido para Salvador, Bahia, onde foi comandar a base naval, para ficar afastado do centro de decisões. Ali continuou a manter contatos, à distância, com os fabricantes de autopeças, animando-os a prosseguir na luta para manter sua posição e conquistar novos mercados.

9. Renascem as esperanças na companha eleitoral de Juscelino

Quando, em companha, Juscelino passou por Salvador, Lúcio Meira foi levado a ele por Antônio Balbino, governador da Bahia. Em conversa, não perdeu a oportunidade de propor que ele incluísse a implantação da indústria automobilística entre as metas de seu programa de governo.[34]

Em comício popular, no dia seguinte, Juscelino, contagiado pelo entusiasmo de Lúcio Meira e convencido da viabilidade de sua realização, anunciou que, ao final de seu governo, o Brasil estaria produzindo 30 mil veículos por ano.

Após a aprovação política, a meta referente à indústria automobilística foi encaminhada à equipe de técnicos que elaboravam a política econômica do governo. A proposta de nacionalização de veículos não mereceu da equipe técnica, num primeiro momento, o mesmo entusiasmo que vinha

[34] O interesse de Juscelino pela indústria automobilística já vinha do tempo em que era governador de Minas Gerais e Meira lhe enviava todos os seus trabalhos sobre a indústria automobilística, na CDI, publicações em revistas, conferências e entrevistas. (Declaração de Lúcio Meira à revista *Tendência,* out, 78, p. 46.

despertando na arena política. Apesar dos avanços alcançados no setor, permanecia entre esses técnicos um sentimento generalizado de descrença na capacidade do aparelho produtivo de suportar as exigências de uma indústria com os requisitos da automobilística. Roberto Campos, por exemplo, confessa que seu entusiasmo na implantação da meta da indústria automobilística era bem mais matizado.[35]

[35] CAMPOS, Roberto. *A lanterna na popa*. Rio de Janeiro: Topbooks, 1994, p. 322.

SEGUNDA PARTE

A ARRANCADA

A Era JK - Cinqüenta Anos em Cinco

O *Plano de Metas* do governo Juscelino Kubitschek, iniciado em 1956, previa a realização de "50 anos em 5" e concentrou-se em projetos nas áreas de industrialização e correção dos pontos de estrangulamento da economia brasileira, principalmente nos setores de energia e transportes, partindo de estudos realizados no segundo governo Vargas (iniciado em 1951), cabendo destacar:

- *Esboço de um Programa de Desenvolvimento para a Economia Brasileira (Período 1955-62)*, elaborado pelo Grupo Misto BNDE-Cepal;
- *Relatório da Comissão Mista Brasil-Estados Unidos para o Desenvolvimento Econômico*; e
- *Relatório da Subcomissão de Jipes, Tratores, Caminhões e Automóveis* do Conselho de Desenvolvimento Industrial (CDI), do Ministério da Fazenda.

Para detalhar e coordenar a execução do Plano de Metas foi criado o Conselho do Desenvolvimento, subordinado à Presidência da República e constituído por Grupos de Estudos e Grupos Executivos setoriais.

O Plano de Metas promoveu um bloco de inversões que provocou profundas modificações na estrutura industrial, alterando as relações intersetoriais em favor do setor de bens de produção e do setor de bens de consumo duráveis. De 1956 a 1960 ocorreu, realmente, um extraordinário salto de cinqüenta anos no processo brasileiro de industrialização.

Partindo do relatório da Subcomissão de Jipes, Tratores, Caminhões e Automóveis, o Grupo de Estudos da Indústria Automobilística (criado no Conselho do Desenvolvimento), elaborou os Planos Nacionais Automobilísticos aprovados por decretos do presidente da República, que também criou o Grupo Executivo da Indústria Automobilística (GEIA), com o objetivo de implantar a indústria automobilística no Brasil (Meta nº 27).

A indústria automobilística, implantada no período, ocupa papel central no bloco de inversões realizadas sob a égide do Plano de Metas. Por um lado ela responde à expansão da infra-estrutura rodoviária, e por outro, dadas as suas características de indústria de integração por excelência, exerce efeitos dinâmicos e complementares sobre os demais segmentos industriais.

A demanda derivada das grandes montadoras estrangeiras aqui instaladas estimulou o surgimento, crescimento e modernização de pequenas e médias empresas nacionais de autopeças. O crescimento da massa salarial da economia dinamizou a indústria de bens de consumo corrente (tecidos, alimentos etc.), que contava com forte presença de capital nacional. Em alguns setores de bens intermediários (cimento, alumínio, aços planos comuns e papel) houve mesmo uma clara preocupação governamental com a proteção do empresário local. Esse foi, também, sem dúvida, o caso da nascente indústria de autopeças.

Nenhum outro setor industrial foi implantado no Brasil segundo um planejamento nos moldes do elaborado pelo GEIA para a indústria automobilística.

Esse plano foi revolucionário nos métodos administrativos e sobretudo nos resultados. Sacudiu a economia brasileira, estendeu seus efeitos a outros setores de atividade e continuou a imprimir dinamismo até por mais de quatro décadas após seu início.

Já no final de 1964, em menos de oito anos de trabalho, as linhas de montagem das fábricas de veículos lançaram nas estradas brasileiras, nas ruas de nossas cidades e nos campos, um milhão de unidades, acrescidas às 800 mil existentes em 1957 e importadas de diversos países. Dos veículos que circulavam no Brasil, 53,56% foram produzidos por trabalhadores brasileiros com matérias-primas, peças e componentes nacionais, em sua quase totalidade.

Capítulo VI

O Plano de Metas

1. O Conselho do Desenvolvimento

A tão ansiada espera por dias melhores não durou muito. Em 1956 Juscelino Kubitschek assume a presidência da República, comprometido com a realização de um Plano de Metas que foi o pano de fundo de sua vibrante campanha eleitoral. Fazer o Brasil progredir "*50 anos em 5*" era mais do que uma promessa: era o compromisso assumido ao longo de sua peregrinação por todos os recantos do território nacional e baseava-se num documento denominado *Diretrizes Gerais do Plano Nacional de Desenvolvimento*, elaborado a partir de idéias, informações e dados reunidos por um pequeno núcleo de trabalho coordenado por Lucas Lopes.[36]

Eleito Juscelino, no período entre a eleição e a posse foram elaborados projetos e planos mais precisos – já com a participação de Roberto Campos e de uma equipe de economistas — consubstanciados em documento apresentado no dia seguinte ao da posse, em reunião, que ficou célebre, convocada por Juscelino, para às sete horas da manhã, no Palácio do Catete. Nessa reunião foi criado o Conselho do Desenvolvimento, que iria coordenar o detalhamento e a execução do Plano de Metas.

A estrutura do Conselho do Desenvolvimento era muito informal. Inicialmente se organizaram grupos de estudos, cada um com seu coordenador. Em alguns casos, quando se definiam os programas, os grupos eram extintos. Em outros, permaneciam porque era necessário que exercessem funções normativas. Esse foi o caso do grupo da indústria automobilística, que se transformou em grupo executivo.

---

[36] LOPES, Lucas. *Memórias do gesenvolvimento*, CPDOC/FGV, Rio de Janeiro, 1991.

2. Os Grupos Executivos

Os Grupos Executivos, que integravam o Conselho de Desenvolvimento, são às vezes impropriamente considerados um esquema de administração paralela.[37] Eles foram criados por decreto, portanto sem a intervenção do Congresso, mas devem ser vistos como uma tentativa inovadora, bem-sucedida, de coordenação do processo decisório, mediante esquema de cooperação dos setores público e privado. Deles participavam, ao lado de administradores públicos, industriais da iniciativa privada, em caráter informal, e em caso de conflito o governo tinha a última palavra, embora houvesse grande empenho na busca do consenso. Os industriais participavam não apenas como representantes de interesses particulares, mas em carater indivídual, geralmente como engenheiros familiarizados com as condições da indústria nacional.[38]

Concretamente, os grupos executivos eram integrados por todos os órgãos responsáveis pela concessão dos incentivos necessários à implementação do Plano de Metas, de onde sua importância como órgãos centralizadores e coordenadores da ação administrativa – em termos de licenças de importação, câmbio, financiamento, avais e garantias etc. –, ao mesmo tempo em que se descentralizava a execução de suas decisões.[39] Até então, todos trabalhavam isolados, cada um na sua repartição; agora passavam a trabalhar juntos, debruçando-se sobre desafios claramente colocados.

As unidades de administração que seriam responsáveis pela execução do projeto, ou que tinham conhecimento de uma parte dele, se juntavam nesses grupos, opinavam, e isso facilitava seu engajamento em todas as fases do trabalho. Criaram-se assim estruturas *ad hoc*, ágeis e eficientes, e os funcionários recrutados para os grupos eram tocados pela inquietação de encontrar soluções. Isso facilitava inclusive a tramitação posterior dos projetos pelas diferentes unidades, pois o funcionário que havia participado da elaboração passava a ter um interesse quase pessoal em conscientizar seus colegas para fazer a coisa andar.

---

[37] LAFER, Celso. *Sistema político brasileiro: estrutura e processos*, p. 67.

[38] LEFF, Nathaniel. *Economic policy – making and development (1947/1964)*, N.Y. John Wiley & Sons, 1968, p. 56 e 57.

[39] BENEVIDES, Maria Victória de Mesquita. *O governo Kubitschek – desenvolvimento econômico e estabilidade política*, Rio de Janeiro: Paz e Terra, 1976.

Entre os grupos executivos destacaram-se: o GEIA, encarregado da meta 27, implantação da indústria automobilística; o Geicom, encarregado da implantação da indústria de construção naval, meta 28; e o Geimape, encarregado da aprovação e recomendação de projetos e respectivos incentivos para a indústria de bens de capital, ou de maquinaria pesada (meta 29) – todos presididos pelo já almirante Lúcio Meira.

Assim, as metas que diretamente propunham substituição de importação da indústria de bens de capital (ou de consumo durável) tinham grupos executivos; as outras metas dependiam mais diretamente da Cacex (para licenças de importação) e da Sumoc (para registro de capitais estrangeiros).

Além dos grupos executivos e dos grupos de trabalho do Conselho de Desenvolvimento, outros órgãos administrativos foram importantes no esquema, equivocadamente denominado de administração paralela, embora não todos originais do governo Kubitschek, cabendo destacar aí o Banco Nacional de Desenvolvimento Econômico (BNDE), o Conselho de Política Aduaneira (CPA) e a Superintendência do Desenvolvimento do Nordeste (Sudene).

3. A elaboração do Plano de Metas

Desde os primeiros meses de trabalho foi montada uma equipe de economistas, engenheiros, advogados e especialistas em áreas específicas, que foram sendo recrutados na Sumoc, no Banco do Brasil, no Itamaraty, no BNDE e na estrutura financeira do governo. O apoio logístico era do BNDE, cujo presidente, Lucas Lopes, acumulava essas funções com a de secretário geral do Conselho de Desenvolvimento.[40]

A elaboração do Plano de Metas beneficiou-se de subsídios reunidos em dois importantes documentos: 1) Relatório da Comissão Mista Brasil–Estados Unidos para o Desenvolvimento Econômico; e 2) Esboço de um Programa de Desenvolvimento para a Economia Brasileira (Perío-do 1955-62), elaborado, como mencionei, pelo Grupo Misto BNDE–Cepal,

---

[40] Quando Lucas Lopes assumiu o Ministério da Fazenda, em 1958, Roberto Campos o substituiu, tanto no BNDE quanto no Conselho do Desenvolvimento. Em 1959 Lúcio Meira substituiu Roberto Campos.

chefiado por Celso Furtado. O Plano de Metas era um conjunto de projetos relativos a energia, transportes, alimentação, indústrias básicas e educação técnica, agrupados em 30 metas setoriais. (Ver Anexo I).

Enquanto a técnica de planejamento oriunda da Comissão Mista Brasil–Estados Unidos se havia concentrado na correção dos pontos de estrangulamento da economia, o Grupo Misto BNDE–Cepal elaborou projeções macroeconômicas de crescimento, partindo de uma meta global, calculada de modo a assegurar o pleno emprego da mão-de-obra e diminuir a distância entre o nível de industrialização e a renda em relação aos países desenvolvidos, para depois avaliar os recursos disponíveis. Determinava-se assim o duplo hiato – o de recursos internos e o de balanço de pagamentos – a ser coberto por ações planejadas para captação de recursos nacionais e internacionais. Era o que Roberto Campos denominava teoria voluntarista da Cepal.

Desenvolveu-se depois, com trabalhos do BNDE e do próprio grupo do Plano de Metas, a teoria dos pontos de germinação, envolvendo uma análise mais sofisticada das vinculações para a frente e vinculações para trás, popularizadas alguns anos depois pelo teórico do desenvolvimento Albert Hirschman.[41] Para compatibilizar o Plano de Metas com um razoável grau de estabilidade de preços e viabilidade cambial, elaboraram-se, além do Plano de Metas propriamente dito, dois documentos: 1) uma programação monetária e fiscal, disciplinando a previsão de recursos destinados à tarefa de investimentos; e 2) a reforma cambial, que preconizava a liberação das taxas de câmbio, a ser reguladas pelas forças de mercado.

4. Programação monetária e fiscal e reforma cambial

Desde as primeiras tentativas de elaboração de um programa de governo para o então candidato Juscelino Kubitschek, consolidado, como já mencionado, no trabalho Diretrizes gerais do Plano Nacional de Desenvolvimento, previa-se um período de luta contra a inflação concentrado no primeiro ano de governo (1956), um período de recuperação

[41] HIRSCHMAN, Albert. *The strategy of economic development*, Yale University Press, 1958.

econômica, de 1957 a 1961, compreendendo a execução do plano, até o final do governo (janeiro de 1961), e um período de tolerância para conclusão de alguns setores, que se estenderia até o final de 1961.

Com o objetivo de sensibilizar o novo presidente para o esforço de contenção da inflação e o saneamento do balanço de pagamentos, ainda antes da posse Roberto Campos organizou um grupo de trabalho para desenvolver diretrizes gerais, consubstanciadas em documento intitulado *Perspectivas da economia*, que dava especial ênfase às conseqüências negativas da inflação e recomendava as seguintes ações corretivas: uma política de contenção orçamentária, uma política de controle do crédito, o sofreamento de reivindicações salariais e melhor utilização da capacidade produtora. No tocante à correção do desequilíbrio do balanço de pagamentos, além da condição prévia de combate à inflação, recomendaram-se duas providências: reforma cambial baseada num sistema de taxa flexível e reforma das tarifas aduaneiras, substituindo o sistema de taxas específicas por percentuais *ad valorem*. Dava-se ênfase à necessidade de uma política ativa de exportação e de aumento do ingresso de capitais estrangeiros.

Segundo depoimento de Roberto Campos[42], Kubitschek tomou conhecimento dessa análise, em linhas gerais, já após a eleição, no início de novembro de 1955, e se impressionou agradavelmente com o caráter abrangente e elaborado da proposta, e desagradavelmente, com o tom restritivo das ações corretivas. E mais adiante: "*Apesar de repetitiva e enfadonha doutrinação, nunca consegui imunizar Juscelino contra a sedução da inflação desenvolvimentista, pois este continuava acreditando que imprimir papel-moeda era inflacionário quando a emissão se destinava ao custeio do funcionalismo, não porém se a destinação fosse o pagamento de obras produtivas.*"

Juscelino inclinava-se, sem dúvida, pela visão estruturalista da Cepal segundo a qual a industrialização de economias subdesenvolvidas só é possível com certo nível de inflação administrada, enquanto o tratamento antinflacionário ortodoxo soçobraria nos escolhos da estagnação.

[42] CAMPOS, Roberto. *A lanterna na popa*, Rio de Janeiro: Topbooks, 1994, p. 171.

O depoimento de Lucas Lopes[43], confirma e justifica esse posicionamento do presidente:

> É muito importante ter a visão de que Juscelino sentiu dificuldades em seu governo, mas sempre teve a convicção de que era preciso ultrapassar a fase de entorpecência que o Brasil vivia. Ele aceitou o desafio de viver sob um regime de inflação para ir mais longe nesses objetivos, mas hoje estou convencido de que sem o espírito aventureiro, sem o espírito de luta de Juscelino, o Brasil não teria tido o choque de progresso que teve. O choque que Juscelino trouxe não está apenas nas metas cumpridas. Está no espírito que ele criou no Brasil.
>
> Ele criou uma confiança total em grande parte dos brasileiros no seu futuro. Isso ajudou a implantar todo o processo de industrialização, incentivou os investimentos. Seu governo foi um momento em que nós, que estávamos ao seu lado, sabíamos que estávamos correndo riscos inflacionários, mas sabíamos também que esses riscos deviam ser corridos, pois estávamos tentando entrar num processo de *take-off*,[44] de demarragem econômica. E nesse processo, as tensões são muito grandes.

Quanto à reforma cambial, foi praticamente reapresentada a proposta anteriormente submetida ao ministro Whitaker, já no final do governo Café Filho, e que, como vimos, ele resolveu submeter aos candidatos à presidência nas eleições que se avizinhavam, os quais também deliberaram não endossá-la.

A solução advogada para a crise cambial era a flutuação da taxa de câmbio. Desde o início contou com a forte oposição do ministro da Fazenda, José Maria Alkmin, temeroso de seus efeitos devastadores sobre o custo de vida, e argumentando que poderíamos obter recursos cambiais mediante sustentação dos preços do café, sem correr o risco do impacto da desvalorização sobre o custo de vida. Colocado entre a visão dos técnicos, que defendiam a reforma, e a dos que tinham a responsabilidade

---

[43] LOPES, Lucas. Memórias do Desenvolvimento. Memória da Eletricidade (Centro de Memória da Eletricidade no Brasil / Programa de História Oral do CEPEDOC / FGV), 1991.

[44] W.W. Rostow. *Etapas do desenvolvimento econômico (um manifesto não comunista)*. Rio de Janeiro: Zahar, 1974 (edição original, 1960).

política no governo, que se manifestavam contra, Juscelino ficou com o seu ministro da Fazenda e, mais uma vez, a reforma cambial, tão ansiada por Roberto Campos, foi rejeitada.

Inconformado, Campos convenceu-se de que perdera o Brasil naquele dia e naquela hora uma ocasião ímpar e oportuna de mudança do modelo substitutivo de importações (com descaso das vantagens comparativas), para um modelo exportador. E lamenta: "O Brasil perdeu uma segunda oportunidade de se tornar um super exportador antes que os tigres asiáticos entrassem na liça, a partir da década dos 60".[45]

Não há dúvida de que o modelo de substituição de importações, que por um longo período baseou-se essencialmente em critérios de licenciamento estabelecidos pela Cexim (e posteriormente encampados pela Cacex) e do regime de controle cambial, foi de fundamental importância para a industrialização do país, basicamente um processo de subs-tituição de importações. É também inegável que um sistema cambial baseado numa taxa flutuante estável que estimulasse exportações muito teria contribuído para acelerar esse processo. Mas é forçoso reconhecer que o crescimento e a competitividade da indústria tipicamente nacional foram muito mais sacrificados pela pouca disponibilidade do capital interno e pela inexistência de uma política de financiamento industrializante para o estabelecimento de grandes indústrias, em moldes modernos, que exigem muitas vezes inversões de grande monta. Tal situação explica a preocupação de atrair o capital estrangeiro, que pode expor o país à situação de extrema vulnerabilidade em transações correntes de seu balanço de pagamentos (com as subseqüentes remessas de lucros, juros e dividendos), fator possivelmente mais perturbador que um sistema cambial sujeito a maior controle. O modelo dos tigres asiáticos, mencionado por Campos (de que a Coréia do Sul é um exemplo emblemático), confirma esta acertiva.

Afirma-se que a indústria coreana desenvolveu-se rapidamente porque sua estratégia de estímulo agressivo à exportação baseou-se nos princípios da liberdade de mercado, enquanto no Brasil o governo interferiu no mercado e adotou uma política de substituição de importações, com

---

[45] CAMPOS, Roberto. *A lanterna na popa*. Rio de Janeiro: Topbooks, 1994, p. 311.

nível elevado de proteção. A Coréia também adotou uma estratégia de substituição de importações mas, mediante mecanismos complexos e criativos, conjugou essa estratégia com a de promoção de exportações, de forma a evitar que os custos dos produtos exportáveis fossem afetados negativamente por ela. Encorajou a competição nos mercados internacionais, proporcionando aos empresários informações sobre o que produzir e onde vender, subsidiou o crédito, concedeu abatimento no transporte e isenções de impostos e de tarifas, estabeleceu depreciação acelerada e ajuda para cobrir perdas, além de outros estímulos (num total de 38, nos anos 60 e 70), para evitar que os efeitos negativos se refletissem sobre as exportações.

Esses incentivos são concedidos, segundo critérios muito rigorosos de aferição de desempenho, a todas as firmas exportadoras, sem discriminação setorial. O mais forte incentivo é o mecanismo que dá acesso automático a juros favorecidos e o direito de usar moeda estrangeira, normalmente não disponível para não-exportadores (inclusive consumidores). Os produtos não exportados estão sujeitos às taxas de juros do mercado livre, duas a três vezes maiores do que a taxa do mercado oficial; e às taxas de câmbio do mercado paralelo, se se tratar de produtos não considerados de prioridade nacional (como máquinas, aço, produtos eletrônicos, derivados de petróleo e produtos petroquímicos), protegidos como os das indústrias nascentes. Na Coréia, o Estado intervém – e intervém muito – na economia.[46]

5. As realizações do Plano de Metas

O Plano de Metas do governo Kubitschek promoveu um bloco de inversões que veio a provocar profundas modificações na estrutura industrial, alterando as relações intersetoriais em favor dos setores de bens de produção e de bens de consumo duráveis. De 1956 a 1960 ocorreu, realmente, um extraordinário salto de cinqüenta anos no processo brasileiro de industrialização, como programa de governo desde o início da campanha eleitoral.

---

[46] LATINI, Sydney A. "Os Tigres asiáticos e o Brasil", *Carta Mensal*, Confederação Nacional do Comércio – Conselho Técnico, Rio de Janeiro, setembro de 1991.

Esse conjunto de inversões privilegiou, em primeiro lugar, o desenvolvimento sem paralelo da energia e do transporte. Duplica-se a capacidade instalada de energia elétrica, passando de 2,8 para 5,8 milhões de kW, o que só foi possível com a participação governamental, que se completou com a criação da Eletrobrás e mais tarde com a compra da Light. Também foi enorme o crescimento do setor petrolífero. Com a Petrobrás, o Brasil tornou-se auto-suficiente em refino, decuplicou-se a produção, que passou de 11 mil barris/dia para 100 mil, entre 1956 e 1960, e ampliou-se a capacidade de transporte marítimo de 150 mil para 300 mil toneladas métricas, no mesmo quadriênio. As rodovias federais e estaduais cresceram 48%, enquanto a rede pavimentada mais que quadruplicou de 1955 a 1961.

Foi também notável o crescimento do setor de bens intermediários, tanto pela ampliação dos ramos existentes como pela instalação de novos segmentos, dando-se importante passo na integração do parque industrial brasileiro.

A siderurgia duplicou sua produção, de 1.073.700 toneladas de laminados de aço em 1956 para 1.931.800 em 1961. Essa expansão foi igualmente fruto de ação do Estado, quer graças a suas siderúrgicas, quer mediante amplo apoio financeiro do BNDE à iniciativa privada.

A produção de cimento cresceu de 2,7 para 5,0 milhões de toneladas entre 1955 e 1962, suprindo totalmente a demanda interna. A de papel e celulose chegou a 298.300 toneladas, correspondendo a quase 90% do consumo aparente. No setor de metais não-ferrosos o alumínio apresentou incremento de produção expressivo, de 1.664 para 18.447 toneladas, entre 1955 e 1961.

Na indústria de bens de capital ocorreu verdadeiro salto tecnológico. Instalaram-se o setor de material elétrico pesado (turbinas, geradores e transformadores de alta tensão) e o de construção naval. Ampliaram-se as indústrias mecânicas e de equipamentos já existentes, fundamentalmente mediante o crescimento das escalas de produção, sob impacto do bloco de investimentos implantados conjuntamente. No mesmo movimento, diversificou-se a indústria mecânica, com o surgimento do ramo de máquinas-ferramenta. As importações de bens de capital reduziram-se com esse esforço do setor produtor.

Quanto à indústria automobilística, a meta inicial – 100 mil veículos automotores em 1960 – foi depois revista para 347 mil. O grau de implementação foi surpreendentemente elevado: em 1960 foram produzidos 321.200 veículos. O índice de nacionalização, projetado para 95% em 1960, foi superado, aproximando-se de 100%.[47]

Entre 1957 e 1961 o Produto Nacional Bruto cresceu 7% (entre 1945 e 1956 o crescimento fora de apenas 5,2%) e a renda *per capita* cresceu 3,8%, contra 2,5 % no período precedente. Entre 1955 e 1961 a produção industrial cresceu 80% (em preços constantes), com as porcentagens mais altas registradas pelas indústrias do aço (100%), mecânicas (125%), elétricas e de comunicação (380%) e de equipamentos de transportes, em que se destaca a indústria automobilística (600%). Nos anos 50 o crescimento *per capita* efetivo do Brasil foi, aproximadamente, três vezes maior que o do resto da América Latina.[48]

6. Brasília, a "meta síntese"

Sobrepondo-se às trinta metas traçadas pelo Conselho de Desenvolvimento, Juscelino formalizou em 18 de abril 1956 sua decisão de construir Brasília, que ele chamava de *meta síntese*.

A construção de Brasília foi um dos poucos temas em que Roberto Campos e Lucas Lopes divergiram. Enquanto a atitude de Campos em relação à nova capital era de antagonismo, a de Lucas Lopes era de simpatia moderada. Brasília é hoje – e sempre foi, aliás – um elemento de crítica e de debate em torno do governo JK. Geralmente são ressaltados os efeitos negativos da mudança: seu custo elevado e o conseqüente impacto inflacionário, seu distanciamento da realidade brasileira, o isolamento das classes política e burocrática. É preciso considerar, no entanto, que o entusiasmo, a confiança e a atividade que Brasília gerou tiveram sem dúvida enorme efeito positivo.

---

[47] A saga da implantação da indústria automobilística e o papel representado pelo GEIA (Grupo Executivo da Indústria Automobilística), sem dúvida o mais famoso entre os Grupos Executivos criados pelo Conselho do Desenvolvimento , é o tema central deste livro.

[48] LAFER, Celso. The planning process etc, p. 92 e 163, T. Skidmore, *Brasil: de Getúlio a Castelo*, p. 207, in Maria Vitctoria de Mesquita Benevides, *O governo Kubitschek – Desenvolvimento econômico e estabilidade política*, p. 204.

Estima-se que a construção da nova capital tenha custado entre 2,5 e 3% do PIB da época, mas nunca se chegou a uma avaliação completa dos custos, porque, além das verbas orçamentárias, foram usadas também contribuições da Caixa Econômica, de autarquias, dos Institutos de Previdência, além de um empréstimo do Export-Import Bank, concedido excepcionalmente, pois não se destinava à cobertura de importações.

Naturalmente Brasília teve custos, e nesses custos pesou a grandiosidade dos projetos geniais de Lúcio Costa e Oscar Niemeyer, mas sua construção polarizou recursos que, no orçamento, estavam dispersos entre várias obras. Brasília foi em parte feita com a alocação de recursos do Tesouro que normalmente seriam gastos em estradas de rodagem e várias outras atividades em todo o país. De modo que ela não representou o grande efeito inflacionário que se costuma atribuir a sua construção.

Sei que não são pequenos os investimentos – reconheceu Juscelino, em discurso pronunciado em Brasília, em 1958,[49] *mas sei também que são estes os mais importantes e certos que o país já fez até aqui em favor da unidade nacional, o que libertará o Brasil de muitas limitações. O país forte e rico de amanhã pagará facilmente o empréstimo que o país necessitado de hoje lhe faz.*[50]

A filosofia do Plano de Metas privilegiou o desenvolvimento da produção e a correção dos pontos de estrangulamento da economia, partindo do pressuposto de que com uma economia carente de base sólida não se resolvem dificuldades financeiras.

7. "Nacionalistas" e "cosmopolitas"

Eram então bem diferentes das de hoje as convicções dominantes a respeito do papel do Estado na promoção do desenvolvimento econômico. Prevalecia a convicção de que é a economia, afinal de contas, que estabelece bases sólidas para fazer face aos desafios de natureza financeira,

---

[49] "Juscelino Kubitschek el hombre y su obra", Instituto de Cultura Uruguayo–Brasileño – Montevideo, 1958.

[50] "Naquele mesmo ano de 1958 ganhávamos a Copa do Mundo, na Suécia, realizávamos Brasília, produzíamos automóveis, navios etc – em suma, um período de orgulho nacional. Ou seja, os ciclos de crescimentos e prosperidade não se devem só aos fundamentos macroeconômicos. Falta algo mais." (Comentário do colunista Gilberto Menezes Cortes, *J.B.* 10/10/00, sobre o fracasso do Brasil nas Olimpíadas de Sydney – 2000)

numa visão de longo prazo, embora nem sempre toda a equipe econômica do governo partilhasse do mesmo ponto de vista. Sobre essa dicotomia de posições, é oportuno registrar o julgamento de Roberto Campos, um dos construtores do Plano de Metas:[51]

> Juscelino deixou o país com aceleração inflacionaria[52] e uma grave crise cambial, conforme Lucas Lope e eu havíamos profetizado. O sistema da inflação com sobrevalorização cambial havia de muito sobrevivido à sua utilidade. E era incapaz de atender à tríplice tarefa de: a) sustentar a industrialização subvencionada dos produtos politicamente sensíveis; b) financiar a industrialização acelerada; c) atender às reivindicações dos exportadores tradicionais. Mas tínhamos dado um salto industrial qualitativo e quantitativo, além do feito democrático de uma transição política normal. A inflação desenvolvimentista era um meio precário, mas factível, de acomodação das pressões contraditórias da antiga coalizão nacional-populista. Estava longe de ser uma experiência de desenvolvimento sustentável, para usar a linguagem dos modernos ecologistas.
>
> Houve uma correta percepção das vantagens do capital de risco, comparativamente ao endividamento e no fomento da indústria de transformação. As malsinadas multinacionais nos permitiram um salto tecnológico e organizacional. *Last but not least*, houve uma racional divisão de tarefas entre a iniciativa governamental, centrada na provisão da infra-estrutura, e a iniciativa privada, que foi o motor principal do esforço de industrialização. Juscelino havia criado o que se poderia chamar de ideologia futurível,[53]

---

[51] CAMPOS, Roberto. *A lanterna na popa*. Rio de Janeiro: Topbooks, 1994, p. 328.

[52] A política monetária do governo JK tem sido criticada com excessivo rigor, como atestam os seguintes números: a) foi no governo JK (1956-1960) que a inflação atingiu o menor índice, desde 1950 até hoje, 6,6% em 1957; b) no último ano da era jusceliniana a inflação já havia caído de 39,4% (1959) para 30,6%; c) se calcularmos a inflação média no período 1956-1960 (governo JK) verificaremos que a mesma situou-se em 25,2%; d) no período 1965-1968 – gestão financeira Roberto Campos / Octávio Gouveia de Bulhões, durante o regime militar iniciado em 1964 – a inflação média foi de 30,75%; e) fazendo-se o cálculo com números do período 1964-1968 (já que a gestão RC / OGB iniciou-se em abril de 1964), a inflação média foi de 42,92%.

[53] Futurível – Diz-se de cada um dos vários modelos possíveis do futuro da humanidade, competindo à teologia investigar se a consciência divina conhece ou não qual deles emergirá, e aos homens, no seu livre arbítrio, tomarem ou não o caminho que levará a esse futurível. (Aurélio, *Novo dicionário*).

transformando o desenvolvimento numa fonte de otimismo psicológico e legitimação política. Escapou assim ao nacionalismo complexado da era Vargas e ao radicalismo marxista, alternativas certamente piores. E conseguiu temporariamente uma convergência entre os técnicos nacionalistas (Furtado e Rômulo de Almeida) e os técnicos cosmopolitas (Campos e Lucas Lopes), em torno do Plano de Metas. O *divortium aquarum* viria mais tarde, com o abandono, em 1959, do Programa de Estabilização Monetária e a ruptura com o FMI. Os cosmopolitas só voltariam a se tornar *policy markers* após a Revolução de 1964, quando prevaleceu a corrente neoliberal.

Participei da equipe que colaborou, em diversas etapas e em diversas posições, da elaboração e execução do Plano de Metas, a partir da eleição de Juscelino e, antes mesmo de sua posse, quando Roberto Campos foi incumbido de desenvolver as diretrizes gerais. Para realizar essa tarefa, Campos convidou reduzido grupo de funcionários familiarizados com os temas abordados em onze capítulos: Crescimento da economia, Importações, Balanço de Pagamentos, Investimentos, Finanças públicas, Renda nacional, Situação monetária, Evolução do balanço de pagamentos para 1955, Previsão do balanço de pagamentos para 1956, com Análise dos principais produtos de exportação e importação, e Perspectivas de longo prazo.

Na Sumoc não foi difícil encontrar pessoal sintonizado com esses temas, com disposição e entusiasmo para colaborar, ainda que em caráter informal, na elaboração de um documento que muito tinha em comum com a análise dos subsídios para elaboração do orçamento cambial e o do orçamento das Autoridades Monetárias. Já havíamos trabalhado com Roberto Campos em circunstâncias semelhantes, na fase de idealização de modelos para a reforma cambial, quando era ministro da Fazenda José Maria Whitaker.[54]

Outro grupo de colaboradores veio do Itamaraty e era formado por João Baptista Pinheiro, Otávio Dias Carneiro, Miguel Osório de Almeida e

---

[54] Além de minha própria participação, integraram essa equipe: Casimiro Antônio Ribeiro, Guilherme Augusto Pegurier, Ricardo Moura, Olindo Mury Knust, todos funcionários de carreira do Banco do Brasil.

Oscar Lorenzo Fernandez. Do BNDE vieram Jaime Magrassi de Sá e Ewaldo Correia Lima. Do Conselho Nacional de Pesquisas Físicas foi recrutado Ramiro de Porto Alegre Muniz, ex- funcionário do Banco do Brasil.

Após sua posse, Juscelino formalizou convites a esses técnicos para participar como consultores especiais dos diversos grupos de estudo e de trabalho que deram origem – muitos deles – aos grupos executivos, incumbidos de coordenar a execução das trinta metas que passaram a constituir o Plano de Metas, acrescidas posteriormente da meta síntese, que foi a construção de Brasília.

Nessa fase, integrei dois grupos de estudo: o de Mecanização da Agricultura e o de Exportação de Minério de Ferro.

8. Mecanização da Agricultura e Exportação de Minério de Ferro

O de mecanização da agricultura era coordenado pelo agrônomo Álvaro Barcellos Fagundes; seu objetivo era propor um plano de incentivo à mecanização da agricultura e disciplinar as importações de tratores e máquinas agrícolas, que se beneficiavam de taxa de câmbio subsidiada e financiamento concedido pela Carteira de Crédito Agrícola e Industrial do Banco do Brasil a taxas também favorecidas, e sofriam grande influência de uma Comissão de Revenda, subordinada ao Ministério da Agricultura, muito exposta a pressões de natureza política.

Uma das primeiras preocupações do grupo de estudos foi levantar o número de máquinas existentes no país para a realização das operações agrícolas e avaliar as possibilidades de cada região, assim como suas necessidades e seu grau de desenvolvimento. Deparou-se desde logo com a precariedade das estatísticas disponíveis, concluindo não ser possível então definir com segurança o parque nacional de tratores e máquinas agrícolas e de que tipos e potências se dispunha.

Incumbido de fazer uma estimativa, recorri aos colegas da Carteira de Crédito Agrícola e Industrial (Creai) do Banco do Brasil, que, através de sua rede de agências e valendo-se de sua proverbial experiência no setor, nos supriram de informações, colhidas em prazo relativamente curto, tornando possível estabelecer a meta de 72 mil tratores para o final de 1960, partindo da existência de 50.900 em fins de 1955. Em 1956 foram importados 4.729 tratores, e em 1957 as importações atingiram cerca de 6.000. Em 1958 a execução do programa de importações enfrentou obstáculos de natureza cambial, procurando-se orientar as compras para áreas de moeda-convênio.[55]

A pesquisa realizada pela Creai levantou, além da dimensão da frota brasileira de tratores, informações muito importantes, como, por exemplo, a existência de um porcentual elevadíssimo de tratores parados ou subutilizados e excessiva diversificação de marcas.

Os preços altamente subsidiados e as facilidades de financiamento estimulavam a reposição acelerada da frota, pois a compra de um trator novo tornava-se não raro mais conveniente que a substituição de peças de custo relativamente elevado e de difícil suprimento, tendo em vista a profusão de marcas e a precariedade da assistência técnica.

Para muitos não foi fácil entender – num primeiro julgamento – por que o Grupo de Estudos da Indústria Automobilística, que funcionava simultaneamente no Conselho de Desenvolvimento, que já concluíra seus trabalhos, transformando-se em grupo executivo (GEIA), não havia contemplado estímulos à fabricação de tratores no Brasil, a exemplo dos oferecidos à fabricação de caminhões, jipes, utilitários e... até automóveis de passageiros, mas não a tratores agrícolas, bens de produção da maior essencialidade para a modernização da agricultura.[56]

Para definir a política a ser adotada em relação à **exportação** de minério de ferro, foi criado um grupo de estudos presidido pelo ministro José Maria Alkmin e integrado por Glycon de Paiva, Oscar Oliveira, Mário da Silva Pinto, João Baptista Pinheiro, Otávio Dias Carneiro, José Bretas Behring e por mim, de cujos trabalhos participaram também em diversas etapas Capper Alves de Souza e Jayme Magrassi de Sá.

A meta de exportação de minério de ferro foi uma das mais discutidas, pois resultou de uma longa experiência de debates sobre o tema. O Brasil já tinha vivido muitos anos de discussão sobre a conveniência ou

---

[55] *Programa de Metas do Presidente Juscelino Kubitischek,* Presidência da República, Serviço de Documentação, Rio de Janeiro, 1958.

[56] Uma discussão mais ampla do assunto será objeto de capítulo próprio na parte dedicada à implantação da indústria automobilística no Brasil (que abrange a implantação da indústria de tratores agrícolas e máquinas rodoviárias), tema central deste livro.

não de exportar minério de ferro, com a participação ou não do capital estrangeiro, desde os tempos do quase lendário Percival Farquhar.

Quando os trabalhos do grupo de estudos já estavam bem avançados, foi-lhe submetida para exame proposta da Cleveland Cliffs, empresa norte-americana que representava os interesses comerciais da Cia. Vale do Rio Doce nos Estados Unidos. Pretendia, em resumo, adquirir parcela expressiva (não me recordo quanto e não disponho de elementos para averiguar) de ações da Vale, ao preço de cotação na Bolsa de Valores do Rio de Janeiro, mais o controle da Acesita (então controlada pelo Banco do Brasil), tudo por um valor estimado em torno de US$ 80 milhões.

Como era de se esperar, a proposta suscitou acalorada discussão, da qual participaram Lucas Lopes e Roberto Campos, que apoiavam a facção que concordava em princípio com a proposta. Dias Carneiro, Bretas Behring e eu manifestamo-nos contrários à alienação, principalmente da Vale do Rio Doce, parecendo-nos ainda ridícula a oferta de preço baseada na cotação de suas ações em bolsa de valores, que, sobretudo naquela época, nem de longe expressavam o valor patrimonial da empresa, adquirida pelo governo brasileiro do empresário norte-americano Percival Farquhar em negociação que só foi possível graças às circunstâncias especiais geradas durante a Segunda Guerra Mundial e se tornou emblemática do poder de barganha então sabiamente exercido por Getúlio Vargas.

Coincidentemente, enquanto transcorriam as discussões no grupo de estudos sobre exportação de minério de ferro, recebi convite da Escola Superior de Guerra para proferir palestra ali sobre o tema *A estrutura do comércio mundial e aspectos da evolução do balanço de pagamentos do Brasil no após-guerra*.

Valendo-me da oportunidade, no decorrer da palestra, proferida em 1957, expus meus pontos de vista sobre um dos tópicos que me foram propostos: *comércio exterior como fonte de poder (efeito influência)*, muito sintonizados com minha posição sobre exportação de minério de ferro.[57]

No mundo em que vivemos, dizia eu, o desenvolvimento dos países situados na periferia do sistema econômico internacional não pode ser

---

[57] LATINI, Sydney A. *Estrutura do comércio mundial e aspectos da evolução do balanço de pagamentos do Brasil no após-guerra*, Rio de Janeiro, 1957.

abandonado pura e simplesmente à sorte do jogo de oferta e procura exercido no mercado pelos interesses da livre iniciativa, de modo geral legítimos mas insuficientes.

O objetivo a atingir, ou seja, o desenvolvimento econômico, só pode ser alcançado pela conjugação de todos os esforços, da iniciativa privada e do Estado, do capital nacional e do capital estrangeiro, dentro de um quadro coordenado e coerente; ou melhor, mediante um programa, salvaguardados sempre, porém, os interesses da segurança nacional.

O problema da exportação de minério de ferro constitui caso típico de como devemos e podemos contribuir para o suprimento mundial dessa matéria-prima, garantindo concomitantemente o abastecimento de outra de que carecemos (o carvão) e promovendo o desenvolvimento da siderurgia nacional

O Brasil possui reservas substanciais de minério de ferro de teor metálico superior a 65%, não ultrapassado por quaisquer outras jazidas do resto do mundo. Segundo dados conhecidos, essas reservas seriam superiores a 30% do potencial sidérico mundial. Não obstante, nossa participação no suprimento mundial dessa matéria-prima gira em torno de apenas 1%, ou cerca de 3 milhões de toneladas de exportação, cifra que seria provavelmente atingida em 1957.

Embora não haja escassez de minério de ferro no mundo, sendo superior a quarenta o número de países onde ele existe, poucos na realidade o possuem em teor metálico superior a 55% e com as qualidades físicas e químicas do minério de ferro brasileiro.

Por esse motivo, nossa hematita compacta é considerada o verdadeiro filé mignon dos minérios de ferro, alcançando, em conseqüência, as melhores cotações no mercado internacional. O que impede então sua exportação em maior escala? Ela só foi praticamente iniciada durante a Segunda Guerra Mundial, com base nos Acordos de Washington. Naqueles últimos quatro anos foi duplicada. A distância dos grandes mercados consumidores, todos situados no hemisfério norte, e a escassez de recursos para uma exploração mais intensiva, a par de mais adequado aparelhamento de ferrovias, portos e transporte marítimo, têm impedido uma participação mais significativa do minério brasileiro no consumo mundial.

A experiência da Vale do Rio Doce, no entanto, produziu resultados altamente satisfatórios. Com financiamento de aproximadamente

30 milhões de dólares, pelo Eximbank, no decorrer dos seus quinze anos de funcionamento, essa companhia já produziu mais de 130 milhões de dólares em divisas, havendo liquidado a quase totalidade desses empréstimos muitos anos antes dos prazos fixados para sua liquidação total. Os lucros apurados no exercício de 1956 foram superiores a 500 milhões de cruzeiros. O Estado era o proprietário da quase totalidade de suas ações.

Foi quando os interesses da iniciativa privada estrangeira voltaram-se para a Cia. Vale do Rio Doce, colocando-se então o dilema: permitir a associação do capital estrangeiro sob forma de participação direta no empreendimento ou prosseguir no regime de financiamentos. As negociações para um novo empréstimo de 22 milhões de dólares pelo Eximbank, para um programa de ampliação da companhia tinham sido iniciadas quando um grupo financeiro norte-americano manifestou interesse em adquirir parte de suas ações.

Prosseguindo independente como até então, a Vale do Rio Doce poderia elevar sua capacidade de exportação, nos próximos três anos, para 6 milhões de toneladas anuais, ou seja, o dobro de sua capacidade em 1957. Os empresários norte-americanos ofereciam a possibilidade de grandes investimentos a prazo longo, para elevar a capacidade de exportação da companhia possivelmente para mais de 10 milhões de toneladas, continuando seu controle e maioria de ações em poder do governo brasileiro.

Isso ocorreu no momento em que se esperavam grandes transformações tecnológicas na siderurgia clássica, com fortes indicadores de que a siderurgia norte-americana poderia vir a interessar-se pela produção de gusa no Brasil, para consumo de suas aciarias, visando atender ao aumento de demanda, até que melhor se definissem os novos rumos da tecnologia moderna do setor. Uma tonelada de gusa vale cerca de seis vezes mais que uma tonelada de minério de ferro. É evidente, portanto, que a exportação de gusa consultaria melhor os interesses do Brasil.

O Brasil, a Suécia e a Índia eram os únicos países que ainda não tinham jazidas de minério de ferro sob regime de exportação *cativa,* isto é, exploradas pelos próprios consumidores do exterior. Dado o vulto dos investimentos necessários para o empreendimento, parecia mesmo inevitável admitir alguma associação do capital estrangeiro na exploração dessa riqueza natural, tanto mais que, ao contrário do que ocorre com o petróleo, consumido no mercado interno, o minério de ferro, ou o gusa, dependem de um mercado exterior. Era preciso lembrar, porém, que a grande siderurgia no Brasil fora implantada graças ao poder de barganha proporcionado pela posse de grandes e excelentes reservas de minério de ferro e saber utilizar novamente esse poder de barganha.

Ao tomar uma decisão sobre o tipo de capital estrangeiro que mais convém ao desenvolvimento econômico do país, é imperioso considerar que o investimento direto, que conserva seu centro de interesse no país de origem, constitui, só pela sua entrada, um aumento de obrigação para com o exterior, por prazo indeterminado, com o agravante das remessas indefinidas de lucros e dividendos. Já os financiamentos, com esquema de amortização previamente estabelecido, apenas oneram o balanço de pagamentos com remessas contratuais acrescidas dos juros e por prazos determinados. A generalização, porém, é perigosa e inconveniente, sendo preferível o exame específico de cada projeto.

Em depoimento ao CPDOC/FGV,[58] Lucas Lopes revela que discordou de meu relatório:

> O relatório final do grupo, que deveria trazer as conclusões para a definição de uma política de minério de ferro, foi preparado e levado ao conhecimento dos interessados por Sydney Latini. Como eu tinha uma velha tradição de conhecimento da questão do minério, discordei completamente, pois o Latini fugia dos problemas, não era conclusivo e mostrava-se extremamente nacionalista. Ele assumia um tom muito pouco realista em face das possibilidades efetivas de se exportar através da participação de empresas estrangeiras que já estavam aqui em grande número e precisavam exportar.

O próprio Lucas Lopes fez então um relatório, que considerou muito preciso e firme a favor de uma política aberta para a exportação, com

[58] LOPES, Lucas. Memórias do desenvolvimento, CPDOC/FGV, Rio de Janeiro, 1991.

princípios amplamene liberais, e o encaminhou ao ministro Alkmin, sugerindo a criação de um Grupo de Exportação de Minério de Ferro (GEMF). Fariam parte desse Grupo o próprio ministro da Fazenda, como presidente, o secretário do Conselho de Segurança Nacional, o secretário do Conselho de Desenvolvimento, os diretores da CACEX e da Carteira de Câmbio do Banco do Brasil, o diretor do Departamento Nacional da Produção Mineral, um diretor da Rede Ferroviária Federal e um diretor do BNDE, João Baptista Pinheiro.

Esse relatório sofreu objeções dentro do próprio governo. O representante do Conselho de Segurança Nacional pediu vista do documento para exame, nunca mais se discutiu o assunto e não se tomou nenhuma decisão sobre suas recomendações.

A partir de então a Vale do Rio Doce evoluiu consideravelmente. Quando foi privatizada – sem a participação de capitais estrangeiros –, já ocupava o primeiro lugar entre as grandes exportadoras de minério de ferro do mundo. Já em 2000 produziu 119,7 milhões de toneladas e exportou US$ 1,592 bilhão.

9. Entrevero com o Fundo Monetário Internacional

A pretexto de conter a inflação e equilibrar o balanço de pagamentos, o Fundo Monetário Internacional vinha prolongando, desde meados de 1958, entendimentos com o governo brasileiro visando a prorrogação de um empréstimo *stand by* e fazendo exigências que colocavam em risco a execução do Plano de Metas ou contrariavam políticas econômicas estabelecidas na Constituição.

As principais exigências eram:

1. Abertura do mercado brasileiro a investimentos privados na área do petróleo. O monopólio estatal do petróleo era política consagrada na Constituição e conquista do povo brasileiro na memorável campanha *O petróleo é nosso*, com a qual o governo de Juscelino estava comprometido. O monopólio era questão de grande sensibilidade política e dele não se queria ou não se podia abrir mão;
2. Liberação das tarifas de serviços públicos, principalmente de energia elétrica, fixadas pelo governo e consideradas insuficientes pelos

concessionários, praticamente todos estrangeiros. Esse era outro item de grande sensibilidade política, que preocupava o governo, afetava custos, era objeto de grande pressão dos concessionários e que Juscelino também não queria ou não podia resolver sob pressão;

3. Adoção de política de total liberação cambial, abolindo-se, portanto, o regime de controle cambial. A medida foi considerada inoportuna por vários motivos, mas principalmente em função de compromissos assumidos pelo governo, empenhado na industrialização do país e num programa de substituição de importações que exigia uma política de controle cambial.

Medidas como essas eram reivindicadas com insistência e figuravam invariavelmente, em termos formais ou informais, na pauta de negociações imposta pelo FMI, cujos negociadores alegavam que o Brasil não precisaria recorrer a empréstimos externos se abrisse seu mercado ao capital estrangeiro, nas formas por eles preconizadas. Juscelino não aceitava decidir sob pressão e, muito menos, colocar em risco a execução de seu Plano de Metas. Mas nunca deixou de exercer sua notória habilidade política. A prova é que, mesmo sofrendo restrições do FMI, conseguiu empréstimo de US$ 5 milhões do Eximbank (valor muito expressivo na época) para concluir a construção de Brasília, sem a contrapartida de importações dos Estados Unidos, em pleno governo Eisenhower.[59]

Inconformado com o prolongamento das discussões, Juscelino rompeu com o FMI em 17 de junho de 1959 e solicitou ao deputado Horácio Lafer que lesse na Câmara dos Deputados uma nota oficial sobre as conversações com aquela entidade internacional, na qual se declarava que o governo não podia admitir que a transação constituísse pretexto para discussões intermináveis, incompatíveis com nosso crédito e não condizentes com a linha de cordial cooperação e respeito mútuo.

Referindo-se ao episódio, diz Juscelino, textualmente, em suas memórias:

---

[59] Sob o título "FMI, versão 2 do rompimento" (*J.B.* 13/12/00), o jornalista Gilberto Menezes Cortes tece comentários sobre o episódio do rompimento com o FMI, que motivaram o autor deste livro a enviar-lhe correspondência que, em linhas gerais, ora reproduzimos e foram publicadas em sua coluna no *Jornal do Brasil* (24/12/00), sob o título "O rompimento, versão 3".

> Uma única conclusão se impunha, portanto, a de que seu comportamento (do FMI) obedecia a um esquema secreto, tendo por objetivo conservar as nações subdesenvolvidas da América Latina sempre subdesenvolvidas.

E, logo a seguir:

> Não digo que essa política fosse o resultado de um plano elaborado no interior do Fundo. Talvez fosse melhor defini-la como conseqüência de um '*gentlemen's agreement*' entre as grandes potências, com o objetivo de conservar as nações subdesenvolvidas como simples fornecedoras de matérias-primas e fornecendo seus produtos a preço impostos por grupos financeiros internacionais.[60]

Pouco depois o Plano de Estabilização Monetária (PEM), elaborado sob a coordenação de Roberto Campos, foi posto de lado, e Lucas Lopes foi substituído por Sebastião Paes de Almeida no Ministério da Fazenda, Roberto Campos substituído no BNDE por Lúcio Meira, e Maurício Bicalho assumiu a presidência do Banco do Brasil.

[60] KUBITSCHEK, Juscelino, *50 anos em cinco*, p. 253.

Capítulo VII

Os Planos Nacionais Automobilísticos e o GEIA

1. O Grupo Executivo da Indústria Automobilística (GEIA)

Quando assumiu a Presidência da República, Juscelino Kubitschek nomeou Lúcio Meira ministro de Viação e Obras Públicas. A 27 de abril de 1956 o Conselho do Desenvolvimento, por iniciativa do novo ministro, encaminhou à Presidência da República exposição de motivos solicitando autorização para formar grupo de estudos sobre a indústria automobilística. No dia seguinte o presidente a aprovou, dando o prazo de trinta dias para a apresentação dos resultados e, desde logo, convocou uma reunião para o dia 17 de maio, na qual deveriam ser examinados os estudos e sugestões definitivas.

No dia marcado pelo presidente foi apresentado o relatório do grupo de estudos, formado por Lúcio Meira, presidente, Roberto Campos, Guilherme Augusto Pegurier, Arnaldo Blank (representando Inácio Tosta Filho), Américo Cury e Eros Orosco. Esse relatório expôs as questões econômicas, financeiras e administrativas ligadas ao cumprimento da Meta (que recebeu o nº 27) e propôs a criação de um grupo executivo para encaminhar o processo de nacionalização da produção de veículos automotores.

A apresentação da proposta, no exíguo prazo de trinta dias, só foi possível graças à experiência e à seriedade do trabalho iniciado pela Subcomissão de Jipes, Caminhões, Tratores e Automóveis, entre 1952 e 1954. A proposta estabeleceu os seguintes princípios quanto à estrutura da indústria automobilística:

1. atingir, como objetivo final e de acordo com os planos específicos, uma produção no país de 90% a 95% do peso dos veículos e, mais tarde, mediante ações e atitudes indiretas, os restantes 5% a 10%;

2. confiar ao setor privado a incumbência de produzir os veículos;
3. com esse objetivo, permitir a constituição de empresas com capitais brasileiros, estrangeiros ou mistos (o caso da Fábrica Nacional de Motores foi considerado exceção);
4. reservar ao Estado apenas a função de promotor e coordenador, na fase de implantação da nova indústria (de 1956 a 1960). A atividade promotora do Estado deveria abranger os subsetores de montadores e fabricantes de autopeças;
5. dar maior ênfase, mediante ações promotoras do Estado, à produção local de veículos de maior importância econômica (caminhões), em detrimento dos veículos de transporte individual (automóveis).

Em seu livro de memórias, assim se refere o presidente Kubitschek a sua histórica decisão:

> Meu despacho de 27 de abril, autorizando a constituição de um grupo de trabalho para equacionar o problema da indústria automobilística, estourara como uma bomba. Trinta dias para a apresentação dos estudos e su-gestões definitivos! O ministro da Viação, com. Lúcio Meira, procurara-me para mostrar a exigüidade do prazo. Respondi-lhe que, de fato, suas razões eram válidas, mas, se me revelasse liberal no que dizia respeito aos prazos, o Programa de Metas não seria executado. Repeti-lhe a decisão, que já havia anunciado aos norte-americanos, de que no dia 31/12/57 atravessaria a avenida Rio Branco dirigindo o primeiro automóvel de fabricação nacional. Naquela época, o Brasil tinha condições de importar 15 mil automóveis por ano, e o total de veículos no país era de cerca de 600 mil unidades. Apesar das reclamações dos círculos interessados, o grupo de trabalho fora criado no prazo fixado e, na reunião do Conselho de Desenvolvimento do dia 8/6, que presidi, o com. Meira fez uma exposição das conclusões a que haviam chegado aqueles técnicos e apresentou um projeto de decreto sobre a matéria, através do qual eram criadas condições cambiais e financeiras que regulariam as inversões e estimulariam o rápido estabelecimento de fábricas de jipes e caminhões no país. O projeto, convertido em decreto, após ligeiras alterações, foi imediatamente por mim assinado.
> (...) Estava dado o primeiro passo. Dali em diante entraríamos na fase nitidamente executiva, com a elaboração dos projetos específicos e a fixação

> dos objetivos que deveriam ser alcançados. Com a criação do GEIA – Grupo Executivo da Indústria Automobilística – teve início a era tecnológica no Brasil.
>
> (...) Para fortalecer essas indústrias, que seriam a base indispensável ao sucesso da nacionalização de veículos no país, o GEIA não ficaria circunscrito à aprovação de projetos, visando à fabricação de veículos, mas dedicaria especial atenção ao estudo, à negociação e à aprovação final dos diversos planos que teriam por objetivo a consolidação da infraestrutura indispensável à concretização dos esquemas de fabricação aprovados, assegurando, tanto quanto possível, o estabelecimento de uma indústria de estrutura horizontal com recursos intensivos de subcontratação.[61]

2. A demanda reprimida de veículos automóveis

O enorme dispêndio de divisas, a partir de 1950, com a importação de produtos automobilísticos (veículos e autopeças), vinha preocupando as autoridades federais com o custo de renovação da frota nacional de veículos, já bastante desgastada, e do atendimento da demanda de novos veículos, fortemente reprimida durante o período de guerra. As importações para atender, ainda que precariamente, a essa demanda oneravam mais o balanço de pagamentos que as importações de trigo e petróleo e derivados no período de 1945 a 1955 (Anexo II), os três itens mais expressivos da pauta de importações do Brasil naquele período.

Por outro lado, a frota nacional de caminhões, indispensável para a manutenção das atividades econômicas, apresentou crescimento inferior a 30% no período da guerra (1939-1945), e a idade média desses caminhões era muito alta já em 1945. Apenas 27,6% da frota de caminhões existentes tinham cinco ou menos anos de serviço e os que tinham dez ou mais anos representavam cerca de 43% do total de unidades em tráfego.

Considerando que os caminhões com menos de cinco anos de uso deveriam compor pelo menos 50% da frota, segundo os padrões de segurança de tráfego da época, tratava-se não somente de atender à crescente demanda reprimida, era preciso importar para renovar a frota.

---

[61] KUBITSCHEK, Juscelino. *Meu caminho até Brasília*, p. 1112 .

Exauria-se o estoque de divisas acumulado durante a guerra com as importações e, se mantido o ritmo, o balanço de pagamentos seria seriamente afetado pela importação de veículos.

Também não se podia impedir sua importação, uma vez que o transporte rodoviário já era responsável por mais de metade da tonelagem transportada e sua deficiência poderia gerar obstáculos à atividade produtiva.

Não havia outro meio de transporte alternativo. Apesar das pressões sobre a balança comercial, permanecerá, e provavelmente por muito tempo, o apelo intenso ao transporte automobilístico.

As dificuldades da navegação marítima, carente de portos equipados para rápida movimentação de cargas e servida por uma frota de navios de pequeno porte e pouco numerosos, não permitem mais atender ao serviço de interligação das áreas internas de consumo às de produção, evoluindo-se para nova estruturação.

Por outro lado, uma rede ferroviária precária e os altos investimentos e longos períodos de maturação para seu reaparelhamento e expansão, somados à sua inflexibilidade, tornando-a inadequada à característica nômade da agricultura – sobretudo do café – cuja produção deveria ser escoada, foram fatores preponderantes na determinação da prioridade de um sistema rodoviário para expansão e integração econômica do Brasil.

Em 1945 o Decreto-lei nº 8.463, de 27 de dezembro, instituiu o Fundo Rodoviário Nacional, lastreado no imposto único sobre combustíveis líquidos e derivados, para financiar a construção, melhoramento e conservação de estradas de rodagem.

Essa opção pela rodovia fomentou decisivamente a indústria de material de transporte nos anos 40. Sua participação na produção industrial, que era de 0,2% em 1920 e de 0,5% em 1940, chega a 2,3%, por ocasião do censo de 1950. Das 539 empresas cadastradas, 72% foram fundadas nos anos 40. Desses 539 estabelecimentos, 100 já se dedicavam à montagem de veículos e fabricação de peças, empregando 5.500 pessoas.

O censo de 1950 apresentava uma população total de 52,65 milhões de habitantes, com menos de 14% nas cidades. A frota nacional era de 529.577 veículos, sendo 276.845 carros de passageiros, 236.732 caminhões e 16 mil ônibus. Registrou ainda a existência de 25 mil tratores e de 126 mil quilômetros de estradas, das quais apenas mil pavimentadas.

3. O mercado brasileiro de veículos

Para dimensionamento do mercado brasileiro de veículos utilizaram-se três diferentes projeções, elaboradas pelo Grupo Misto BNDE–Cepal, pela Comissão de Desenvolvimento Industrial do Ministério da Fazenda (Subcomissão de Jipes, Caminhões, Tratores e Automóveis) e pelo Ministério de Viação e Obras Públicas, que estimavam a demanda anual de autoveículos de carga em 74.600 unidades, 88 mil unidades e 52 mil unidades, respectivamente, no período de 1956 a 1961. Para automóveis de passageiros era estimada uma demanda de 20 mil unidades por ano, enquanto os utilitários (jipes) deveriam apresentar demanda de 15 mil veículos/ano.

Os serviços especializados de fomento agrícola vinham promovendo campanha intensiva de mecanização da agricultura e estimavam que, no qüinqüênio de 1956 a 1961, o país poderia absorver 100 mil tratores. Entretanto, de forma conservadora, o grupo adotou como premissa uma demanda anual de 15 mil.

Dessa forma, definiu-se que o mercado apresentava a seguinte dimensão em 1962:

Caminhões	80.000	unidades
Jipes	15.000	unidades
Tratores	15.000	unidades
Automóveis	20.000	unidades
Total	**130.000**	**unidades**

Em 1962, segundo as previsões, a frota de caminhões atingiria 620 mil unidades, e a frota dos demais veículos, 480 mil unidades. Com uma frota total de 1.100.000 veículos em 1962, estaria constituída a demanda necessária à produção do segmento de peças de reposição.

Os 130 mil veículos novos teriam um preço médio de US$ 2.250,00, enquanto o custo das peças para manutenção da frota seria de US$ 90,00 por ano e por unidade (pneumáticos exclusive), com base no consumo nos Estados Unidos.

Em termos de valor, estava projetado para 1962 um mercado de US$ 391,5 milhões, desagregado conforme segue:

130 mil veículos novos a US$ 2.250,00/unidade	US$ 292,5 milhões
1.100 mil veículos em trânsito exigindo compra de US$ 90,00 em peças por veículo	US$ 99,0 milhões
Total	US$ 391,5 milhões

Definiu-se, portanto, um mercado de aproximadamente US$ 400 milhões anuais, magnitude suficiente para viabilizar a implantação da indústria automobilística, com amplas margens de segurança e constituindo adicionalmente a comprovação da inviabilidade de atender à demanda mediante importações.

4. Fatores fundamentais para a implantação da indústria automobilística

Uma vez definida a existência do mercado, o grupo de estudos passou a analisar os fatores fundamentais para a implantação da indústria automobilística:

- necessidades de capital;
- necessidades de divisas para importação de equipamentos;
- mobilização técnica para as realizações industriais;
- necessidade de mão-de-obra;
- demanda de matérias-primas e demais fatores de produção.

Necessidades de capital – Estimou-se, inicialmente, para um volume de transações de US$ 400 milhões, uma necessidade de capital de giro de US$ 200 milhões, mais US$ 200 milhões em necessidades cambiais para importação de bens de produção e mais investimentos em moeda nacional no valor de US$ 2,5 milhões, chegando a uma necessidade total de capital de US$ 402,5 milhões para implantação total do parque automobilístico.

Como se pretendia atingir um grau de nacionalização da ordem de 85% em 1962, as inversões em moeda externa estimadas diminuiriam para US$ 157,00 milhões. Estimou-se ainda que 25% dos capitais totais já estavam invertidos ou circulando no setor. Com isso, a estimativa final era de uma necessidade de capitais de aproximadamente US$ 57 milhões. Esses valores deveriam ser invertidos durante o triênio 1959/61, para facultar a produção em vista para 1962.

Tal volume de inversões não era passível de realização pelos empresários brasileiros, mesmo considerando os financiamentos em moeda externa para aquisição de equipamentos com amortização em cinco anos.

Mobilização técnica para realização industrial – Descartada a hipótese de implantar o setor automobilístico com capital nacional, privado e estatal, haveria que recorrer às empresas estrangeiras e procurar um programa de interesse recíproco.

As indústrias automobilísticas européias e americanas se caracterizavam pela horizontalidade, em que a empresa montadora ocupava o centro econômico de um parque produtor de peças e componentes. Cumpriria então incentivar o parque local produtor de autopeças, mediante medidas protecionistas, e garantir a importação de peças ainda não produzidas internamente a taxas de câmbio favorecidas, pelo período necessário à capacitação de sua produção interna.

O *know-how* necessário deveria, em parte, ser trazido pelos montadores que se implantassem, cabendo ainda incentivar as associações do capital privado nacional com o capital externo, com vistas à assimilação das tecnologias de produção de peças mais sofisticadas.

As linhas de montagens preexistentes e os contatos dessas empresas com as indústrias de autopeças locais já haviam dado bons resultados, e tudo levava a crer que, na medida em que houvesse um programa detalhado de progressivo desenvolvimento do setor, seria possível alcançar os resultados almejados.

Procura de matéria-prima, mão-de-obra e outros fatores de produção – Quanto aos fatores de produção tradicionalmente fornecidos pela atividade governamental, como energia e transporte, não haveria grandes problemas, porque a infra-estrutura de transportes já vinha sendo desenvolvida e a energia elétrica adicional para o setor automobilístico poderia ter geração termoelétrica, em caso de inexistência de alternativas mais adequadas.

O problema da mão-de-obra qualificada oferecia motivos de maior preocupação. Devido ao grau de automatização já utilizado para produção em grandes quantidades, o problema se deslocava muito mais para a qualidade do que para a quantidade. Não se verificou falta de operadores de máquinas propriamente ditos, uma vez que sua operação não era de grande complexidade, mas sim uma certa deficiência para as funções de ajustamento das máquinas, manutenção e supervisão, que demandavam especialização bastante elevada para o grau de industrialização do país.

A matéria-prima apresentava-se como um problema a equacionar. Para uma produção de 130 mil veículos, seriam necessárias 440 mil toneladas de matérias-primas com a seguinte desagregação em grandes grupos:

	(Toneladas)
Ferro fundido	62.000
Aço comum	270.000
Aço especial	48.000
Não-ferrosos	7.000
Não-metálicos	53.000
Total	**440.000**

A existência de um parque produtor de ferro gusa a carvão vegetal garantia o suprimento às fundidoras de autopeças. Os materiais não-ferrosos e não-metálicos poderiam ser supridos, em caso de inexistência de fornecimento interno, por importações de pouca monta. O abastecimento de aço já se apresentava como ponto crítico, se considerado o grande volume demandado. Os planos para grandes investimentos em novas usinas de aço comum, ou expansão da Companhia Siderúrgica Nacional, estavam sendo implantados mas somente apresentariam resultados no prazo mínimo de cinco anos. A produção interna de aços especiais exigiria melhorias consideráveis e investimentos em equipamentos e tecnologia das pequenas usinas siderúrgicas com processo de refino em fornos elétricos (esse subsegmento já produzia 80 mil t/ano).

Entretanto, se considerado um preço mínimo de US$ 220,00 por tonelada de aço comum laminado, em comparação ao de importação de auto-veículos, de US$ 1.600,00 por tonelada, seria razoável suprir a demanda, em caráter transitório, com importações de aço.

Quanto à concorrência de produtos importados, as próprias dificuldades cambiais do país e as proteções à produção interna existentes comporiam barreiras suficientes.

5. Uma estratégia de ação

De forma a propor uma estratégia de ação, o grupo de estudos identificou uma série de situações que se deveriam equacionar para eliminar as vacilações e o desinteresse das montadoras européias e americanas:

- uma vez que as inversões de capital eram muito elevadas, exigiam níveis de segurança adequados;
- consideravam que a garantia de segurança reclamava uma definição da política governamental para o setor automobilístico;
- temiam favorecimentos de caráter isolado, conferindo maiores vantagens para empresas que melhor soubessem manipular as autoridades;
- temiam também a descentralização das decisões em vários órgãos governamentais, sem homogeneidade de procedimentos e critérios.

O grupo de estudos propôs então que a eliminação dessas situações de desconfiança seria alcançada com a definição de um programa claro e objetivo, com afirmação de propósitos, metas e tendências; que esse programa fosse definido por ato do Poder Executivo e estabelecesse o tratamento cambial conferido às empresas, o grau de interesse do país em cada tipo de produto, o tipo de empresário pretendido para cada projeto e a origem do capital investido. Deveria ainda definir preferências mais específicas, como: tipo de empresa, sua estrutura técnica e econômica, tipo de motor, política, condições e disponibilidade de créditos internos. A execução desse programa deveria ficar a cargo de um órgão centralizador que congregasse os diversos setores governamentais envolvidos e com ingerência sobre o assunto.

Uma vez definidas as normas, estas deveriam ser aplicadas com exemplar rigidez e tendo como indispensável a homogeneidade de critérios para os diversos processos a analisar. Recomendava ainda que a negociação se fizesse diretamente entre a empresa e o órgão centralizador.

Quanto ao tipo de empreendedor, elegeu a iniciativa privada, desaconselhando as sociedades de economia mista ou organizações estatais. Nesse sentido lembrou a conveniência da privatização da Fábrica Nacional de Motores, controlada pelo Estado.

Não fazia restrição à origem do capital externo e recomendava todo empenho em atrair os capitais internacionais, principalmente para as empresas montadoras.

Recomendou a horizontalidade da indústria, com empresas montadoras supridas por um parque produtor de autopeças composto por empresas de pequeno e médio portes.

Em contrapartida aos benefícios concedidos, seriam exigidos programas mínimos de produção e grau de nacionalização progressivos.

Em 27 de maio de 1956, como já vimos, foi apresentado o relatório que consubstanciava essas propostas. Com base nesse documento, o presidente da República expediu o Decreto nº 39.412, de 16/06/1956, que estabeleceu normas para a criação da indústria automobilística e instituiu o Grupo Executivo da Indústria Automobilística – GEIA.

O GEIA ficou constituído inicialmente pelo ministro da Viação, como seu presidente, pelo diretor-executivo da Superintendência da Moeda e do Crédito – Sumoc, pelos diretores das Carteiras de Câmbio e do Comércio Exterior do Banco do Brasil e pelo diretor-superintendente do Banco Nacional de Desenvolvimento Econômico – BNDE. Após o primeiro ano de funcionamento passaram também a se fazer representar no GEIA o Ministério da Guerra e o recém-criado Conselho de Política Aduaneira (CPA). Com a aprovação dos planos de fabricação de tratores agrícolas e de máquinas rodoviárias, sua composição foi ainda acrescida de representantes do Ministério da Agricultura, da Carteira de Crédito Agrícola e Industrial do Banco do Brasil e do Departamento Nacional de Estradas de Rodagem (DNER).[62]

Apenas participavam elementos capazes de decidir e responder por seus órgãos de origem, nos quais mantinham suas funções de direção. O grupo era formado por um pequeno número de pessoas e as decisões, tomadas em reuniões simples, sem nenhuma burocracia.

---

[62] Ver Anexo III – A Secretaria Executiva do GEIA.

6. Os incentivos

A orientação governamental para atingir os objetivos dos Planos Nacionais Automobilísticos foi elaborada cuidadosamente, mediante atos hierarquicamente dosados, objetivando estabelecer um clima de segurança e confiança para as decisões dos variados empreendedores industriais que manifestassem a intenção de colaborar no desenvolvimento dessa indústria, recebendo em contrapartida estímulos especiais. Ao invés de participar diretamente na fabricação de veículos, decidiram as autoridades governamentais adotar medidas de caráter indireto, para conjugação de instrumentos de política econômica, de ordem cambial, fiscal, creditícia e comercial, que foram consubstanciadas em uma lei e quatro decretos, que podem ser assim resumidos:

Estímulos cambiais –. Concessão cambial efetiva mais favorável e sobretudo estável, pelo período de execução dos planos, com reserva de quota nos orçamentos cambiais: considerando a significação econômica dos diversos tipos de veículos, dispensar sempre a taxa de câmbio mais favorável para importações de partes complementares e a produção de caminhão e menos favorável para a fabricação de automóveis de passageiros.

Visando estimular a nacionalização do motor, adotou-se o critério de conferir tratamento cambial mais favorável à importação de peças não fabricadas no Brasil, uma vez atingido um índice de nacionalização de pelos menos 60% do motor.

Naquela oportunidade se ofereceu mediante decreto novo incentivo para atingir maior nacionalização dos caminhões produzidos no país, com um tratamento cambial mais favorável, quando os respectivos fabricantes estivessem nacionalizando 70% em peso dos órgãos mecânicos do chassi (caixa de mudanças, transmissão articulada, eixos dianteiros e traseiros).

Outro estímulo de ordem cambial era o registro na Sumoc dos financiamentos obtidos no exterior para importação dos equipamentos destinados à fabricação de veículos ou peças, o que significava prioridade de remessa para amortização e juros à taxa favorável de custo de câmbio.

Um dos mais importantes incentivos para investimentos na indústria automobilística, no entanto, foi o benefício cambial decorrente da Instrução 113 da Sumoc, de 1955 – anterior, portanto, à posse do presidente

Juscelino Kubitschek. Essa instrução permitia que todos os equipamentos ingressados no país como investimento direto estrangeiro fossem importados sem cobertura cambial, livres portanto de disputar cobertura no leilão de divisas, sistema que vigorou de 1953 a 1957. Para o importador, o subsídio consistia na diferença entre a cotação da terceira categoria de importação, na qual se classificavam os equipamentos industriais, e a taxa de câmbio no mercado livre, à qual os investimentos eram avaliados e com base em cujo valor se calculavam as remessas de lucros. Depois da reforma cambial de 1957 o subsídio eqüivalia à diferença entre a taxa da categoria geral e a taxa do mercado livre.

A indústria automobilística (incluindo o setor de autopeças) foi responsável por quase metade de todos os investimentos estrangeiros no Brasil ao amparo da Instrução 113, durante o governo Kubitschek: US$ 200,7 milhões num total de US$ 419 milhões, dos quais US$ 114,7 milhões foram investidos pelas montadoras e US$ 86 milhões pelo setor de autopeças. O subsídio implícito desse investimento correspondeu a US$ 27,2 milhões, ou 24% do valor do investimento total.[63]

Como **estímulos fiscais** concedeu o governo isenção de direitos e taxas aduaneiras sobre máquinas e equipamentos destinados à instalação ou ampliação da indústria pelo prazo de trinta meses,[64] com vigência até junho de 1959. Quando esse prazo estava por expirar, o presidente da República solicitou ao Congresso sua prorrogação até dezembro de 1960, para atender a necessidades de importação de equipamentos até o final dos Planos Nacionais Automobilísticos.

A aprovação da nova lei foi procrastinada por manobras dos partidos de oposição, o que levou as empresas com projetos aprovados pelo GEIA a importar os equipamentos de que ainda necessitavam com o benefício da isenção tarifária previsto, comprometendo-se mediante assinatura de termos de responsabilidade a recolher os valores correspondentes, caso a lei não viesse a ser aprovada.

Numa demonstração de confiança na ação do Poder Executivo, do notório prestígio e na autoridade moral do GEIA, os equipamentos para comple-

---

[63] SHAPIRO, Helen. "State Investment and Industrialisation...", Yale University (Abstract), 1958.

[64] Lei nº 2.993, de 6.12.1956.

mentar as instalações das fábricas de veículos e autopeças continuaram a ser importados com os benefícios previstos, mediante a assinatura dos aludidos termos de responsabilidade. Só muito mais tarde a nova lei foi aprovada, livrando as empresas do ônus que as ameaçava.

A nova Lei de Reforma das Tarifas Aduaneiras (de 1957), em seu artigo 59 (à revelia do GEIA), oferecia redução de imposto de importação aos fabricantes e montadores proporcionalmente às omissões em peso, de acordo com a seguinte tabela:

Omissão em peso	Redução no imposto de importação
15%	60%
25%	65%
35%	70%
45%	80%
mais de 45%	90%

mas determinava que, para gozar dos benefícios da lei, os fabricantes ou montadores deveriam submeter ao Ministério da Viação seu plano de fabricação ou montagem.

Parecia assim que o Congresso Nacional não queria tomar conhecimento da existência do GEIA, preferindo dar oportunidade a fabricantes retardatários ou não dispostos a cumprir as etapas de realização fixadas pelo Decreto 41.018, que instituiu o Plano Nacional da Indústria Automobilística relativo a automóveis de passageiros. A autoridade do GEIA, porém, não chegou a ser atingida, uma vez que se adotaram medidas administrativas de modo a impedir que desvios ocasionais prejudicassem os objetivos finais, afinal atingidos.

Como **estímulos creditícios**, assegurava-se o financiamento pelo Banco do Brasil dos ágios cambiais resultantes dos leilões de divisas realizados de acordo com o regime cambial estabelecido pela Instrução nº 70 da Sumoc, então em vigor, que eram acrescidos ao custo de câmbio por período que oscilava de um a três anos. Estava também previsto o financiamento a prazo longo, pelo Banco Nacional de Desenvolvimento Econômico (BNDE) ou outras entidades oficiais de crédito, para aquisição de equipamentos e construção de fábricas. O BNDE era (e praticamente continua sendo) o único banco oficial ao qual seria possível recorrer para obter essa modalidade de financiamento.

Durante o período de implantação da indústria automobilística (junho de 1956 a dezembro de 1960), o BNDE somente concedeu aos fabricantes de veículos (com exceção da Fábrica Nacional de Motores, que era empresa governamental) empréstimos no valor total de 500 milhões de cruzeiros e aos fabricantes de autopeças, 324 milhões, considerando os empréstimos feitos desde 1954, ou seja, anteriores à execução do programa estabelecido pelo GEIA.

No tocante aos fabricantes, isso é irrisório se comparado com o valor total do investimento, que monta a 87 bilhões de cruzeiros. Vale dizer, os empréstimos concedidos pelo BNDE às fábricas de veículos corresponderam apenas, até o final do período de execução do plano de implantação da indústria automobilística, a pouco mais de 0,5% dos investimentos nessa indústria. Coisa semelhante aconteceu no setor de autopeças.

7. Os níveis de realização

Para beneficiar-se desses incentivos, as firmas interessadas deveriam se enquadrar em uma das categorias previstas no regulamento do GEIA: fabricantes de veículos e/ou fabricantes de autopeças.

Consideravam-se fabricantes de veículos automóveis as entidades industriais que, cumulativamente:

- tivessem seus projetos globais de produção aprovados pelo GEIA;
- apresentassem projetos industriais com produção do motor do veículo em instalações próprias ou de subcontratadores sob sua responsabilidade;
- cumprissem em seus programas industriais as omissões de peças ou partes, nas importações de veículos desmontados, conforme porcentagens fixadas nos Planos Nacionais Automobilísticos.

Fabricantes de peças automobilísticas ou subcontratadores da indústria automobilística eram as entidades industriais que:

- tivessem seus projetos de produção aprovados pelo GEIA;
- produzissem, no todo ou em parte, peças específicas para veículos automóveis.

A principal característica dos planos eram os níveis de realização, indicados como porcentagem das peças fabricadas no país em relação ao peso do veículo completo. Esses níveis de realização deveriam ser atingidos até as datas fixadas em cada decreto. Assim se resumiam os diversos planos:

Quadro I
Planos Nacionais Automobilísticos

	Decreto		Etapas de Realização*				
Tipos de Veículos	Nº	Data	31-12-56	1-7-57	1-7-58	1-7-59	1-7-60
Caminhões	39.568	12-7-56	35%	40%	65%	74%	90%
Jipes	39.569	12-7-56	50%	60%	75%	85%	95%
Camionetas, caminhões leves e furgões	39.676-A	30-7-56	40%	50%	65%	75%	90%
Automóveis de Passageiros	41.018	26-2-57	_	50%	65%	85%	95%

*Porcentagens de peças de fabricação nacional sobre o peso do veículo completo.
Fonte: Secretaria Executiva do GEIA.

Quanto à estrutura técnica interna dos projetos a estimular, pareceu mais recomendável seu desenvolvimento em sentido horizontal, isto é, o estabelecimento de entidades montadoras dedicadas à produção de alguns órgãos dos veículos (cabinas, carroçarias e motor), recorrendo-se intensamente a subcontratadores que se incumbiriam da produção especializada das demais peças e partes.

Explicava-se a preferência pelas entidades privadas no setor automobilístico em face do critério, geralmente seguido como política geral do governo brasileiro, de apenas intervir diretamente no setor de produção a título supletivo, quando esgotadas as possibilidades de atração de investidores e empresários particulares. Não ocorrendo essa condição descrita e, bem ao contrário, parecendo haver sensível interesse da iniciativa privada, nacional e estrangeira, pelo setor automobilístico, a indicação feita se justificava plenamente.

8. O funcionamento expedito e desburocratizado do GEIA

Cabia ao secretário-executivo preparar e enviar com antecedência aos membros do GEIA o material a ser apreciado nas reuniões, bem como dirimir dúvidas ou eventuais falhas do processo. Um dos membros era escolhido relator de cada caso, e em seguida se discutiam os pontos merecedores de maior atenção. Chegava-se então ao consenso, e a cada membro cabia a implementação das medidas necessárias à agilização do processo em seu órgão de origem. Quando o GEIA o aprovava, automaticamente o projeto estava aprovado nos diversos órgãos oficiais envolvidos.

Logicamente cada membro tinha um preposto que se dedicava em tempo parcial às atividades afetas do Grupo Executivo. O preposto do presidente era o secretário-executivo, e esse pequeno comitê de prepostos era formado por elementos cedidos pelos diversos órgãos oficiais. Existia uma preocupação de não eternizar o GEIA: se o seu objetivo era implantar a indústria automobilística, então teria uma vida tão longa quanto o tempo de consolidação do setor.

A infra-estrutura burocrática era muito pequena, no máximo seis funcionários de apoio (secretário, datilógrafos, mensageiros), e as característica básicas deviam ser dinamismo, eficiência, agilidade e poder de decisão.

Na verdade, com o tempo e na medida em que os critérios ficavam completamente claros e explícitos, as decisões passaram a ser tomadas pelo próprio comitê de prepostos. Esses funcionários tinham muita afinidade com os representantes efetivos, bem como conhecimento e intimidade com os trâmites burocráticos, normas e procedimentos dos órgãos que representavam. O objetivo era resolver, decidir, porque tínhamos muita pressa, precisávamos construir cinqüenta anos em cinco.

Os procedimentos, critérios e normas, embora tão claros e objetivos que permitiam ao pequeno comitê de prepostos tomar as decisões, não impediam constantes cobranças dos representantes efetivos. Existia muito interesse em que as coisas caminhassem. O próprio presidente JK anotava em seu famoso caderninho negro as datas dos principais eventos e constantemente argüia o presidente do GEIA em despachos de rotina. Várias vezes ligava para a secretaria-executiva conferindo datas e cronogramas.

O jogo era completamente aberto, os representantes das empresas com projeto em análise pelo GEIA eram convidados a participar das reuniões de trabalho, podiam explicar, defender pontos-de-vista, tudo muito franco, porque as regras eram claras e não havia o que esconder.

Nas primeiras negociações, experimentamos certa timidez. Apesar do completo domínio do programa de metas, receávamos e superestimávamos a competência dos representantes estrangeiros, o que logo verificamos ser completamente infundado. Existia um programa claro explicando o que se podia conceder e os critérios de definição dos direitos e obrigações das partes; assim os projetos se definiam com rapidez e inexistiam dúvidas. Na fase de implantação e início da produção dos projetos, como os benefícios concedidos e as exigências de produção mínima e grau de nacionalização progressiva eram muito claros, o controle se tornava fácil e não havia como fugir às obrigações contratadas. Tudo estava comprometido com os programas de governo de liberação de divisas, de atendimento à demanda por autoveículo, de suprimento das necessidades das montadoras pelos fabricantes de autopeças e da perspectiva de aumento de produção destes em relação aos comprometimentos de produção e nacionalização das montadoras.

Como todas as partes envolvidas tinham participado do processo, o descumprimento de uma obrigação logo afetava as outras, ou então a Cacex informava importações que não estavam previstas, às vezes camufladas como compra de revendedoras de peças para reposição. Mas não havia como camuflar, porque as peças importadas pelas montadoras formavam conjuntos (não eram importadas unitariamente), cujo conteúdo era devidamente listado e examinado previamente pela Cacex, que participava do GEIA. Não havia forma de descumprimento que não acionasse uma série de sinais vermelhos vindos das partes prejudicadas.

Também nunca se utilizaram de formas coercitivas para obrigar ao cumprimento das metas. Não era necessário, porque as metas eram completamente factíveis, e todos estávamos imbuídos da importância de nossa missão e do significado de seu sucesso para acelerar o processo de industrialização do país.

Um clima de desafio dominou o governo, e a implantação da indústria automobilística, sob a liderança positiva de Lúcio Meira, transformou-se sem dúvida na *menina dos olhos* de Kubitschek e uma espécie de pedra de toque do êxito do programa de industrialização.

9. A confiança no sucesso e os objetivos não anunciados

Para atingir os objetivos estabelecidos, adotaram-se políticas adequadas, das quais alguns aspectos foram explicitamente anunciados, enquanto outros, mais gerais e de significação mais profunda, foram deliberadamente mantidos em silêncio.

A partir do momento em que se conseguisse suficiente compreensão e aceitação desses objetivos, com todas as suas implicações, um princípio de ação nunca mencionado ou considerado passaria a prevalecer. A implantação da indústria automobilística não era um objetivo em si mesmo do governo e do esforço nacional, mas pretexto e base para alcançar objetivos de maior significação para a vida do país, tais como:

1. promover o estabelecimento de uma atmosfera de confiança por parte dos investidores de capital em outras atividades industriais (fossem esses investimentos nacionais ou estrangeiros), mediante as medidas corretas e eficientes adotadas no caso da indústria automobilística;
2. obter, com os investimentos de capital estrangeiro no setor automobilístico e outros setores de produção industrial no país, a transferência da respectiva tecnologia e *know-how* administrativo, inclusive a assistência espontânea de grupos empresariais estrangeiros a empresas nacionais, novas ou já existentes, das quais dependessem como supridores;
3. destruir de uma vez por todas os complexos que dominavam o povo brasileiro no que se refere à capacidade do país para desenvolver sua indústria automobilística e as indústrias de que esta depende e nas quais se apóia;
4. demonstrar dentro e fora do país a maturidade administrativa já alcançada, mediante atitudes e sadia orientação no planejamento da implantação da indústria automobilística, mostrando com isso, e em razão dessa maturidade, que problemas semelhantes poderiam receber o mesmo tratamento adequado;

5. mediante o exemplo de um tratamento abrangente, eficiente, justo, ainda que rigoroso, dos projetos relacionados com a implantação da indústria automobilística, segundo planos governamentais, estimular a aplicação de capitais estrangeiros no Brasil, não apenas na indústria automobilística mas também em outros setores, e tentar atrair da mesma forma capitais nacionais aplicados até então em outros empreendimentos de menor interesse econômico;
6. realizar, aproveitando a oportunidade da implantação da indústria automobilística, uma experiência administrativa inovadora, mediante a adoção de um modelo de ação governamental, que serviria de exemplo adotado futuramente pelo governo como norma de ação, tendo em vista a quantidade e os resultados prontamente alcançados.

A idéia dominante foi, portanto, a confiança no sucesso do esforço para implantar a indústria automobilística no Brasil e, assim, considerando-a um objetivo atingido, procurar ir além, na mesma base, empreendendo outras campanhas das quais resultaria uma expansão mais acelerada da atividade produtora no país. Tão importante quanto a viabilidade econômica da meta a atingir era o seu arrebatamento simbólico.

10. A aceitação das maiores fábricas do mundo

O processo de nacionalização da produção automobilística, segundo normas concebidas e executadas no Brasil, contou com ampla aceitação pelas maiores fábricas do mundo e estimulou a nascente indústria de autopeças, de capital preponderantemente nacional. Houve grande preocupação de preservar e motivar a expansão das empresas nacionais já implantadas (pequenas, médias e grandes), para que se desenvolvesse um modelo de integração horizontal.

Entre 1956 e 1957 o GEIA aprovou dezoito projetos para fabricação de veículos, dos quais onze se efetivaram, com a seguinte participação acionária, segundo sua origem:

Capital predominantemente nacional

- Willys (jipes, automóveis de passageiros)

- Vemag (caminhões, utilitários, automóveis de passageiros)
- FNM (caminhões, automóveis de passageiros)

50% de capital nacional
- Mercedes Benz (caminhões e ônibus)
- Simca (automóveis de passageiros)

Capital controlado do exterior
- Ford (caminhões, automóveis de passageiros)
- General Motors (caminhões, utilitários, automóveis de passageiros)
- International Harvester (caminhões)
- Scania Vabis (caminhões)
- Toyota (jipes)

Em 1966 a Chrysler comprou 92% da Simca na França, e a Volkswagen absorveu a Vemag. Em 1967 a Ford assumiu o controle da Willys, mediante compra de ações da Kaiser e da Renault, e a Alfa Romeo passou a controlar a Fábrica Nacional de Motores (FNM).

Oito projetos aprovados pelo GEIA deixaram de ser realizados, por não-cumprimento das exigências estabelecidas:

- Rover do Brasil, S.A Indústria e Comércio (da Land Rover Jipes, inglesa)
- Máquinas Agrícolas Romi S.A (Romi BMW – automóveis de passageiros. A firma produziu o automóvel de passageiros Romi-Iseta, fora dos planos do GEIA)
- NSU – Brasileira S.A, Indústria e Comércio de Veículos Motorizados (automóveis de passageiros Prinz)
- Indústria Nacional de Locomotivas (INL) (caminhões Krupp)
- Borgward do Brasil S.A (automóveis de passageiros Isabella)
- Chrysler-Willys do Brasil S.A (automóveis de passageiros Savoy)

Sob o estímulo do sucesso já evidente dos planos nacionais automobilísticos, juntaram-se as reivindicações de fabricantes de tratores agrícolas em perspectiva e dos próprios agricultores que, por diversos meios, fizeram sentir ao governo a necessidade de retomar os estudos nesse sentido, iniciados em 1958.

A produção de tratores em bases econômicas só seria possível quando os subcontratadores – como, por exemplo, os fabricantes de eixos, rodas, motores, embreagens, caixas de mudança etc. – estivessem com seus equipamentos em franca produção e com melhor produtividade. Então o ônus normal do início de fabricação daquelas máquinas agrícolas já estaria definido em uma produção de caminhões, jipes, utilitários e automóveis consideravelmente superior.

Foi assim que em 1959, com a implantação da indústria automobilística quase definida, se tornou possível expedir o Decreto nº 47.473, que estabeleceu o Plano Nacional para a Fabricação de Tratores. Sua minuta foi objeto de amplas discussões com os representantes dos diversos setores interessados, assim como em dois simpósios sobre fabricação de tratores, um em Piracicaba (em outubro de 1959) e outro em São Paulo (em novembro do mesmo ano), nos quais teve relevante participação o professor Hugo de Almeida Leme, à época catedrático de Mecânica e Máquinas Agrícolas da Escola Superior de Agricultura Luiz de Queiroz, da Universidade de São Paulo.

Nos termos desse decreto e no prazo estabelecido, isto é, até 31 de janeiro de 1960, foram apresentados ao GEIA vinte projetos de fabricação de tratores por firmas sediadas em nove países. Das dez marcas que tiveram projetos aprovados, quatro se consolidaram: Massey-Ferguson, Valmet, Ford e CBT (antiga fabricante do Case).

Finalmente, a 25 de junho de 1962 foram expedidos quatro decretos no âmbito do Geimar (Grupo Executivo da Indústria de Máquinas Agrícolas e Rodoviárias), um irmão gêmeo do GEIA, que constituíam, por assim dizer, o fecho de um processo de normas específicas, iniciado em 16 de junho de 1956, pelo Decreto nº 39.412, para criação da indústria automobilística brasileira.

Ao amparo desses decretos se aprovaram os projetos da Huber Warco e da Caterpillar (para fabricação de motoniveladoras), da Komatzu (para fabricação de tratores de esteiras), da Marukyu (Kobota Tekko) e da Yanmar (para fabricação de cultivadores motorizados).

11. A produção e os investimentos realizados

Durante os quatro anos e meio abrangidos por seu período de implantação, de acordo com os Planos Nacionais Automobilísticos (1957 até junho de 1961), a indústria automobilística em funcionamento no Brasil produziu um total de 393.352 unidades, assim distribuídas:

Quadro II
Produção da Indústria Automobilística no Brasil
1957/1961 (até junho)

Veículos	1957	1958	1959	1960	1961 (até junho)	Total
Caminhões pesados	3.372	4.447	3.344	4.181	1.811	17.155
Caminhões médios e ônibus	15.475	26.479	36.312	37.518	12.653	128.437
Caminhões leves	1.008	4.682	7.908	9.931	5.585	29.114
Jipes	9.201	14.322	18.178	19.516	8.925	70.230
Utilitários	1.554	9.010	18.500	24.091	15.502	68.657
Automóveis	0	2.189	12.001	37.943	27.726	79.759
Total	**30.700**	**61.129**	**96.243**	**133.078**	**72.202**	**393.352**

Fonte: Secretaria Executiva do GEIA.

Porcentualmente, no período, a produção foi de: caminhões pesados, 4,4%; caminhões médios e ônibus, 32,6%; caminhões leves, 7,4%; jipes, 17,9%; utilitários, 17,4%; e automóveis, 20,3%.

Já nos situávamos em 10º lugar no mundo, tendo superado mesmo a produção de um país altamente industrializado como a Suécia.

Quadro III
Produção Por Empresa
1957/1961 (até junho)

	Nº de unidades
Fábrica Nacional de Motores	13.627
Ford Motor do Brasil S.A	59.685
General Motors do Brasil S.A	55.136
International Harvester Maq. S.A [1]	2.989
Mercedes-Benz do Brasil S.A	39.360
Scania-Vabis do Brasil S.A [2]	570
Simca do Basil S.A	7.721
Toyota do Brasil, Ind. Com. Ltda [3]	784
Vemag S.A . Veículos e Máq. Agric.	28979
Volkswagen do Brasil S.A	73.669
Willys-Overland do Brasil S.A	110.832
Total	**393.352**

(1) Somente começou a produzir em setembro de 1958.
(2) Passou a funcionar como empresa independente a partir de julho de 1960; antes operava conjuntamente com a Vemag.
(3) Por motivos técnicos, paralisada desde 1960.
Fonte: Secretaria Executiva do GEIA.

O conjunto de fábricas ocupava uma área construída de cerca de um milhão de metros quadrados, e nelas estavam empregadas aproximadamente 35 mil pessoas, o que equivale a dizer que umas 175 mil pessoas viviam, àquela época, amparadas por esse setor da economia.

Percentualmente, era a seguinte a distribuição da mão-de-obra, qualificada ou não, na indústria de fabricação de veículos:

Quadro IV
Mão-de-obra Empregada na Fabricação de Veículos (junho de 1961)

Funções	%
Cargos de direção	1,8
Engenheiros	0,7
Técnicos	1,5
Mestres e inspetores	3,6
Operários qualificados	18,2
Empregados de escritório	13,2
Operários semi qualificados	38,0
Operários não-qualificados	23,0
Total	**100,0**

Fonte: Secretaria Executiva do GEIA.

O valor da produção em dólares situava-se em torno de 1 bilhão e 100 milhões, em cálculo prudente e conservador. Em moeda nacional e à média, baixa, de 600.000/620.000 cruzeiros por veículo, ascendia a cerca de Cr$ 250 bilhões.

Os investimentos aprovados pelo GEIA até agosto de 1960 para fabricantes de veículos estavam assim estruturados:

Quadro V
Investimentos Aprovados pelo GEIA para Fabricação de Veículos

	US$ 1.000
Investimentos diretos (sem cobertura cambial) para importação de máquinas e equipamentos	133.959
Financiamentos obtidos no exterior para importação de máquinas e equipamentos	35.284
Total	**169.243**
Investimentos em terrenos, construções e equipamentos nacionais	US$ 8,5 bilhões

Fonte: Secretaria Executiva do GEIA.

Capítulo VIII

A indústria de autopeças

1. O esforço de empresários nacionais

Antes da aprovação pelo presidente Vargas do relatório da Subcomissão de Jipes, Caminhões, Tratores e Automóveis da Comissão de Desenvolvimento Industrial, a indústria de autopeças vivia em situação relativamente precária, experimentando apenas fraca expansão de uns poucos segmentos. O reduzido equipamento de que dispunham as fábricas existentes só lhes permitia produzir algumas peças utilizadas pelas empresas montadoras dos veículos importados CKD e outras cujos índices tecnológicos, sem satisfazer às severas exigências de uma verdadeira indústria automobilística, não impediam seu emprego como peças de reposição. A instabilidade do mercado não possibilitava a essas fábricas, com poucas exceções, a adoção de uma segura política de investimentos para aquisição de equipamentos. Essa situação só começou a mudar, embora lentamente, com a expedição do Aviso nº 288 da extinta Cexim, que veio garantir mercado para o produto nacional. Sem investimentos seguros, as fábricas preexistentes não podiam operar em bases econômicas e em níveis tecnológicos satisfatórios. A aquisição do ferramental e dos equipamentos, de custo bastante elevado, que não se justificava para a simples produção de peças de reposição, tornou-se imperativa, porém, com a implantação da indústria de fabricação de veículos, que deu grande impulso ao setor de autopeças. Por outro lado, a implantação dessa indústria aumentou a responsabilidade dos fabricantes de autopeças, dos quais se exigiu uma melhoria qualitativa dos produtos, dentro de margem de tolerância assaz exigente.

A indústria de autopeças que possuíamos já ao final do período de implantação da indústria automobilística era muito diferente, por isso mesmo, da que existia antes da execução dos planos automobilísticos. Diversificou-se e tornou-se mais ampla e moderna, embora ainda comportasse, como é natural, complementações que permitiam obviar alguns pontos de estrangulamento, como nos setores de forjados, diferenciais e caixas de mudança, itens que tiveram sua demanda sensivelmente acrescida com a implantação da indústria de tratores, em funcionamento no final do programa. Mas, de modo geral, a indústria de autopeças cobria satisfatoriamente, já no final de 1960, as necessidades da indústria automobilística nacional.

Todo esse progresso foi atingido à custa do esforço financeiro dos próprios empresários, pois o auxílio creditício do governo aos fabricantes de autopeças, de 1954 até final do programa de implantação da indústria automobilística, foi de apenas 324 milhões de cruzeiros, em empréstimos concedidos pelo BNDE com relação a uns poucos projetos, como observamos anteriormente.

Para que se possa aquilatar a importância desse setor industrial, basta mencionar que, já em dezembro de 1956, os investimentos nas diversas indústrias de autopeças eram estimados em US$ 117,1 milhões, enquanto os investimentos existentes na mesma data para a fabricação de veículos atingiam apenas US$ 90,5 milhões, o que demonstra que aquele setor absorvia investimentos mais significativos que as próprias montadoras de veículos.

Assim, ao contrário do que sucedeu nos Estados Unidos e na Europa, a indústria de fabricação de veículos propriamente dita, ao se implantar no país, já encontrou uma indústria de autopeças em franco desenvolvimento, em resultado preponderantemente do esforço de capitais e empresários nacionais.

O governo não só reconheceu essa situação, como também, por intermédio do GEIA, procurou preservá-la em seus contornos gerais. Enquanto a fabricação de veículos propriamente dita, por exigir investimentos mais vultosos por unidade fabril e técnicas apuradas, é um setor em que preponderam os capitais estrangeiros, na indústria de autopeças havia preponderância de capitais nacionais.

Previa-se na época que, ao se atingir a meta então estipulada para 1960, os investimentos na indústria de autopeças deveriam continuar sendo, como em 1958, maiores que os recursos aplicados na fabricação de veículos, a saber, aproximadamente US$ 400 milhões, contra US$ 300 milhões.

2. Obstáculos enfrentados

Naturalmente, alguns obstáculos poderiam se antepor à execução desses desígnios. O primeiro, de ordem técnica, estava diretamente relacionado com o prestígio de certas marcas de renome internacional, estreitamente vinculadas a tradicionais fabricantes de veículos. Estes procuravam, por questão de segurança e outros interesses, utilizar na medida do possível os mesmos produtos, atraindo seus fabricantes a produzir no Brasil ou a conceder licença de fabricação a empresas nacionais.

O rigor na observância de padrões de tolerância na fabricação de autopeças constituía, naturalmente, uma preocupação maior das montadoras, sobretudo se considerarmos que nem sempre tais padrões eram observados na fase em que a sua produção se destinava exclusivamente ao mercado de reposição. Por isso, em alguns casos o fabricante do veículo demonstrava certa tendência a produzir algumas dessas peças, em lugar de adquiri-las de subcontratadores.

Outro fator que atuava no sentido oposto ao da integração horizontal da indústria automobilística era de ordem financeira. Fora de dúvida, os fabricantes de veículos, dadas as suas próprias ligações com fontes internacionais de capitais e de *know-how*, tinham mais fácil acesso a elas que o empresário nacional. Assim, era provável que se viesse a assistir no futuro à formação de algumas empresas, no setor de autopeças, vinculadas técnica e financeiramente aos próprios fabricantes de veículos, frustrando de certa forma o propósito de promover uma verdadeira integração horizontal, no sentido não apenas industrial mas também técnico e financeiro.

Entretanto o fator que ameaçava mais diretamente a integração horizontal era de natureza fiscal, o que se chamava na época de tributação múltipla ou em cascata. Um imposto estadual (o de vendas e consignações) era cobrado cada vez que os materiais, produtos semi-acabados ou partes se transferiam de empresa a empresa em seu processo de transformação e um imposto federal (o de consumo) aplicava-se às partes acabadas que integravam o produto final e o próprio veículo, em alguns casos.

Esses problemas não passaram despercebidos ao GEIA e foram objeto de estudo para encontrar solução de caráter permanente.

Além disso, ao examinar os projetos que lhes eram submetidos, o GEIA procurava também evitar, na medida do possível, que essas influências negativas comprometessem a implantação da indústria automobilística no país de acordo com os planos estabelecidos.

As porcentagens de nacionalização, então atingidas pelos diversos programas pertinentes, atestam que estávamos ultrapassando, de modo geral, os níveis mínimos de realização previstos nos planos da indústria automobilística. Esse esforço de nacionalização era devido preponderantemente à indústria de autopeças, naturalmente orientada e estimulada pelas montadoras, que tinham prazos rígidos para incorporar aos veículos entre 17 e 18 mil peças já fabricadas ou a ser fabricadas no Brasil.

Um dos mais expressivos testemunhos desse esforço é o reconhecimento de William Max Pearce, executivo norte-americano e último presidente da Willys Overland do Brasil (mais tarde incorporada à Ford do Brasil), por ocasião das comemorações do 30º aniversário do GEIA, em 1986: "O que é mais memorável com respeito ao desenvolvimento da indústria automobilística é o fato de a indústria de autopeças ter alcançado metas que pareciam impossíveis e ter realizado milagres diariamente".

3. Projetos aprovados e investimentos realizados

O GEIA aprovou projetos destinados não só à ampliação de fábricas de autopeças como também à criação de novas indústrias. Assegurou, assim, a crescente nacionalização dos veículos, que em julho de 1960 já era superior a 90% e, em alguns casos, atingiu 97 a 99%.

Os investimentos das empresas fabricantes de autopeças que tiveram seus projetos aprovados pelo GEIA até junho de 1960, objetivando quer novas instalações, quer ampliações de empresas préexistentes, assim se classificavam, de acordo com a natureza dos recursos:

Quadro VI
Investimentos Aprovados pelo GEIA para Fabricação de Autopeças (até junho de 1960)

	US$ 1.000
Investimentos diretos (sem cobertura cambial) para importação de máquinas e equipamentos	99.306
Financiamento do exterior para Importação de máquinas e equipamentos	43.954
Investimentos em máquinas e equipamentos mediante concessão de câmbio de custo extra leilão	8.233
Investimentos em máquinas e equipamentos mediante licitação no leilão público de divisas	2.034
Total	**153.527**
Investimentos em terrenos, construções e equipamentos nacionais	Cr$ 8.000 milhões

Fonte: Secretaria Executiva do GEIA.

Esses números se referem aos fabricantes de autopeças que recorreram ao GEIA. O parque industrial de autopeças atingiu 1.300 fábricas, em meados de 1960, constituindo na realidade o embrião da indústria automobilística.

Para que se possa aquilatar sua importância, basta mencionar que já no inicío do programa do GEIA, em dezembro de 1956, os investimentos nas diversas indústrias de autopeças eram estimados em US$ 117,1 milhões, enquanto os investimentos na mesma data na fabricação de veículos atingia apenas a US$ 90,5 milhões.

A indústria de autopeças empregava, em 1960, cerca de 105 mil trabalhadores que, com os seus dependentes, totalizavam cerca de 525 mil pessoas. Percentualmente, era a seguinte a distribuição da mão-de-obra, qualificada ou não:

Quadro VII
Mão-de-obra Empregada na Fabricação de Autopeças
(em 1960)

Funções	%
Cargos de direção	2,5
Engenheiros	0,7
Técnicos	1,6
Mestres e inspetores	3,3
Operários qualificados	26,4
Empregados de escritório	16,9
Operários semiqualificados	27,3
Operários não-qualificados	21,3
Total	**100,0**

Fonte: Secretaria Executiva do GEIA.

Capítulo IX

Planejamento da substituição de importações

1. As dificuldades do balanço de pagamentos

A industrialização do Brasil tem sido, desde o princípio, fruto de um porfiado esforço de substituição de importações. Como causa desse esforço vamos sempre encontrar as dificuldades do balanço de pagamentos. Quando as divisas são escassas, quando os próprios alicerces da economia são sacudidos, o Brasil reage, ignorando as ponderações daqueles que, falando em nome de Mauá, esquecem de fato seus conselhos, pois o grande nume da indústria brasileira foi também um rebelde contra os dogmas da ciência econômica de seu tempo.

A incapacidade crescente de nosso balanço de pagamentos, após curto período de euforia no imediato pós-guerra, atingiu seu ponto crítico em 1953 e impôs redução drástica a nossas importações automobilísticas. Tal situação não se poderia manter por muito tempo sem criar um grande ponto de estrangulamento para a economia nacional, dada a participação cada vez mais ampla do transporte rodoviário na circulação de mercadorias e pessoas.

Emergia assim, como solução natural para o problema, a implantação da indústria automobilística brasileira. Garantia a exeqüibilidade dessa solução:

a) a existência de um mercado de dimensões suficientes para permitir a criação de uma indústria automobilística de escala econômica viável;

b) a existência de uma estrutura industrial suficientemente desenvolvida para possibilitar a implantação de uma verdadeira indústria de fabricação de veículos, em vez de uma simples indústria de montagem, como a que já começávamos a ter no início dos anos 50;

c) a possibilidade de atrair para a nova indústria capitais estrangeiros de modo a reduzir o impacto de sua implantação sobre o balanço de pagamentos.

A indústria automobilística brasileira, que essas premissas fadavam a um êxito seguro, foi exemplo de programação setorial que muito honra os técnicos nacionais. Partindo do fato de que a escassez de divisas estava em sua origem e de que seu agravamento poderia acarretar, pelo menos em prazo curto, um efeito indesejável para a execução do programa, buscou-se deliberadamente limitar o efeito apontado.

Ao levantar a história de nossa indústria automobilística, cabe acentuar que nesse setor não ocorreu o milagre da improvisação, como a muitos parece ainda hoje. Não, a indústria nacional de autoveículos, ao invés disso, nasceu de um longo e pertinaz esforço e resultou de estudos acurados que vinham sendo desenvolvidos desde 1952. Portanto, acusá-la de uma instalação apressada só pode ser julgamento de quantos ignoram ou ignoravam esse fato, ou então daqueles que, por impatriotísmo ou outros motivos, não têm pressa em ver o Brasil progredir e desenvolver-se.

Como vimos enfatizando, na implantação da indústria automobilística no Brasil procurou-se deliberadamente limitar o efeito indesejável da escassez de divisas sobre a execução do programa.

Os resultados colhidos – mesmo na fase de sua implantação – demonstram o êxito do programa desse ponto de vista, permitindo comparar o dispêndio total de divisas imposto naquele período com a liberação de divisas por ele facultado. A análise desse resultado revela, ao contrário do que injustamente se propala, que o dispêndio cambial da indústria automobilística, desde a sua instalação até seu pleno funcionamento, alcançou cifras relativamente reduzidas em confronto: a) com o significativo valor de sua produção; e b) com o valor dos veículos produzidos no país e o que seria necessário para a importação de igual quantidade, relação que muitos omitem, talvez propositadamente. Senão, vejamos.

2. Compromissos cambiais decorrentes da implantação da indústria automobilística

No período de 1957/1963, podem-se estimar os compromissos cambiais decorrentes da implantação da indústria automobilística no país como segue:

Quadro VIII
Compromissos Cambiais Decorrentes da Implantação da Indústria Automobilística
(1957 a 1963)

	US$ milhões
partes complementares	333,3
equipamentos financiados por fabricantes de veículos	35,3
equipamentos financiados para fabricantes de autopeças	44,0
importação de chapas de aço	75,0
importação de borracha	60,0
"invisíveis" –"royalties", assistência técnica e lucros de capitais estrangeiros (segundo dados do relatório CD-Cepal), transferíveis somente pelo mercado de taxa livre	112,0
Total	659,6
média anual de compromissos cambiais no período	94,2

Fonte: Secretaria Executiva do GEIA.

Os prazos de cobertura para importação de componentes, a maior parte do dispêndio – US$ 333,3 milhões –, foram escalonados para pagamento em sete anos, a partir de 1957; e no tocante às verbas correspondentes a equipamentos financiados (US$ 79,3 milhões), o dispêndio efetivo se realizou em prazo mais dilatado, graças a providências adotadas por recomendação do GEIA para financiamento no exterior, com prazos de oito anos (três de carência e cinco para pagamento do principal e juros).

Cumpre destacar ainda que foram superestimados, para evitar erro em favor da argumentação que vimos desenvolvendo, os dados concernentes à quota destinada à cobertura das importações de borracha, pois na verdade tais importações, em sua maior parte, seriam necessárias mesmo sem a indústria automobilística, uma vez que se destinam principalmente à reposição, no parque de veículos em circulação. Ora, a produção de veículos novos representava, no período sob exame, por ano, cerca de 15% do parque em circulação, de onde se conclui que o consumo de pneumáticos pela indústria automobilística é mínimo em comparação com as necessidades de reposição para a frota já existente.

O mesmo se pode dizer quanto às chapas de aço importadas, pois também não se destinam, na totalidade, ao fabrico de veículos, mas em boa parte ao atendimento da demanda global da indústria brasileira.

Cabe dizer, finalmente, que foi irrelevante, na fase de implantação, a remessa de lucros das fábricas de veículos, incluída no item *invisíveis*, já que em sua maior parte foram reinvestidos na própria indústria. O volume de remessas em anos futuros dependeria de nossa capacidade de manter o ritmo de industrialização do país naquele período; nessa hipótese, seria muito provável o reinvestimento em boa proporção, de tais lucros no Brasil.

3. A liberação de divisas

No período 1957/1963, portanto, a indústria automobilística instalada no Brasil ocasionou um dispêndio efetivo em moeda estrangeira no valor total, algo superestimado, como vimos, de US$ 659,6 milhões.

Vejamos, agora, a contrapartida dos compromissos cambiais assumidos:

Quadro IX
Liberação de Divisas
(1957 a 1963)

	US$ milhões
valor da produção nacional de veículos	2.328,6
equipamentos, sem cobertura cambial, para investimentos na fabricação de veículos	134,0
idem na fabricação de autopeças	99,3
Resultado global	2.561,9
Média anual do período	366,0

Fonte: Secretaria Executiva do GEIA.

O confronto entre o resultado global da indústria automobilística e os compromissos cambiais necessários para produzi-lo permite apurar o seguinte resultado efetivo:

Quadro X
Resultado Efetivo
Compromissos cambiais x liberação de divisas
(1957 a 1963)

	US$ milhões
resultado global	2.561,9
compromissos cambiais	659,6
resultado do aproveitamento dos recursos cambiais	1.902,3
Média anual do período	271,7

Fonte: Secretaria Executiva do GEIA.

Se considerarmos o preço médio do veículo importado na base de US$ 2.800,00, vigorante à época, a importação que teria sido possível, com o dispêndio cambial de US$ 659,6 milhões (montante dos compromissos em divisas para o programa do GEIA), giraria em torno de 235.571 veículos. Como no período 1957/63 (em que o GEIA coordenou o programa) o país produziu 831.649 veículos, depreende-se que com o mesmo dispêndio em divisas foi possível abastecer o mercado nacional com mais 596.078, ou seja, três vezes e meia a mais, além da incorporação ao parque industrial brasileiro de máquinas e equipamentos em valor superior a US$ 230 milhões.

Esse resultado deixa de computar o imponderável valor do *know-how* técnico e administrativo adquirido pela economia nacional. Também se deixou de considerar que os projetos aprovados incluem os valores investidos em moeda nacional em terrenos, construções, equipamentos nacionais etc., da ordem de Cr$ 8,5 bilhões para fabricação de veículos e de Cr$ 8,1 bilhões (somente até 30/06/60) para produção de autopeças.

A liberação de divisas, já tão expressiva na fase de implantação da indústria automobilística, deveria crescer ainda de forma acentuada com a continuidade, nos anos seguintes da execução dos projetos aprovados – e seus desdobramentos – principalmente porque cessariam praticamente as importações de peças e partes complementares, reduzir-se-iam as amortizações dos financiamentos obtidos no exterior, ou estariam grandemente reduzidas as importações de chapas de aço e borracha, em conseqüência da entrada em operação das usinas siderúrgicas da Usiminas e da Cosipa (além da ampliação das instalações da CSN) e das fábricas de borracha sintética da Petrobrás.

Do exposto, pode-se concluir que o esforço cambial realizado pela economia nacional para a implantação da indústria automobilística foi praticamente nulo, visto que sem sua instalação e para que se pudesse oferecer ao mercado a mesma quantidade de veículos produzida, teria o país despendido importância em divisas consideravelmente superior, ou então teria despendido o mesmo volume de divisas e incorporado à economia nacional quantidade muito menor de veículos. Mas isto não é tudo, porque também não teríamos proporcionado à economia brasileira os numerosos e surpreendentes efeitos promocionais, diretos e indiretos, que a indústria automobilística ensejou.

Vale notar, a esse respeito, que não foi considerado nos cálculos supramencionados o fator liberação de divisas em outros setores da atividade nacional beneficiados com a instalação da indústria automobilística, valor que vai crescendo, graças ao potencial da infra-estrutura resultante, que se estende também à produção de máquinas de vários tipos, de construção naval, aparelhos eletrodomésticos, além de contribuir para o aumento da capacidade de usinagem, forjados, fundidos etc., cujas máquinas e equipamentos importados não se destinam exclusivamente a fortalecer a indústria automobilística mas todo o parque industrial brasileiro.

Pode-se afirmar que a indústria automobilística demonstrou, de um lado, a potencialidade de seus efeitos promocionais e, de outro, que é possível reduzir diariamente os indesejáveis efeitos de curto prazo da industrialização sobre o balanço de pagamentos, o que só por si constitui um êxito indiscutível. Isso significa que conseguimos dominar a contradição fundamental de nossa industrialização, representada pela falta de divisas e, portanto, pela pressão sobre o balanço de pagamentos, com a importação de bens de capital, evidenciando que ela podia se desenvolver com recursos de que dispúnhamos.

Esse esforço não foi acidental. Foi fruto de uma programação cuidadosa, que mobilizou um vasto potencial adormecido no seio da economia brasileira.

Tal esforço, que envolve a dinamização da capacidade de poupança e a utilização de capacidade produtiva antes ociosa, teria sido impossível se, em vez do esquema horizontal adotado, se tivesse preferido, como muitos aconselhavam, o esquema de integração vertical. Se a missão de criar a indústria automobilística no Brasil tivesse sido confiada a dois ou três projetos verticalmente integrados e não se tivesse articulado mais de mil empresas grandes e pequenas, desdobrando assim o esforço de formação de capital em centenas de outros e permitindo a cada empresa utilizar os meios financeiros e materiais a seu dispor, talvez a economia nacional não tivesse resolvido o problema.

A experiência com a implantação da indústria automobilística no Brasil evidenciou que podemos limitar consideravelmente os efeitos indesejáveis da industrialização sobre o balanço de pagamentos, mesmo em prazo tão curto como um qüinqüênio, e que o esforço de capitalização da economia local pode ser significativamente ampliado, desde que se adotem os esquemas adequados.

Capítulo X

A relação custo x benefício

1. Receitas ficais e custos dos subsídios

Mesmo nos primeiros cinco anos da indústria, o montante de impostos pagos pelas montadoras de veículos, tanto em nível federal quanto estadual e municipal, mais do que compensaram os subsídios indiretos que receberam. Em meados de 1960, os custos de produção e os preços começaram a declinar, assim como as margens de lucro. Portanto os incentivos indiretos concedidos à indústria não representaram um subsídio sem retorno, uma vez que o Estado, em última análise, recuperou-os com receitas posteriores significativamente ampliadas.

As receitas fiscais recolhidas apenas das montadoras estão relacionadas a seguir:

Quadro XI
Impostos Pagos pelos Fabricantes de Veículos

	Impostos pagos	Subsídio
1957	Cr$ 0, 984 bilhões	Cr$ 2,5 bilhões
1958	3,3	6,3
1959	6,8	13,5
1960	12,1	6,0
1961	18,9	
1962	32,6	
1963	80,9	
Total	**155,5**	**28,3**

Fonte: Secretaria Executiva do GEIA.

Nos exercícios subseqüentes o recolhimento de impostos pelo setor cresceu a cada ano, passando de NCr$ 226.425.000 em 1965 a NCr$ 2.064.012.224 em 1971.[65]

O que é mais relevante nesses números é que as receitas fiscais superam os custos dos subsídios já a partir de 1960. Cabe notar que praticamente todos os subsídios cessaram a partir de 1961. Pouquíssimos investimentos foram feitos depois dessa data, até que o segundo ciclo de expansão da indústria se iniciasse em 1967. Também os diferenciais das taxas de câmbio que beneficiavam as importações deixaram de ser praticados, em função da reforma do sistema cambial. Portanto, toda a receita fiscal arrecadada depois de 1960 constituiu ganho líquido do setor público.

Além disso, até a reforma tributária de 1967, que aboliu o imposto em cascata sobre o valor adicionado, o total de impostos arrecadados como decorrência da fabricação de veículos no país foi muito maior do que os pagos diretamente pelas montadoras, uma vez que fabricantes de veículos e de autopeças eram tributados em cada estágio de produção e distribuição. O total de impostos pagos, incluindo pelos subcontratadores (fabricantes de autopeças) e pelo comércio revendedor, correspondeu a 26,9% do preço final de venda do veículo em 1962 (30,7% para automóveis, 23,44% para caminhões). A carga tributária no Brasil era de aproximadamente 20% do PIB no início de 1960 e de 24% em 1966. O setor automobilístico, portanto, era tributado com taxa superior à taxa média.

A receita gerada pelo complexo industrial e comercial automobilístico cresceu à medida que o volume de vendas se expandia. Mas as alíquotas fiscais também se elevaram. Assim, os impostos correspondiam a uma significativa e crescente parcela das vendas de veículos nesse período. Os automóveis eram tributados com alíquotas superiores às dos caminhões. Em 1962, os impostos absorviam 17,05% dos custos industriais para

[65] SHAPIRO, Hallen. "State Intervention and Industrialization: the Origins of the Brazilian Automotive Industry" Yale University, 1988 (Abstract). O demonstrativo baseou-se em relatórios anuais da ANFAVEA e do Conselho de Desenvolvimento do GEIA (1958), incluindo apenas a fabricação de veículos que não tratores. Exclui ágios cambiais e imposto de renda, e abrange o recolhimento de quinze tributos, listados no documento original.

automóveis e apenas 9,87% para caminhões. Em 1964 esses números eram 23,2% e 11,0%, respectivamente.

A natureza do produto e do mercado foram os fatores que tornaram possível ao governo aumentar tanto as alíquotas dos impostos como o total da receita decorrente de sua incidência, uma vez que o uso do automóvel era restrito às classes de maior renda. Foi uma forma de praticar uma política de tributação progressiva, fato raro no Brasil.

Contudo, cabe notar que o Brasil também se teria beneficiado da arrecadação de impostos se tivesse continuado a importar veículos. Assim, é preciso deduzir as prováveis receitas de impostos sobre veículos importados do montante da receita tributária gerada por sua produção no país. Quantos veículos o Brasil teria importado se não houvesse produção local, não é fácil estimar com base nos dados referentes aos anos do pós-guerra, pois as importações do período refletem uma demanda reprimida.[66] É necessário ainda considerar que, devido à escassez de divisas, não teria sido possível manter grandes volumes de importação. Não há dúvida, portanto, que a quantidade de veículos importados seria menor que a produzida internamente.

Para estimar a receita líquida de tributos gerada pelos veículos produzidos no Brasil, admita-se que tivesse sido possível importar anualmente[66] uma quantidade média de 40 mil veículos. A receita líquida ainda seria, como mostra o Quadro XII, superior ao valor dos subsídios, embora por margem menor.[67]

---

[66] A importação média de veículos no período 1946/1956 girou em torno de 48 mil unidades. Essa amostra inclui 1951 e 1952, anos de liberalização de importações.

[67] SHAPIRO, Helen. "State Intervention and Industrialization: the Origins of the Brazilian Automotive Industry", Yale University, 1988 (Abstract).

Quadro XII
Receita Tributária Líquida Gerada pela Produção Nacional de Veículos

	(1) Veículos produzidos	(2) Impostos Cr$ bilhões	(3) Impostos por veículos Cr$	(4) Veículos produzidos menos 40.000	(5) Receita tributária Cr$ bilhões
1957	30,542	0,984	32,218	_	_
1958	60,983	3,3	54,113	20,983	1,135
1959	96,114	6,8	70,749	56,114	3,970
1960	133,041	12,1	90,949	93,041	8,462
1961	145,584	18,9	129,822	105,584	13,707
1962	191,194	32,6	170,507	151,194	25,8

Fonte: SHAPIRO, Helen. "State Instervention and Industrialization: The Origins of the Brasilian Automotive Industry" Yale University, 1988.

O que se pode observar desses dados, conseqüentemente, é que vigorou um programa circular autofinanciável: eram concedidos subsídios indiretos às firmas e os consumidores reimbolsavam o governo mediante o pagamento de impostos sobre a produção e o consumo.

Dada essa circularidade, bem como o fato de o valor dos impostos mais do que cobrir o dos subsídios, pode-se perguntar por que estes foram necessários. É que, no início do programa, considerou-se imprescindível oferecer aos investidores uma prova de que o Estado estava disposto a absorver todo o risco envolvido na implantação da indústria. Com a garantia dos subsídios, as empresas sentiram-se protegidas contra eventual comportamento negativo do mercado. No caso de fracasso, o Estado absorveria todas as perdas.

2. Os preços

Entre as questões controvertidas relacionadas com a implantação dos Planos Nacionais Automobilísticos, a que se refere aos preços dos veículos foi a que mais deu origem a críticas a esse setor industrial, a suas empresas e às decisões do governo de promover a fabricação local desses produtos.

Houve também críticas violentas aos freqüentes aumentos de preços ocorridos na fase de implantação da indústria, de 1957 até fins de 1960, que consideravam essa prática abusiva, por não guardar proporção com a elevação geral de preços para todas as utilidades no Brasil, inclusive salários.

Para a formação de um juízo seguro sobre a evolução dos preços dos veículos nacionais, convém preliminarmente confrontá-la com alguns índices básicos, tais como custo de vida, nível geral de preços e salário mínimo, conforme o Quadro XIII.

Quadro XIII
Evolução Comparativa de Alguns Índices Econômicos e dos Preços dos Veículos Nacionais

	Janeiro 1960	Novembro 1961	Aumento %
Índice de custo de vida	665	1184	78,0
Índice geral de preços	654	1189	81,8
Salário mínimo (em Cr$ 1.000)	5,9	13,22	124,1
Índice de preços dos veículos nacionais (ao público) (*)	100	152,9	52,9

(*) O índice de preços de venda (ao público) dos veículos nacionais é calculado através dos seguintes preços médios, ponderadas as quantidades produzidas:

	(Cr$ 1.000) Janeiro 1960	Novembro 1961	Aumento %
Caminhões pesados	1.614	3.951	144,8
Caminhões médios e ônibus	873	1.717	96,7
Caminhões leves	644	1.050	63,0
Jipes	464	722	55,6
Utilitários	593	837	41,1
Automóveis	616	879	42,7

Fontes: Secretaria Executiva do GEIA e *Conjuntura Econômica*, FGV – Ano-base: 1948 – 100.

Como se verifica, o aumento médio de 52,9% nos preços dos veículos nacionais foi expressivamente inferior aos índices básicos aqui tomados como termo de comparação, os quais refletem a evolução da conjuntura econômica brasileira.

Por outro lado, o Quadro XIV evidencia que, em termos reais, isto é, considerada a desvalorização monetária acentuada pela inflação, o preço pago em novembro de 1961 pelo usuário do veículo nacional situa-se em nível quase sempre favorável em relação ao preço de janeiro de 1960.

Quadro XIV

Comparação entre os preços dos veículos nacionais em janeiro de 1960 e novembro de 1961, em termos reais mediante correção da desvalorização monetária de 45,0% verificada no período*

Preço médio ponderado	Preço Janeiro 1960 Cr$ 1.000	Preço Novembro 1961 Cr$ 1.000	Preço real Novembro 1961 Cr$ 1.000
Caminhões pesados	1.614	3.951	2.173
Caminhões médios e ônibus	873	1.717	944
Caminhões leves	644	1.050	578
Jipes	464	722	397
Utilitários	593	837	460
Automóveis	616	879	483

*Fontes: Secretaria Executiva do GEIA.
Conjuntura Econômica – Bases: índice geral de preços.

Contribui ainda para elucidação da questão dos preços o confronto entre os preços dos veículos nacionais e os dos tipos similares fabricados no exterior. O Quadro demonstrativo XV espelha a síntese dessa comparação.

Quadro XV
Comparação entre o Preço do Veículo Importado e o Nacional em novembro de 1961

Cr$ 1.000

TIPOS	Veículo importado sem direitos aduaneiros				Nacional	Veículo
	(1)	(2)	(3)	(4)	(5)	(6)
Preço médio dos caminhões pesados	3.779	80	498	4.357	3.951	- 406
ídem dos caminhões médios e ônibus	1.946	44	263	2.253	1.717	-536
ídem dos caminhões leves	852	19	133	1.004	1.050	+46
ídem dos jipes	831	16	114	961	722	-239
ídem dos utilitários	800	17	118	943	837	-106
ídem dos automóveis	677	15	160	852	879	+27

(1) Valor CIF Santos;
(2) Despesas portuárias;
(3) Despesas fiscais e financeiras;
(4) Preço final ao público;
(5) Preço ao público;
(6) + ou – em relação ao veículo importado;
Fonte: Secretaria Executiva do GEIA.

O confronto apresentado evidencia que, mesmo na hipótese de isenção do imposto aduaneiro para o veículo importado, os preços dos nacionais eram mais vantajosos para o comprador brasileiro na maioria das categorias de veículos.

É preciso considerar também que a escala de produção nacional, em sua etapa de implantação, não havia atingido – como é natural – o volume de produção da indústria automobilística estrangeira, surgida nas primeiras décadas do século 20. Como ocorreu com a indústria similar alienígena, só o aumento do volume de produção possibilitará maior absorção de custos de fabricação e, em conseqüência, redução dos preços unitários.

A verdade, no entanto, é que, enquanto os impostos aumentavam como porcentagem do custo total, a fatia dos lucros caía. Os números revelam também que os custos de fabricação de veículos no Brasil e seus preços reais de venda caíram ao longo do tempo. Assim, as rendas dos usuários não foram simplesmente transferidas das empresas para o Estado mediante carga tributária crescente. Ao contrário, a significativa capacidade ociosa intensificou a competição, e a crescente sensibilidade da demanda em relação aos preços forçou as empresas a transferir parte de suas margens de lucros ao consumidor e a absorver parte da incidência de impostos.

Constitui elemento importante para avaliar a composição dos preços dos veículos nacionais o exame do destino do resultado bruto das vendas realizadas pelos fabricantes de veículos, de seus produtos e serviços correlatos.

O Quadro XVI, elaborado com base na análise das demonstrações das contas de lucros e perdas das empresas, no exercício de 1960, fornece um panorama da destinação das referidas vendas.

Quadro XVI
Destinação das Receitas das Vendas de Veículos
(Exercício de 1960)

	Cr$ milhões	%
Matérias-primas e componentes adquiridos pelos fabricantes e aplicados nos produtos vendidos no exercício	55.607	60,5
Salários e benefícios trabalhistas	7.303	7,9
Despesas de fabricação incluindo despesas gerais	7.630	8,3
Depreciações e amortizações	3.812	4,1
Juros	2.949	3,2
Impostos	9.929	10,7
Lucro líquido	5.178	5,6
Total das Vendas	92.408	00,0

Fonte: Secretaria Executiva do GEIA.

A distribuição acima revela que a maior parcela do produto das vendas das fábricas de veículos se destinou ao pagamento a seus fornecedores, tanto de matérias-primas quanto de peças acabadas incorporadas aos veículos.

O segundo item mais expressivo, por seu montante, é o que diz respeito a impostos e taxas recolhidos pelas fábricas aos cofres públicos da União, Estados e Municípios. É preciso considerar que o montante expresso no quadro acima refere-se tão-somente aos impostos recolhidos diretamente pelos próprios fabricantes de veículos em suas operações, não incluindo os impostos cumulativos pagos pelos fornecedores, revendedores e acionistas. Os demais itens situam-se em escala decrescente, e o lucro líquido é inferior à contribuição direta da indústria automobilística aos cofres públicos. O valor dos impostos recolhidos será duplicado se forem computados os incidentes sobre as aquisições de autopeças na comercialização dos veículos.

A tendência à queda de preços se confirmaria, nos anos seguintes, graças ao maior volume de produção, não obstante o ônus crescente da carga tributária, o que resultou em margens decrescentes de lucro, como se pode observar no demonstrativo reproduzido no Anexo IV.

3. A qualidade dos veículos produzidos no Brasil

A qualidade dos veículos produzidos no Brasil foi outra barreira a vencer, principalmente na fase de implantação da indústria, baseada numa incipiente indústria de peças de reposição.

Depois da Segunda Guerra Mundial e em conseqüência do esforço que ela exigiu, a indústria já estava fabricando quantidade e variedade considerável de peças destinadas em sua quase totalidade ao mercado de reposição, no sentido de suprir, em situação de emergência, peças que deixaram de ser importadas durante a guerra e nos primeiros anos do pós-guerra.

Além da tradicional resistência ao produto nacional, de demorada superação, era natural que os padrões de qualidade de uma indústria implantada em tais condições nem sempre fossem comparáveis aos rígidos padrões da indústria estrangeira, cuja evolução se deu durante longos anos de aperfeiçoamento e, sobretudo, com empenho, desde seus primórdios, na fabricação de peças para linhas de montagem.

No Brasil a indústria de autopeças surgiu antes da indústria de veículos, uma vez que as incipientes montadoras que aqui foram chegando para atender a interesses meramente comerciais importavam o veículo praticamente completo, semimontado, com todas as peças fornecidas por suas matrizes.

Durante esse período é forçoso reconhecer que a indústria de autopeças – ressalvadas, naturalmente, as conhecidas exceções – não conquistou grande prestígio sob o aspecto de qualidade. A maior preocupação era, como não podia deixar de ser, atender quantitativamente à demanda em um mercado que repentinamente perdera suas fontes tradicionais de suprimento, constituídas pelo comércio atacadista importador vinculado às marcas de prestígio internacional.

Só com o início da montagem em maior escala, com a fabricação de veículos no Brasil, é que se passaram a considerar com maior rigor os padrões de qualidade e as margens de tolerância, enfim surgiu a preocupação com o prestígio da peça produzida no Brasil. Esse foi um dos principais efeitos promocionais da implantação da indústria automobilística: sendo uma indústria que requer técnica apurada e precisão, vinha criando no Brasil o hábito e, mais que isso, a necessidade imperiosa, de produzir segundo padrões rígidos, sem o que os fabricantes tradicionais de veículos aqui instalados não estariam dispostos a arriscar o prestígio de suas marcas.

Já em 1958 era possível afirmar que as peças nacionais incorporadas aos veículos aqui produzidos eram pelo menos de tão boa qualidade quanto as importadas, uma vez que, para atender aos índices de nacionalização em peso determinados pelos Planos Nacionais Automobilísticos, as montadoras gozavam de plena liberdade de escolha entre as empresas que satisfizessem suas próprias exigências de qualidade, regularidade de suprimento e, naturalmente, preço.

Esse rigor, como era óbvio, se estendia a todas as fases de fabricação das múltiplas partes que constituíam o veículo, até à fabricação de aços-ligas, forjaria, fundição, enfim, toda a tecnologia desse complexo industrial que a indústria automobilística constitui.

Embora a tarefa de promover o aperfeiçoamento e a qualidade das peças nacionais coubesse fundamentalmente à iniciativa privada, isto é, aos fabricantes de veículos, mediante permanente assistência técnica aos subcontratadores – um dos compromissos assumidos como contrapartida dos estímulos fiscais e cambiais e de exames e testes em seus próprios laboratórios — o GEIA não ficou indiferente ao problema. Mediante entrosamentos com nossos institutos de tecnologia, muito especialmente o Instituto Técnico de Aeronáutica, de São José dos Campos, e a Associação Brasileira de Normas Técnicas (ABNT), procurou coadjuvar a iniciativa privada, mantendo contato permanente com os fabricantes, sobretudo pequenos e médios, com o objetivo de conhecer o que vinha sendo produzido aqui, como se produzia e, quando necessário, orientando os industriais no sentido de atingir padrões de qualidade cada vez mais altos.

Ainda nesse setor, pode-se afirmar que os resultados foram amplamente satisfatórios. O prestígio do produto nacional se firmou dia a dia, cogitando-se mesmo de iniciarmos, já em 1958, a exportação em maior escala de uma longa relação de autopeças nacionais, que ofereciam condições satisfatórias e, em alguns casos excepcionais, de competição no mercado internacional.

Quase sempre o fator qualidade está intimamente relacionado com escala de produção. Por isso, preocupou-se o GEIA em manter a horizontalidade no processo de integração da indústria automobilística, com o propósito de especializar os fabricantes e atingir, conseqüentemente, o tríplice objetivo: maior quantidade, melhor qualidade e custos mais baixos. Em resumo, maior produtividade.

Para alcançar plenamente esse ideal de especialização, tínhamos ainda diante de nós uma grande tarefa, no sentido de promover ao máximo a padronização. Fabricávamos no Brasil, em 1958, veículos de sete nacionalidades diferentes. Naturalmente, os veículos aqui produzidos deviam, pelo menos durante alguns anos, seguir os padrões ditados pelas matrizes no exterior, o que em muitos casos criava óbices a um processo mais acelerado de padronização, quer dos tipos de aços especiais, quer das próprias peças aqui produzidas.

À medida que as peças iam se nacionalizando e, portanto, se reduzia a dependência de importações da indústria nacional, muito se poderia realizar no setor. Essa tarefa estava iniciada. Já conseguíamos padronizar, por exemplo, alguns tipos de rodas e eixos traseiros e prosseguíamos no estudo de outras peças, assim como na utilização dos mesmos tipos de aços especiais para peças em que ainda se exigiam ligas com especificações diferentes.

Como é fácil imaginar, tratava-se de tarefa com elevadas exigências de nível técnico e trabalho perseverante de laboratório, além de grande espírito de colaboração dos industriais. Esperávamos que o Instituto Técnico de Aeronáutica, por intermédio de seu Núcleo de Cooperação com a Indústria, e outros institutos de tecnologia do país viessem a representar, como de fato representaram, um papel importante na realização desse mister.

4. O esforço de exportação da indústria nascente

Em 1958 se cogitava seriamente de incrementar a exportação de produtos brasileiros, especialmente tendo em vista o apelo feito pelo ministro da Fazenda pela redução do déficit de nosso balanço de pagamentos. É oportuno tecer alguns comentários sobre as reais possibilidades de exportação da nascente indústria automobilística brasileira naquele momento. Já àquela época dizia o ministro da Fazenda, Lucas Lopes, que o nosso lema deveria ser exportar ou estagnar. E a indústria automobilística, que estava realizando um extraordinário esforço para atingir a meta programada pelo governo, não poderia ficar alheia ao problema.

Logo após esse apelo, o ministro Lúcio Meira, presidente do GEIA, determinou a criação de um grupo de trabalho com a incumbência de estudar as possibilidades de exportação de produtos automobilísticos.

O interesse dos fabricantes traduziu-se no apoio integral dos sindicatos de classe (o de veículos e o de autopeças), tendo-se então lançado as bases de um programa de exportação que exigiria novos esforços da indústria automobilística nacional. Dessa maneira, esse setor industrial concorreria para aliviar a pressão sobre o balanço de pagamentos.

Algumas exportações seriam iniciadas logo, como a do jipe Willys, cujo primeiro embarque para o Chile acabara de ser autorizado pela Cacex. Previa-se que, no decorrer de 1959, a América Latina poderia absorver 2.500 desses veículos. Outros entendimentos estavam em curso, novas exportações deveriam destinar-se à Indonésia, possivelmente de 5 mil unidades, naquele ano. Desses países, teríamos, respectivamente, chapas de aço e borracha, matérias-primas das mais essenciais para a indústria nacional.

Com a Instrução nº 167 da Sumoc, que autorizava negociar no mercado livre as divisas resultantes da exportação de produtos manufaturados (o câmbio estava então em torno de Cr$ 140,00/US$), as possibilidades de exportação de veículos e autopeças foram consideravelmente ampliadas, uma vez que as exportações vinham sendo negociadas à taxa de Cr$ 92,00, correspondente à quinta categoria no regime instituído pela Resolução 70[68]. A adoção da taxa do mercado livre para remunerar as exportações de veículos e autopeças era a principal reinvindicação dos industriais do setor.

Vários fabricantes de autopeças estudavam a viabilidade de exportação de seus produtos para Estados Unidos e Europa. Os produtores de peças daqueles países, com instalações dimensionadas para produção em mais larga escala, preferiam concentrar-se na produção em série para os veículos de modelos mais recentes, abrindo campo, assim, para os fornecimentos externos destinados aos veículos com mais de três anos de uso, cujo mercado de reposição era mais modesto e condizente com o padrão de nossa indústria.

Naturalmente se procuraria evitar que tais exportações prejudicassem o abastecimento do mercado interno. O fato em si seria em princípio benéfico, por propiciar maior utilização dos equipamentos instalados e, paralelamente, conduzir ao aprimoramento da produção interna.

No que se refere a veículos, teríamos de fazer aquilo que outros países fizeram, isto é, exportar ainda que com o sacrifício do mercado interno, segundo palavras do nosso ministro da Fazenda. Países economicamente mais fortes, como a Inglaterra, seguiram essa política no pós-guerra, visando ao equilíbrio de seus balanços de pagamentos.

O Brasil estava passando naquele momento por uma grande transformação em sua estrutura econômica: de país eminentemente agrícola estava se convertendo em país industrial, o que exigia sacrifícios. Coube a nossa geração o privilégio de realizar essa revolução e, consequentemente,

[68] De acordo com a Resolução 70 da Sumoc, de 9/10/1953, as divisas disponíveis para importação eram leiloadas nas bolsas de valores, em cinco categorias e cotações mínimas crescentes, inversamente proporcionais ao grau de essencialidade das mercadorias.

arcar com o ônus dos sacrifícios, na certeza de que uma estrutura econômica mais sólida evitaria futuras restrições ao consumo interno.

Em 1961, quando se reuniu em Montevidéu o Primeiro Período de Sessões da Conferência das Partes Contratantes da Alalc (Associação Latino-Americano de Livre Comércio), Ramiz Gattás e Sydney A. Latini representaram a indústria automobilística brasileira no evento. É oportuno transcrever este trecho do relatório que então apresentaram:[69]

> ... antes que se materializem os acordos de complementação, previstos pelo Tratado, deve ser considerada a viabilidade de acordos de cooperação, que permitam a instalação de linhas de montagem, com programas de nacionalização progressiva, nos países onde já despontam indústrias de autopeças. Faz-se necessária à concretização desses objetivos que, de imediato, se propiciem incentivos tais como: redução de direitos aduaneiros (ou, até mesmo, isenção total) para importação de máquinas, equipamentos e, sobretudo, partes complementares procedentes da Zona; tratamento cambial mais favorável às importações da Zona, necessário à execução do projeto, sempre que couber, é evidente; facilidade de ordem creditícia e outras facilidades de ordem fiscal.
>
> As incontestáveis vantagens de tais planos de montagem, oferecendo garantia de emprego de mão-de-obra e matérias primas locais e a crescente dinamização de inumeráveis outros setores da economia aos quais a indústria automobilística estende suas raízes, despertariam, por certo, o interesse dos governos e dos empresários locais, aos quais se associariam, sempre que necessário, os empresários de outros países da Zona.
>
> É de se esperar que as subsidiárias ou filiais controladas por empresas de fora da Zona não criem obstáculo a um tal programa de integração: primeiro, porque poderiam receber, por intermédio de suas subsidiárias da Zona tratamento mais favorável, como prevê o Tratado de Montevidéu; segundo, porque o fortalecimento de suas subsidiárias significa, também, a valorização de seus investimentos na Zona; finalmente, porque "*last but not least*" a integração das economias latino-americanas é um objetivo de alta política

[69] LATINI, Sydney A. e GATTÁS, Ramiz. *A indústria automobilística brasileira em face da Associação Latino-Americana de Livre Comércio*. Montevidéu, outubro, 1961.

do hemisfério ao qual os capitais de além-mar não se devem mostrar sequer indiferentes.

É possível, mesmo, que a colaboração dos capitais estrangeiros, assim considerados os que têm seus principais centros de interesses fora da Zona, venha a constituir fator decisivo na complementação para a qual se aspira caminhar. A par de conhecidas restrições criadas pelas *parent companies* às exportações de suas subsidiárias, já recebemos no passado expressivo testemunho do empenho de algumas dessas empresas em complementar seus investimentos na Zona, de forma a torná-los mais produtivos.

5. A mobilização da mão-de-obra

O GEIA considerou o treinamento de mão-de-obra, não apenas de fundamental importância no contexto dos Planos Nacionais Automobilísticos, mas um dos problemas de maior transcendência para o desenvolvimento econômico do Brasil, em todos os setores. Por isso mesmo, dedicou atenção especial a esse importante capítulo de seu plano. Felizmente a incorporação de mão-de-obra não qualificada, semi-especializada e especializada se processou normalmente.

O julgamento do empresário estrangeiro sobre a eficiência da mão-de-obra nacional era dos mais favoráveis que se poderia esperar. A mão-de-obra nacional foi considerada altamente versátil. A capacidade de adaptação, sobretudo da mão-de-obra nordestina, surpreendeu a quantos iniciavam suas atividades no Brasil, muitas vezes com sérias preocupações a esse respeito.

Era evidente, porém, que, para atender às necessidades de um programa que se estava executando em ritmo tão acelerado, se deveriam prever cuidados especiais, para evitar que uma demanda inusitada no mercado conduzisse a um leilão de mão-de-obra, com seus conseqüentes efeitos sobre a elevação desordenada dos níveis de salários. Tais cuidados se tornaram ainda mais necessários em face do elevado padrão de salários vigorante na indústria automobilística, onde a participação da mão-de-obra era relativamente insignificante sobre o custo total, dado o elevado grau de tecnicidade desse setor industrial. Assim, o objetivo do GEIA ao planejar a mobilização e o treinamento da mão-de-obra residia também em evitar o prejuízo de outros setores industriais com o êxodo de pessoal para a indústria automobilística.

Na realidade, a preparação de mão-de-obra para a indústria de modo geral já se vinha processando desde muitos anos, na rede de escolas do Senai. Contava a indústria automobilística em 1958 a indústria automobilística com aproximadamente 35 mil operários, dos quais mais de 20 mil nas montadoras de veículos e os restantes, na indústria de autopeças.

Admitia-se que em 1960, quando os planos do GEIA atingissem o auge, a indústria automobilística estaria ocupando cerca de 120 mil pessoas. Deste total, a grande maioria seria constituída de mão-de-obra de pouca especialização, pois as máquinas empregadas nesse setor industrial eram semi-automáticas ou automáticas, requerendo apenas qualidades psicológicas do operariado e não qualificação tecnológica.

Quanto à mão-de-obra semi-especializada ou especializada, o GEIA promoveu um acordo entre o Senai e os dois sindicatos da indústria automobilística (o de veículos e o de autopeças), com o objetivo de intensificar o treinamento nas fábricas e em escolas daquela instituição.

O treinamento dos engenheiros, dirigentes administrativos e técnicos se processaria mediante cooperação das empresas associadas ou dos próprios sindicatos com as instituições educativas de nível superior e médio e mediante estágios de aperfeiçoamento no exterior. O treinamento dos supervisores obedeceu a um programa técnico sistemático, além de estágios no exterior promovidos pelas empresas.

Para o treinamento dos operários qualificados, foram as seguintes as linhas da ação:

1ª) formação regular de menores nos cursos de aprendizagem do Senai ou das próprias empresas, de acordo com a legislação vigente;

2ª) treinamento em serviço de operários adultos, segundo as necessidades de cada empresa e com eventual assistência do Senai;

O treinamento de operários semiqualificados se fez em serviço, pois se tratava de um adestramento metódico de curta duração, realizado geralmente na própria linha de produção da empresa.

Para obtenção de profissionais de nível superior ou médio e seu posterior aperfeiçoamento ou especialização, as empresas, por intermédio dos sindicatos, se articularam com instituições de ensino técnico, em diversos níveis, cabendo destacar: Instituto de Pesquisas Tecnológicas (IPT), Faculdade de Engenharia Industrial da Universidade Católica de São Paulo, Faculdade de Engenharia Mackenzie, Instituto Tecnológico da Aeronáutica (São José dos Campos), Escola Técnica do Exército, Escola de Administração de Empresas da Fundação Getúlio Vargas, entre outras.

Como se vê, o GEIA não descuidou do importante problema da preparação de pessoal para a indústria automobilística. Aí, porém, o ponto sensível, não consistia na preparação da mão-de-obra direta para realização de tarefas específicas de fabricação ou montagem, isto é, preparação da mão-de-obra direta aplicada na indústria, mas o adestramento para os postos de direção das empresas.

A estimativa do GEIA fixava em aproximadamente 550 o número dos que deveriam estar ocupando postos de direção na indústria automobilística por volta de 1960. Essas pessoas deveriam possuir, a par de conhecimentos técnicos e qualidades de administrador, o que poderíamos qualificar de conhecimento de nosso ambiente de trabalho e das peculiaridades da nossa administração, pública e privada. Não era possível, portanto, formar esses técnicos nem importá-los, sendo indispensável treiná-los.

Dada a intensa demanda, à época, de outros setores da indústria, tinha-se tornado realmente difícil preencher os claros em postos da alta administração dessas empresas. A Escola de Administração de Empresas da Fundação Getúlio Vargas era certamente o estabelecimento mais qualificado nesse setor.

6. O financiamento das vendas e do capital de giro

Eram freqüentes os comentários em círculos técnicos e na imprensa a propósito do problema que a indústria automobilística teria criado para o financiamento de suas vendas e de seu capital de giro, de modo geral.

O valor da produção de veículos já havia atingindo cifra superior a três bilhões de cruzeiros por mês, valor equivalente ao da produção de café no país. Se considerarmos que esse crescimento ocorreu em apenas dois anos, compreende-se que houvesse motivos para o assunto atrair a atenção da imprensa. Entretanto, o tom alarmante de certa parte dela fazia crer que, infelizmente, não havia apenas a intenção de trazer o tema a um debate honesto, para encontrar soluções.

A indústria automobilística cresceu rapidamente, projetou-se de tal forma que, como sempre ocorre, estava provocando a reação de certos interesses contrariados. Desde 1956 se dizia que o problema do financiamento das vendas viria a constituir um ponto de estrangulamento no desenvolvimento da indústria automobilística. Desde então, a produção cresceu ininterruptamente, já havendo atingindo sete mil veículos por mês em 1958. Até então não se deixou de vender um veículo sequer por falta de recursos para financiar sua aquisição; pelo contrário, havia filas de espera em todas as fábricas, quer de caminhões, quer de utilitários, jipes e de automóveis de passageiros. A procura era muito superior à oferta, tudo indicando que essa situação prevaleceria por muitos meses.

Sabia-se que o sistema bancário brasileiro não estava preparado para financiar vendas a prazos superiores a seis meses, que constituíam a praxe comercial do país. Assim, a ausência quase completa de fontes adequadas para financiamento de vendas ao consumidor representava, de fato, no Brasil, um dos problemas que se deveriam considerar ao cogitar da instalação e ampliação de um setor industrial tão importante como a indústria automobilística. O valor do faturamento da produção automobilística em 1960 deveria elevar-se a 75 bilhões de cruzeiros. Naturalmente, os industriais esperavam que as vendas fossem perfeitamente realizáveis, desde que parte do preço fosse facilitada mediante crédito ao consumidor.

Especulações empíricas vinham sendo feitas sobre as possíveis conseqüências da inexistência total de financiamento de vendas para atender ao escoamento da produção de veículos no Brasil. Uma das hipóteses formuladas admitia que, se os 170 mil veículos que se deveriam produzir em 1960 fossem lançados no mercado para venda à vista, o volume das vendas poderia cair a 50 mil unidades. É fácil imaginar o impacto desfavorável sobre os custos, se confirmada tal hipótese. Parecia, pois, fora de dúvida a imprescindibilidade da formulação de um esquema de financiamento e, desde logo, se cogitou do ajustamento das condições então prevalecentes no mercado de crédito para atender às novas necessidades impostas pelo desenvolvimento industrial brasileiro.

Segundo estudos realizados por técnicos da Comissão Econômica para a América Latina (Cepal) e do Conselho de Desenvolvimento, com o apoio de abalizadas opiniões de técnicos em financiamento de vendas, estimava-se em 34,2 bilhões de cruzeiros a necessidade de capital de giro para a indústria automobilística, devendo os distribuidores financiar cerca de 13,6 bilhões e os restantes 20,6 bilhões ser financiados por poupança pública, por intermédio dos bancos comerciais, institutos de previdência, caixas econômicas, companhias de seguro e de capitalização, ou ainda por operações de *swaps* (venda de moeda estrangeira com compromisso de recompra) a longo prazo. Não possuíamos dados que nos permitissem avaliar as necessidades de crédito ao consumidor em outros setores da economia brasileira.

Nos Estados Unidos as vendas de automóveis absorviam, em geral, 36% de todos os créditos para vendas a prazo. Em nosso país os recursos disponíveis no sistema bancário, tendo em vista a praxe comercial vigente, para financiamento ao consumidor, seriam insuficientes para um aumento considerável de vendas, sobretudo pelo prazo de 22 meses. Por outro lado, os investimentos estrangeiros para atender ao setor tinham-se tornado inviáveis, uma vez que o risco da desvalorização monetária era muito elevado.

Para financiar o capital de giro dos fabricantes de veículos existia na ocasião uma alternativa, porém passageira. Tratava-se do financiamento pelo Banco do Brasil das partes complementares importadas por prazos que variavam de um a três anos. Todavia, à medida que os veículos fossem se nacionalizando, o volume de partes complementares da produção interna iria se reduzindo e, consequentemente, tornando-se mais aguda a necessidade de capital de giro dos industriais.

Para solucionar esse problema começaram a surgir companhias especializadas que estavam mobilizando capitais privados mediante subscrição de obrigações, com rendimento fixo, sob a forma de antecipação de lucros. Isso permitia uma remuneração de capital superior à taxa de 12% admissível pela lei de usura, então em vigor, o que interessava a um número crescente dessas empresas, cujo funcionamento, naturalmente, seria estimulado e regulamentado pelas autoridades monetárias, porque se tratava da via mais adequada para mobilizar recursos não-bancários para o financiamento das vendas dos veículos.

Naquela ocasião, os fabricantes de veículos mantinham ainda estoques relativamente elevados de peças de produção nacional. Estes, à medida que a indústria subcontratadora se desenvolvia, tendiam a diminuir, porque a manutenção de estoques elevados era uma precaução das montadoras, tendo em vista a incerteza do fornecimento nesse estágio inicial de implantação da indústria, quando ainda se enfrentavam diversos problemas de ajustamentos da mão-de-obra e da técnica. À medida que estes se ajustassem e os fornecimentos adquirissem periodicidade e constância, os montadores não mais necessitariam conservar estoques elevados, o que reduziria a necessidade de vultosos capitais para financiar os inventários.

Cabe ainda uma consideração final a respeito do financiamento de vendas, que nos pareceu muito oportuno naquele momento. O desenvolvimento da indústria automobilística gerava riqueza direta e indiretamente, quer mediante incorporação crescente de fatores e maior capacidade de remuneração, quer por seu extraordinário efeito promocional sobre a economia.

Uma parte dessa riqueza deveria ser utilizada no financiamento do giro da própria indústria. Além disso, havia outra questão que, segundo nos parece, cumpria solucionar. Quando se falava nas necessidades de capital de giro para a indústria automobilística, admitia-se que elas deveriam se adicionar às quantidades disponíveis para financiamento dos demais setores de atividade. Acontece, porém, que um comprador de automóveis de passageiros, por exemplo, deixa de adquirir outro bem, como um terreno ou um apartamento, ou de despender de outra forma o preço do automóvel, fazendo uma viagem ou consumindo mais.

Assim, não se pode afirmar que a totalidade dos recursos necessários ao financiamento das vendas de veículos deveria se acrescentar aos recursos disponíveis. Quando muito poderíamos admitir que apenas uma parte desses recursos seria desviada de outros setores de aplicação para a indústria automobilística.

Em suma, era inegável que existia um problema de financiamento de vendas e de formação de capital de giro para a indústria automobilística, que não escapou ao GEIA ao planejar sua implantação no Brasil. Nos primeiros anos, apesar do aumento crescente da produção de veículos, o financiamento de suas vendas não constituiu maior obstáculo à expansão da indústria. No futuro – sabíamos – teríamos de enfrentá-lo em maiores proporções. Como dizia Churchill, não se pode atravessar o abismo antes de chegar diante dele...

A propósito, é oportuno transcrever trecho de meu depoimento à Comissão de Economia da Câmara dos Deputados, em 16 de junho de 1959:

> As sociedades de financiamento já em funcionamento no país e em número crescente nos últimos anos deverão receber um novo estímulo para ampliação de suas atividades, cabendo-lhes tarefa importantíssima na consolidação da indústria automobilística brasileira.
>
> É verdade que um grande esforço de imaginação terá que ser desenvolvido pelas empresas para conseguir recuperar o difícil mercado brasileiro de capitais. Sem dúvida alguma, trata-se de tarefa delicada, porque significa alterar hábitos já arraigados e desviar poupanças para setores mais produtivos e, mais que isso, criar o próprio hábito de poupança, ao qual o brasileiro médio não é muito afeito. Uma das fórmulas em cogitação, o chamado financiamento antecipado, parece conter uma grande dose de apelo popular. Tal sistema consistiria na instituição de um prazo de carência para entrega dos veículos aos consumidores. Mais explicitamente, o comprador passaria alguns meses pagando suas prestações sem estar de posse do veículo. Ao cabo desse período, pagaria a entrada e receberia o automóvel. As demais prestações continuariam a amortizar-se regularmente nos meses seguintes.
>
> O sistema é bastante eficiente, do ponto de vista de liberação de recursos financeiros, e poderia ser programado para grandes coletividades ou categorias profissionais, atendendo à peculiaridade das mesmas.
>
> Assim, poder-se-ia organizar planos específicos de vendas para funcionários públicos, bancários, militares, médicos, motoristas profissionais, levando em conta o nível médio de renda de cada uma dessas categorias profissionais, certas rendas sazonais, como gratificações etc.
>
> Se conseguirmos conjugar esse esquema de pagamentos antecipados com sorteios mensais de veículos entre todos os prestamistas, parece que seria possível realmente mobilizar a atenção do público brasileiro para tal sistema com resultados altamente positivos.

De qualquer forma, a menção a esse processo é aqui feita com a intenção de exemplificar o que é possível fazer para enfrentar o problema e, ao mesmo tempo, demonstrar que não se trata de um problema insuperável, embora de solução difícil porque requer imaginação e um certo prazo para que se organizem esquemas e métodos.

Capítulo XI

Os efeitos multiplicadores

1. Mudanças na estrutura industrial

A importância de uma nova indústria, quando é capaz de criar e expandir mercados para seus insumos, gerando efeitos multiplicadores, para adiante e para trás na cadeia produtiva, é um dos argumentos invocados para justificar sua proteção, face às imperfeições do mercado.[70]

Sob esse aspecto a implantação da indústria automobilística no Brasil pode ser considerada um caso emblemático e exemplo clássico de processo de substituição de importações. Transferiram-se recursos do exterior e simultaneamente entre setores, mudando a estrutura industrial. Ampliaram-se os recursos e a capacidade administrativa do Estado. O encargo dos subsídios cambiais à importação de componentes foi logo neutralizado pela receita de impostos sobre a nova produção.

As exigências de padrões de qualidade das matérias-primas e das cerca de 18 mil peças utilizadas, em média, na fabricação de um veículo (das quais 4 mil são diferentes), constituem condição fundamental da indústria. Antes de sua implantação no país, mesmo quando os produtos semi-acabados, forjados e fundidos eram considerados de boa qualidade, sua produção não obedecia com precisão aos índices de especificação dimensionais. Só depois, com o rigor exigido pela indústria automobilística, foram atendidas as exigências de tolerância dimensionais no grau de perfeição das indústrias estrangeiras mais avançadas. As fundições modernas brasileiras trabalham agora com uniformidade, permitindo a utilização das peças fundidas em máquinas automáticas sem a necessidade de mão-de-obra especializada. É óbvio o aumento de rendimento provocado pela

[70] HIRSHMAN, Albert. *The strategy of economic development*, Yale University Press, 1958.

precisão do emprego de materiais, sobretudo na indústria automobilística (inclusive a de autopeças), cuja fabricação em alta série de peças intercambiáveis exige tolerâncias bem rígidas, a fim de permitir montagem rápida, sem ajustagem, pelo mínimo custo. Evidentemente, essa eficiência beneficia muitas indústrias, como as de material elétrico, geladeiras, rádios e outras, proporcionando melhor qualidade e custos de produção e preços de venda mais baixos.

Por força de seu alto nível tecnológico, a indústria automobilística, no que concerne às linhas de montagens, usinagem, prensagem e autopeças, reduziu ao mínimo o trabalho humano mais rude. Os benefícios da automatização são visíveis, não se encontrando nas fábricas de automóveis força humana para mover peças ou cargas, dado que um tipo de estrado, denominado palete, transporta, carrega e descarrega sem qualquer esforço humano. Em conseqüência, uma indústria de transportadores e de movimentação de material instalou-se no Brasil graças ao efeito dinamizador da indústria automobilística.

2. Maior rigidez na especificação das matérias-primas

As matérias-primas utilizadas pela indústria automobilística também passaram a atender a características e especificações físicas e químicas mais rigorosas, extensivas a toda a atividade industrial, como aconteceu com a indústria do aço, que, da produção não especificada e não controlada, em sua maioria passou a trabalhar dentro de limites predeterminados de qualidade e uniformidade. Isso significa que, por efeito de assimilação, além da indústria automobilística, os demais consumidores de aço, tradicionais ou novos, se beneficiaram com essa melhoria. Estão nesse caso a indústria naval, de tratores, de máquinas rodoviárias e têxteis, de elevadores etc.

As fábricas de aço, além da elevação do nível de qualidade, com o advento da indústria automobilística, ampliaram seus mercados, possibilitando ampliação e criação de novas usinas, com risco menor de inversão de capitais. Efeitos semelhantes ela exerceu sobre as atividades industriais de metais não-ferrosos e também, por efeito de assimilação, sobre os usuários dessas matérias primas. Muitas outras atividades industriais, como as de borracha, vidros, cristal, plástico, tintas etc., gozaram pelos mesmos motivos de benefícios da indústria automobilística. Essa atividade e muitas outras se enobreceram com as exigências de qualidade, condição fundamental da indústria de autoveículos.

3. O impacto na esfera social

Foram ainda incontestavelmente relevantes os efeitos promocionais de nossa indústria automobilística na esfera social. O nível dos salários nessa atividade é dos mais elevados da classe trabalhadora, o que, em conseqüência, contribuiu para a elevação do salário médio na indústria nacional.

Por outro lado, pelo elevado nível de técnica em que opera, pode-se dizer que uma fábrica de veículos é uma verdadeira escola profissional, de administração e organização. É indispensável planejar a fabricação do veículo em todas as fases e em todas os detalhes, desde o emprego da matéria-prima até a usinagem, em nível de engenharia, de administração, de comercialização, até o trabalho mais simples. Essa eficiência se propaga, logicamente, às demais indústrias e serviços a ela ligados diretamente e exerce influências indiretas, no mesmo sentido, sobre praticamente todo o complexo econômico-social do país. Em resumo, a indústria automobilística, além de pagar salários mais altos, permite ao operário não-especializado exercer funções de alto rendimento. Ao mesmo tempo, propicia o treinamento e especialização de mecânicos, ajustadores, ferramenteiros, formando uma elite de trabalhadores.

4. O impulso ao mercado financeiro

O impulso ao mercado financeiro foi notável a partir da instalação da indústria automobilística. A transformação operada no sistema de crédito, em parte por efeito da indústria automobilística, que teve iniciativa no sentido da criação e regulamentação das sociedades de créditos, financiamento e investimentos, permitiu considerável suprimento adicional dos recursos representativos da circulação financeira de novas rendas.

5. Um mercado para a indústria nacional de máquinas e equipamentos

A instalação da indústria automobilística criou um mercado extraordinário para a indústria nacional de máquinas e equipamentos. As máquinas originalmente importadas foram sendo substituídas por máquinas fabricadas no Brasil. Em poucos anos já estávamos fabricando quase todas as máquinas utilizadas pela indústria automobilística, inclusive algumas de grande complexidade, como as destinadas a operar a perfuração múltipla do cabeçote do motor, consideradas como das de maior precisão. Outras máquinas de grande precisão, as conceituadas Gleason, para usinagem de engrenagem importadas em grande quantidade na fase de implantação da indústria automobilística, dez anos depois já estavam sendo substituídas por similares produzidas no Brasil, sob licença de seu fabricante no exterior.

O mercado que se criou com a vinda de máquinas, algumas usadas, abreviou o período de substituição e constituiu uma vantagem adicional que não se deixou de considerar ao autorizar as importações.

6. Quebrando tabus

Muitos tabus foram superados, como, por exemplo, os de que não seria possível tão cedo fundir blocos de motor, fabricar eixos traseiros ou rolamentos, tendo em vista os padrões de tolerância exigidos.

O primeiro bloco de motor fundido no Brasil (pela Sofunge para a Mercedes Benz), ainda em 1955, antes, portanto do início dos Planos Nacionais Automobilísticos e do GEIA, foi também o primeiro grande tabu quebrado, o que muito contribuiu para criar um clima de confiança.

Havia resistência ao uso dos eixos traseiros para caminhões fabricados no Brasil, sob a alegação de se tratar de partes que poderiam comprometer a segurança dos veículos se não obedecessem a padrões extremamente rígidos de qualidade. Foi necessário submetê-los a testes de confiabilidade, realizados no Instituto Técnico de Aeronáutica, de São José dos Campos, confrontando-os com o produto importado. O produto nacional superou o importado em termos de margem de tolerância.

A resistência à fabricação de rolamentos no Brasil só foi superada quando um porta-voz do GEIA anunciou que a Fábrica de Artilharia da Marinha tomaria essa iniciativa, uma vez que a iniciativa privada internacional, que dominava a tecnologia adequada, não se interessava pelo assunto. Logo surgiram vários projetos, e em poucos anos estávamos produzindo essa peça vital, não só para abastecer o mercado interno mas também para exportar, e para atender não só às necessidades da indústria automobilística mas também às dos demais setores industriais.

Os efeitos promocionais da indústria automobilística, que podem parecer um tanto subjetivos pela dificuldade de sua expressão numérica,[71] são entretanto facilmente perceptíveis e incontestáveis. A construção de Brasília é um bom exemplo para ilustrar esta assertiva.

7. A construção de Brasília e os anos do "Milagre Econômico"

A construção de Brasília foi uma tarefa hercúlea, comparável à façanha da travessia dos Alpes pelo exército de Aníbal com suas brigadas de elefantes. Mas se Juscelino Kubitschek logrou cumpri-la foi porque o processo de industrialização, que ele contribuiu para intensificar, já havia alcançado um ponto relativamente avançado. Era com satisfação que ele reconhecia: "Se não tivéssemos fabricado esses caminhões, como poderíamos terminar Brasília?"[72]

Avançando um pouco no tempo – e para não perder a oportunidade – cabe registrar que também se deve creditar à indústria automobilística ter comandado a recuperação econômica no período 1968/1973, os chamados anos do "Milagre". A produção de veículos começou a se recuperar em 1966 e 1967, enquanto a recuperação da economia em geral teve início, de fato, em 1968. A produção de veículos cresceu a uma taxa anual de 22% no período 1968/1974, o dobro do crescimento da economia como um todo. Essa rápida taxa de crescimento tornou-se possível graças à utilização da capacidade ociosa existente na indústria e à polí-

---

[71] Embora os demonstrativos de insumo-produto, desenvolvidos a partir da contribuição de Wasily Leontief, forneçam muitas informações sobre a composição setorial da economia, suas limitações são bem conhecidas. Uma análise bastante ampla, baseada em fundamentos teóricos, dos efeitos para trás e para a frente a que se refere Hirschman, na obra citada, é focalizada, sob o título "Linkages"(p. 304) no estudo de Helen Shapiro sobre a implantação da indústria automobilística no Brasil, várias vezes mencionado ao longo desta exposição. Em 1958, em convênio com a Cepal, o GEIA promoveu a elaboração de um demonstrativo insumo-produto pioneiro, focalizando as inter-relações industriais do setor automobilístico em implantação no Brasil. O aludido estudo foi coordenado pelo economista Stefan Podigorsky e posteriormente, no Instituto Técnico de Aeronáutica de São José dos Campos, sob a orientação do ten.-cel. José Henrique Teixeira de Araújo.

[72] FURTADO, Celso. *A fantasia organizada*, Rio de Janeiro: Paz e Terra, 1985.

tica expansionista macroeconômica então adotada. As novas instituições de crédito (sociedades de crédito, financiamento e investimento), criadas especialmente para atender ao financiamento de vendas de bens de consumo duráveis (sobretudo, veículos), e que surgiram no final da vigência dos Planos Nacionais Automobilísticos, foram em grande parte responsáveis pelo impulso de demanda.[73]

[73] SHAPIRO, Helen. "State Intervention and Industrialization: The Origin of Brazilian Automotive Industry", Yale University (Abstract), 1988, p. 312.

Capítulo XII

No GEIA: uma missão e um desafio

1. "Nem mecânico nem motorista"

No início de maio de 1957, o ministro Lúcio Meira chamou-me a seu gabinete no Ministério da Viação e Obras Públicas. Exercia eu então minhas atividades na Superintendência da Moeda e do Crédito, à frente da Divisão de Investimentos e Financiamentos Estrangeiros e no Conselho do Desenvolvimento (da Presidência da República), como consultor, já engajado portanto na equipe que participou desde o início da elaboração e detalhamento do Plano de Metas.[74] O ministro me surpreendeu com um convite incisivo:

– Preciso de sua colaboração no GEIA, como secretário executivo e meu representante.

Assustei-me com o convite. Nada entendia de automóveis. Não sabia nem mesmo dirigi-los, argumentei.

– Não preciso de mecânico nem de motorista – foi a reação do ministro.

É verdade que, em 1952, havia coordenado uma equipe de economistas (Jayme Magrassi de Sá, Francisco de Oliveira Claussen e Domar Campos) que elaborou um projeto para fabricação do automóvel inglês Standard Vanguard no Brasil, encomendado pelo empresário Peter Frankel para a firma Intimex, grande revendedora na época da Fábrica Nacional

---

[74] Ver capítulo VI.7.

de Motores. Esse projeto chegou às mãos do então comandante Lúcio Meira, quando era subchefe da Casa Militar da Presidência da República e presidia a Subcomissão de Jipes, Tratores, Caminhões e Automóveis, do Conselho de Desenvolvimento Industrial do Ministério da Fazenda.

Desde então, mas de longe, acompanhava com muito interesse os esforços de Lúcio Meira para promover a implantação da indústria automobilística no Brasil. Claussen – que na antiga Cexim, sucedida pela Cacex, se havia especializado no exame de pedidos de licença de importações de veículos, e Pegurier – que representava a Sumoc no Grupo de Estudos da Indústria Automobilística, do Conselho do Desenvolvimento, na fase de detalhamento do Plano de Metas – eram meus interlocutores prediletos nas freqüentes conversas sobre as perspectivas que se ofereciam à implantação daquela indústria no Brasil.

Soares Pereira – ex-integrante da Assessoria Econômica do presidente Vargas, onde se havia tornado admirador de Lúcio Meira e também entusiasta de suas idéias sobre a fabricação de automóveis no Brasil – mantinha-me atualizado sobre o dinamismo e a perseverança do amigo na perseguição de seus objetivos.

Quando Lúcio Meira foi para o Ministério da Viação, levou Soares Pereira e designou-o representante do Ministério no Conselho Nacional do Petróleo. Quando, mais tarde, já no governo Goulart, foi presidente da Companhia Siderúrgica Nacional, designou-o diretor comercial da empresa, para o exercício de cuja função procurava alguém que fosse não só honesto, acima de qualquer suspeita, mas também identificado e reconhecido unanimemente como padrão de honestidade. Nunca consegui apurar, mas desconfio que minha indicação para o GEIA teve o dedo de Soares Pereira, porque durante nosso longo convívio, quando redigíamos a página econômica do *Diário Carioca*, ele acompanhou de perto minha participação e meu entusiasmo, como funcionário da Cexim, na consolidação das indústrias de plásticos e bicicletas no Brasil.

Antes de meu encontro com Lúcio Meira, em maio de 1957, tínhamos nos visto, apenas ligeiramente, duas vezes. A primeira foi em 1952, no gabinete do diretor-executivo da Sumoc, José Soares Maciel Filho, quando era subchefe da Casa Militar de Vargas e iniciava sua grande batalha. Otimista, firme nos seus argumentos, escandalizou os funcionários do Gabinete com sua mania:

– Aquele é o Comandante Lúcio Meira. Imagine você que o homem está com a mania de fabricar automóveis no Brasil.

A segunda vez foi em 1956, no dia de sua posse no Ministério da Viação, quando cumpri um ritual que não era de meu hábito: cumprimentar o ministro que toma posse. Daquela feita o fiz movido pela sincera admiração por sua personalidade e em homenagem a sua luta pela industrialização do Brasil.

O terceiro encontro foi aquele em que me vi na contingência de aceitar uma responsabilidade que me assustava, não só pela surpresa mas também porque se tratava de substituir Eros Orosco como secretário-executivo e representante do presidente no GEIA.

2. A responsabilidade de substituir Eros Orosco

Orosco tornou-se um mito no ambiente em que atuava, como técnico de reconhecida competência. Era engenheiro metalúrgico, vinculado ao Instituto Nacional de Pesquisas (INP) e ao Instituto Nacional de Propriedade Industrial (INPI), do então Ministério do Trabalho, Indústria e Comércio. Conheci-o, em 1949, na Carteira de Exportação e Importação (Cexim), do Banco do Brasil, onde integrava o quadro de assessores altamente qualificados de uma prestigiosa Assessoria Técnica chefiada por Aldo Baptista Franco, funcionário do Banco do Brasil e um dos economistas profissionais pioneiros que muito contribuíram para elevar o prestígio da profissão, principalmente dentro do Banco do Brasil.

Na Seção de Informações e Pesquisas (Sipes) da Cexim eu era apenas um aprendiz. Enfrentava os primeiros desafios, procurando fami-liarizarme com os problemas que afligiam firmas e setores industriais e comerciais que dependiam de licenças prévias para importação. Foi iniciando uma pesquisa sobre o setor de plásticos que um colega sugeriu que eu conversasse com o dr. Eros Orosco, uma espécie de oráculo a quem todos recorriam para abrir caminhos.

Sisudo, embora falante quando seguro de suas convicções, ele informou o essencial para que eu prosseguisse meu trabalho. Foram poucos outros contatos com Orosco. No dizer de Roberto Campos, com quem começou a trabalhar em 1952 como encarregado do Departamento Técnico do BNDE, "sua lendária capacidade de trabalho de longe excedia seu azedume de temperamento. O meio de acalmar-lhe a 'bilis', e despertar em seguida sua extraordinária criatividade, era dar-lhe a cada manhã uma proposta de trabalho. Eros reagia violentamente, estraçalhando a lógica da proposição. Conseguida essa vitória, psicologicamente satisfeito, passava a dar o melhor de si."[75]

Era esse o homem que eu deveria substituir. Lúcio Meira não escondia sua admiração pelo colaborador que estava acabando de perder e sua preocupação em substituí-lo. De minha parte, as qualificações do antecessor aumentavam o grau da responsabilidade que teria de assumir. Além do mais, era notório que Orosco ficava inimigo de quem o substituía.

Durante cinco anos (de 1952 a 1957) ele acompanhou Lúcio Meira em sua luta obstinada pela implantação da indústria automobilística no Brasil. Como técnico da Cexim (e depois da Cacex), participou, desde o início da Subcomissão de Jipes, Caminhões, Tratores e Automóveis, contribuindo com seu profundo conhecimento do setor de autopeças, com o qual mantinha contato desde o final da Segunda Guerra Mundial, como assessor técnico daquelas Carteiras do Banco do Brasil.

Elaborou, ou coordenou a elaboração, de valiosos documentos de análise do setor automobilístico,[76] que serviram de base para importantes decisões na formulação de políticas em relação ao setor. Deu importante contribuição na estruturação dos Planos Nacionais Automobilísticos e na constituição do GEIA, desde seu início, em 1956, até maio de 1957.

---

[75] CAMPOS, Roberto. *A lanterna na popa*, Rio de Janeiro, Topbooks, 1994, p. 322.

[76] Cabe destacar os relatórios "Indústria Automobilística", do Grupo de Estudos da Industria Automobilística do Conselho do Desenvolvimento, encaminhado ao presidente Juscelino Kubitschek em 27 de maio de 1956, e – "Aspectos Econômicos da Fabricação de Automóveis no Brasil", apresentado à reunião de estudos e debates sobre o tema geral "Indústrias de transformação de ferro e do aço", promovido pela Cepal, em São Paulo (segunda quinzena de outubro de 1956).

O problema era seu temperamento, seu difícil relacionamento com os empresários e com os companheiros de trabalho. Estava sempre disposto a demitir-se. E foram tantas as oportunidades em que colocou o cargo à disposição que Lúcio Meira um dia viu-se constrangido a aceitá-la. O motivo foi um sério entrevero com o general Edmundo de Macedo Soares, então presidente da Companhia Siderúrgica Nacional (CSN), que representava interesses da Simca junto ao GEIA. O general, cujo temperamento também não era dos mais assimiláveis, muito cioso de seu prestígio e do papel histórico que desempenhara na criação da grande siderurgia pesada no Brasil, não fez por menos, queixando-se ao presidente Juscelino da forma como foi tratado por Orosco, que considerou ofensiva.

Orosco, em mais um de seus impulsos, foi a Lúcio Meira, a quem Juscelino já havia transferido a solução do problema, e mais uma vez solicitou sua demissão. Dessa feita não foi possível apaziguar os ânimos de seu fiel colaborador e, contrafeito, Lúcio Meira aceitou o pedido.

Esse episódio merece atenção especial, tendo em vista sua origem e seu desfecho, porque esclarece, em primeiro lugar, os critérios de negociação do GEIA com as empresas que se candidatavam a participar dos Planos Nacionais Automobilísticos; e, em segundo lugar, desfaz versões absolutamente improcedentes e fantasiosas que, de boa ou de má fé, pretenderam desfigurar o conceito e o mérito de Lúcio Meira em sua luta incansável para a criação da indústria automobilística no Brasil.

3. Primeiro desafio: o "projeto" da Simca

Após sua eleição para presidente da República, no final de 1955, Juscelino resolveu viajar aos Estados Unidos e à Europa, acompanhado de técnicos e futuros integrantes de seu governo, para contatos no meio oficial e com empresários, visando sobretudo despertar um clima de confiança propício à atração de capitais para realização de seu ambicioso Plano de Metas.

Na França, acompanhado do general Macedo Soares, visitou a fábrica da Simca em Poissy, subúrbio de Paris, recém-construída, em grande parte com recursos propiciados pelo Plano Marshall, no pós-guerra, aos países aliados europeus.

Entusiasmado com o que observou e com a acolhida, falou sobre o propósito de seu governo de oferecer estímulos às empresas que se dispusessem a fabricar automóveis no Brasil e convidou-os a aderir aos planos governamentais em perspectiva. Num arroubo de entusiasmo mineiro, sugeriu que instalassem sua futura subsidiária no Brasil em seu estado natal, Minas Gerais.

Poucos dias após sua posse, em 31 de janeiro de 1956, a nova empresa, ainda na fase de incorporação – a Simca do Brasil S.A. – entregou a Juscelino uma carta de intenção manifestando o propósito de instalar uma fábrica de automóveis em Minas Gerais. Em visita a Belo Horizonte, poucos dias depois, Juscelino falou das perspectivas que se descortinavam, como resultado de seus contatos no exterior, e anunciou o propósito da Simca de instalar em território mineiro o que provavelmente seria a primeira fábrica de automóveis no Brasil.

Tal perspectiva foi acolhida pelos mineiros como compromisso que poderia significar, de certa forma, uma compensação a velhas reivindicações, até então frustradas, de localizar em Minas Gerais o grande parque siderúrgico integrado, que consideravam um direito natural, tendo em vista as riquezas minerais – sobretudo de minério de ferro – que jaziam em seu subsolo. Finalmente Minas não ficaria apenas com os buracos resultantes da extração de seu minério de ferro, enviado para outros estados e o exterior. Uma atividade industrial nobre, como a indústria automobilística, resgataria uma velha dívida com Minas Gerais.

A carta de intenção da empresa foi encaminhada por Juscelino a seu ministro da Viação, Lúcio Meira, que a despachou para Orosco, já dedicado à atualização dos estudos da Subcomissão de Jipes, Caminhões, Tratores e Automóveis, bem como da Ceima, ambas da antiga Comissão de Desenvolvimento Industrial do Ministério da Fazenda. Assim como as manifestações de interesse de outras empresas, passou a constituir subsídio para o Grupo de Estudos da Indústria Automobilística, antecessor do GEIA, que afinal se criou para pôr em execução as normas e os critérios dos Planos Nacionais Automobilísticos, aprovados pelo presidente da República em 16 de junho de 1956.

Desde o anúncio de Juscelino em Belo Horizonte até a divulgação dos planos que viriam a constituir a Meta 27 – Implantação da Indústria Automobilística (cerca de cinco meses), cresceram as expectativas dos mineiros em relação a "sua" fábrica de automóveis. A Câmara de Vereadores de Belo Horizonte doou terreno para instalação da futura fábrica e concedeu vantagens fiscais municipais, enquanto no Rio de Janeiro aumentava a pressão – já então junto a Orosco, que foi o primeiro secretário executivo do GEIA – a fim de autorizar os incentivos fiscais e cambiais para importação de equipamentos e autopeças previstos para as empresas que cumprissem os requisitos de nacionalização progressiva dos veículos, nos prazos estabelecidos, tudo de acordo com projeto que deveria obedecer a um roteiro, também aprovado por decreto, e não apenas mediante mera manifestação de intenção, carente de informações para que pudesse ser apreciado.

Orosco insistia na elaboração do projeto. Macedo Soares recusava-se a cumprir as exigências, sob a alegação de que, no caso da Simca o compromisso do presidente tinha sido anterior ao GEIA e, portanto, não estava sujeito a suas normas. Orosco replicava que, nesse caso, só o presidente poderia aprovar as pretensões da Simca, uma vez que o GEIA não tinha poderes para contrariar as normas aprovadas, também pelo presidente, mediante decreto. Na realidade, o que a Simca almejava era importar automóveis desmontados (SKD ou CKD), utilizando quantidade de peças nacionais inferior às exigidas pelo GEIA mas beneficiando-se dos incentivos. As discussões tornaram-se cada vez mais tensas, até atingir limites incontornáveis para o temperamento de Orosco.

Esse foi o verdadeiro motivo de seu afastamento do GEIA e a única versão que circulou, não apenas entre os membros deste mas também entre os empresários do setor, com os quais mantivemos contato por quase sete anos. Apesar de um episódio lamentável, pois resultou na perda de um dos mais competentes colaboradores da equipe que contribuiu para a formulação das políticas que deram origem aos Planos Nacionais Automobilísticos, de notório sucesso, justifica-se o esclarecimento um tanto minucioso do ocorrido, tendo em vista a versão, pelo menos maliciosa, de Lucas Lopes, divulgada muitos anos depois (1991) em depoimento ao Centro de Memória da Eletricidade no Brasil,[77] nos seguintes termos:

---

[77] LOPES, Lucas. "Memórias do Desenvolvimento", Centro de Memória da Eletricidade – Programa de História Oral do CPDOC/FGV, Rio de Janeiro, 1991, p. 194.

> Lúcio Meira presidiu o GEIA, deu-lhe grande prestigio e teve também um auxiliar excepcional que quase nunca é lembrado, chamado Eros Orosco, um grande metalurgista do Instituto Nacional de Tecnologia. Foi ele quem negociou um por um os programas de nacionalização gradativa da indústria, pois era o único que conhecia o assunto, sabia o volume de peças necessário. Infelizmente, um dia o *Time Magazine* publicou um artigo com uma foto do Eros Orosco, dizendo: "O czar da indústria automobilística no Brasil". Dias depois Lúcio Meira mandou-o embora. Sem comentários. Eros Orosco foi vitimado por um artigo do *Time*. Depois disso ele trabalhou como consultor independente e morreu jovem, muito magoado. É pouco lembrado, mas é um homem que merece uma grande homenagem de minha parte.

Nunca ouvi a menor referência a essa versão de Lucas Lopes e posso asseverar que o nome de Eros Orosco sempre foi lembrado por Lúcio Meira, por todos nós do GEIA e pelos empresários do setor automobilístico com o maior respeito e com as referências mais elogiosas a sua competência e dedicação.

• • •

A primeira missão que me foi atribuída, ao ser convocado pelo ministro Lúcio Meira, era tentar restabelecer um bom entendimento com o general Macedo Soares e com os demais interessados no projeto da Simca, entre os quais, o deputado Magalhães Pinto (da UDN – União Democrática Nacional), partido que fazia forte oposição a Juscelino), então controlador do Banco Nacional, no auge de seu prestígio.

Pedi ao ministro quinze dias para pensar. Ele considerou o prazo muito longo, deu-me uma semana e sugeriu que usasse esse tempo para ir a São Paulo, endereçando-me a Ramiz Gattás, presidente do Sindicato de Autopeças (Sindipeças) e Manoel Garcia Filho, presidente da Associação Nacional dos Fabricantes de Automóveis e Veículos Automotores (Anfavea). Esses dois pioneiros da luta pela implantação da indústria automobilística no Brasil tratariam de pôr-me em contato direto com os industriais dos dois segmentos, a fim de que eu pudesse fazer uma primeira avaliação das responsabilidades que estava em via de assumir.

Sugeriu-me ainda fazer a viagem de automóvel para que, no caminho, parasse na Fábrica Nacional de Motores (FNM) e recebesse uma aula de indústria automobilística do engenheiro Túlio de Alencar Araripe, diretor técnico da empresa. Pela primeira vez entrei numa fábrica de veículos. Lá pude ver as entranhas do popular caminhão Fenemê sendo transformadas naquele gigante de cara chata.

A viagem a São Paulo, embora curta, foi o suficiente para convencer-me de que estava diante de um grande desafio do qual não podia recuar. As novas fábricas estavam surgindo como cogumelos, já às margens da via Dutra, e um clima de otimismo dominava empresários de todos os portes.

Em meados de maio já participava da reunião do GEIA, como representante do ministro Lúcio Meira e como secretário executivo. A reunião foi numa dependência do Gabinete do ministro, e os demais membros eram todos companheiros em outras frentes de trabalho e em sua maioria colegas do Banco do Brasil (ver Anexo III – A Secretaria Executiva do GEIA).

Senti-me muito à vontade desde o primeiro dia. O clima era de colaboração total. O entusiasmo era o daqueles operários que estavam construindo uma catedral.

Logo na primeira reunião de que participei foi colocado na pauta o caso da Simca. Não havia divergências. As exigências eram as mesmas transmitidas por Orosco ao general Macedo Soares, como não podia deixar de ser, pois as decisões não eram de Orosco e sim do órgão colegiado. Discutiu-se apenas a forma de encaminhar o assunto sem constrangimentos. Tratava-se basicamente de convencer os representantes da Simca de que seria imprescindível apresentar um projeto, de acordo com o roteiro estabelecido, e satisfazer as exigências explicitadas no Plano Nacional da Indústria Automobilística sobre automóveis de passageiros (Decreto nº 41.018, de 26/02/1957).

Resolvemos procurar o deputado Magalhães Pinto para convencê-lo dessa necessidade, na tentativa de superar o impasse. Finalmente o projeto foi apresentado, no formato convencional mas ainda sem satisfazer exigências básicas quanto aos índices de nacionalização progressiva e sem definição precisa quanto à realização de obras para construção da fábrica. Continuaram as discussões e também a cobrança dos mineiros para que o GEIA aprovasse o projeto de sua fábrica.

A certa altura Juscelino foi convidado a ir a Belo Horizonte para participar de solenidade comemorativa do aniversário da cidade, sendo informado de que enfrentaria manifestações de hostilidade se não anunciasse a aprovação pelo GEIA do projeto da Simca. Ele chamou Lúcio Meira para saber como estavam as negociações no GEIA e quais as perspectivas de aprovação do projeto. Foram-lhe transmitidas as gestões que se vinham realizando no sentido de adequar o projeto às exigências dos decretos por ele assinados. Foi-lhe dito também que o GEIA não tinha poderes para abrir mão das exigências, mas se o presidente considerasse importante a aprovação da proposta da empresa francesa nos termos em que estava colocada era óbvio que poderia fazê-lo por simples despacho presidencial, não obstante isso representar uma exceção, que muito prejudicaria a confiança nos Planos Automobilísticos, podendo pôr em risco o próprio sucesso de sua execução. A reação de Juscelino foi imediata: "Os planos do GEIA não devem sofrer sequer um arranhão". Solicitou, porém, que lhe fossem sugeridas as linhas gerais de uma declaração sua para tranqüilizar os conterrâneos mineiros quanto às reivindicações até que as negociações com a Simca chegassem a bom termo, sem no entanto abrir mão das exigências do GEIA.

A fórmula encontrada, que muito agradou a Juscelino, foi uma Resolução do GEIA aprovando em princípio o projeto que lhe havia sido submetido, porém condicionando a concessão dos estímulos previstos ao atendimento das exigências (dezessete, se não me engano) relacionadas no texto da Resolução. Não era o procedimento adotado até então pelo GEIA, que só aprovava os projetos que atendiam plenamente os requisitos regulamentares, ou os recusava quando deixavam de atendê-los no todo ou em parte, e só emitia a resolução aprobatória quando ficasse explicito o compromisso de cumprir todos as etapas previstas.

Esse, porém, era um critério interno, não estabelecido nos decretos que delimitavam a atuação do GEIA. Assim, a decisão adotada em relação à Simca em nada arranhava os planos preestabelecidos, mas foi muito oportuna e evitou constrangimento para o presidente em sua terra natal.

Juscelino foi a Belo Horizonte e anunciou o número da Resolução do GEIA que aprovava o projeto da Simca (Resolução nº 61, de 20 de dezembro de 1957), para júbilo dos mineiros. Quando, uma semana depois, procuraram o GEIA para receber o texto da resolução e tomaram conhecimento de seu conteúdo, os representantes da empresa não ficaram muito entusiasmados, porém as negociações prosseguiram com uma agenda mais definida.

Quando o projeto foi afinal aprovado, já tinha sido superado o prazo para realização da primeira etapa (1º de julho de 1957), ocasião em que, segundo o decreto respectivo, a produção nacional de automóveis de passageiros deveria atingir 50% em peso de peças fabricadas no Brasil. Na segunda etapa (1º de julho de 1958), já próxima, deveria atingir 65% de nacionalização e, na terceira etapa (1º de julho de 1959), pelo menos 60% do motor fabricado no país, bem como 85% do peso total do veículo.

Os representantes da Simca continuaram a apresentar objeções ao ritmo de nacionalização exigido, principalmente quanto ao motor e à carroceria. Além disso, a construção da fábrica em Belo Horizonte não fora sequer iniciada e eles pleiteavam tolerância nos prazos. Prosseguiu o impasse.

Na iminência de ter o projeto cancelado, a matriz da Simca, na França, transferiu para o Brasil o engenheiro Pasteur, considerado a segunda maior autoridade de nível técnico na fábrica de Poissy. Tomaram-se providências urgentes: alugaram as instalações nas quais a Studebaker, no passado, montava seus veículos, em São Bernardo (São Paulo) e lá instalaram sua linha de montagem, em prazo recorde e em caráter provisório, até que fossem construidas suas instalações definitivas em Belo Horizonte, segundo anunciavam. Contrataram com a Ford do Brasil o fornecimento do motor e lançaram em poucos meses seu automóvel Simca Chambord, que durante alguns anos teve boa aceitação no mercado. Os índices de nacionalização foram rigorosamente cumpridos, mas a fábrica não foi transferida para Belo Horizonte.

Os mineiros nunca se conformaram com a perda de sua fábrica. Continuaram cobrando a transferência da Simca para a capital do seu estado e protestando contra o que consideravam arbitrariedade do GEIA, que mais uma vez beneficiara São Paulo em detrimento dos interesses de Minas Gerais.

Foi preciso esperar mais dezoito anos para que os mineiros vissem realizado seu sonho de ter uma fábrica de automóveis. Quando inaugurou a primeira fábrica da Fiat Automóveis no Brasil, Giovanni Agnelli, presidente do grupo na época, demonstrou em meio à festa sua apreensão: "Chegamos tarde, mas espero que não tenhamos perdido o trem". Naquele mesmo ano de 1976 o parque automobilístico nacional completava vinte anos, com posição destacada no mundo. Minas Gerais, quebrando a tradição das fábricas instaladas em São Paulo, era um estado que ainda tentava se consolidar industrialmente. A Fiat não perdeu o trem, como temia seu *comendattore*.

O ex-governador Rondon Pacheco, responsável pelo esforço de levar a Fiat para Minas Gerais, fez todos os contatos e amparou a montadora italiana com benefícios. Em 1973, o Estado se tornou sócio do projeto, com mais de 40% de participação acionária. Com base na Lei estadual 5.621, de incentivos fiscais, Rondon ofereceu isenção de ICMS por dez anos e o terreno de 2 milhões de metros quadrados. Durante os anos de parceria, finda por decisão do ex-governador Newton Cardoso, o governo mineiro injetou cerca de R$ 320 milhões na fábrica.[78]

O custo da interferência do Estado no projeto da Fiat foi muito alto, muito superior aos incentivos oferecidos ao tempo do GEIA, nos projetos aprovados sob sua coordenação, e reabriu o mercado brasileiro às empresas retardatárias, as que perderam o trem, no dizer de Agnelli, como veremos adiante.

O histórico da Fiat na América Latina revela que a empresa italiana procurou sempre associar-se aos governos locais e – com exceção do projeto brasileiro – nunca foi bem-sucedida. Na Argentina, sua primeira experiência, ainda ao tempo de Perón, o projeto não prosperou, apenas sobrevivendo, ao que tudo indica, para satisfazer a interesses políticos do justicialismo. No Chile ela chegou a instalar uma fábrica, num imenso galpão, em associação com o governo chileno, mas o empreendimento não foi adiante. No México costumavam culpar a Fiat por muitos anos de atraso na implantação da indústria automobilística. No Brasil, seu projeto é um dos de maior sucesso, tornando-se a segunda maior unidade Fiat no mundo e ocupando posição de destaque entre as fábricas de veículos instaladas no país.

---

[78] Fiat – 1899/1999 –"Novo Caminho para Minas" – Suplemento do *Jornal do Brasil* – Rio de Janeiro, 25 de julho de 1999, p. 20 e 21.

A Simca – para encerrar a história de sua tumultuada trajetória no Brasil – operou poucos anos aqui. Quando sua matriz na França passou ao controle da Chrysler, a subsidiária brasileira interrompeu a fabricação do Chambord, que foi substituído por um automóvel da nova marca. Mais adiante veremos como a trajetória da Chrysler no Brasil também não foi das mais felizes, reproduzindo, aliás, a sorte de sua matriz americana nessas últimas décadas.

4. A batalha pela substituição de autopeças importadas

O GEIA teve que resistir, no final da execução de seu programa, a várias investidas de fábricas de veículos que não quiseram ou não puderam, dentro dos prazos fixados, atender a seu convite e, portanto, não submeteram seus projetos enquanto as inscrições estavam abertas. A política do GEIA era a seguinte: não há mais razão para oferecer estímulos. Quem desejar fabricar veículos no Brasil poderá vir, mas deverá começar com elevado conteúdo de peças fabricadas aqui ou poderá importá-las, porém pagando direitos de importação elevados. Podem trazer ou importar máquinas e equipamentos, mas não se beneficiarão de isenções fiscais nem de facilidades especiais de crédito. Isso porque, tendo em vista os estímulos oferecidos e os objetivos alcançados, considerou-se que as metas fixadas foram plena e satisfatoriamente atingidas e, talvez, ultrapassadas.

É compreensível, na fase inicial, a resistência dos fabricantes em realizar aquele esforço de nacionalização, porque na verdade se tratava de um grande esforço. Reconhecíamos que os prazos fixados eram muitas vezes exíguos, porém tínhamos a noção exata de importância. Conhecendo bem as contingências de natureza administrativa e política em nosso país, sabíamos que qualquer plano que tivesse de transcender um período administrativo, sobretudo um plano daquela envergadura, correria riscos muito grandes de não ser executado. Então o plano foi previsto para um período presidencial. O esforço que as fábricas tiveram de realizar para cumprir os prazos previstos, é preciso que se reconheça, foi titânico: não apenas esforço financeiro de investimentos, mas também de mobilização de pessoal técnico, de adaptação, de assistência aos fabricantes de autopeças do país mediante o fornecimento de desenhos; muitos engenheiros brasileiros foram ao exterior, muitos do exterior vieram para cá.

Assim, era compreensível a resistência que certas fábricas ofereciam à utilização de peças fabricadas no país, pleiteando uma folga maior para a nacionalização dessas peças e sobretudo para que se pudessem beneficiar dos estímulos de ordem cambial para aquelas não fabricadas no país, porque a importação das partes complementares da produção nacional pelos fabricantes que estivessem cumprindo as metas rigorosamente dentro dos prazos previstos gozava de uma taxa especial de câmbio.

A vigilância do GEIA era muito grande para que não houvesse qualquer burla. As listas de peças a importar eram examinadas com todo o rigor, primeiro do ponto de vista técnico, por engenheiros militares de automóveis, representantes do então Ministério da Guerra, depois na Cacex.

O GEIA elaborou, em colaboração com a Associação Brasileira de Normas Técnicas (ABNT), a nomenclatura padrão para todas as peças de veículos, porque reinava grande balbúrdia nesse particular. Procedeu-se a sua normalização, e todas as peças passaram a obedecer a normas uniformes. Houve, portanto, nacionalização até na nomenclatura, pormenor que dá noção do detalhe a que foi preciso chegar para justificar a não-utilização de peças importadas.

Algumas vezes os fabricantes de veículos usavam o artifício de recusar uma peça fabricada internamente, sob a alegação de falta de qualidade. Caso típico foi o dos eixos das rodas traseiras dos caminhões. Trata-se de peças de grande responsabilidade. Não queremos – diziam as montadoras – assumir a responsabilidade por acidentes nas estradas. É peça que deve obedecer a padrões rígidos de qualidade. Esse argumento realmente nos impressionava, porque uma falha aí poderia desmoralizar todo o plano. Então era necessário ir aos padrões; ou seja, para verificar se procedia a resistência à utilização de uma peça nacional era necessário consultar os padrões fixados pelas fábricas estrangeiras e confrontá-los com os nossos.

Em mais de uma oportunidade pudemos constatar que, já naquela época, graças ao esforço realizado por nossos fabricantes, algumas peças estrangeiras se afastavam mais dos padrões fornecidos pelos próprios fabricantes de veículos do que as peças fabricadas aqui. Estas eram às vezes examinadas pelos fabricantes de veículos com excessivo rigor. Havia casos de refugo de 80% de uma encomenda. Quando o fabricante de autopeças suspeitava que o refugo era um pretexto para aliviar o fluxo de caixa de seu cliente e nos chegavam reclamações dessa natureza, o GEIA procurava atuar. Tínhamos muita autoridade sobre as empresas, de forma que a ação do GEIA, com a presença de nossos técnicos nas fábricas, era realmente respeitada. Eles se familiarizaram muito com os processos de fabricação, de sorte que, quando havia uma reclamação procedente de um fabricante de autopeças, tomavam-se providências, como, por exemplo, a suspensão da licença para importação de partes complementares. As fábricas respeitavam. Às vezes bastava que o fabricante de autopeças ameaçasse reclamar ao GEIA para que a encomenda fosse aceita.

Quando o GEIA foi extinto a indústria de autopeças ficou um tanto desamparada, porque ele coordenava a conjugação dos planos dos fabricantes de veículos com os de fabricação de autopeças. A simples apresentação ao GEIA das listas de peças a importar proporcionava a dimensão das necessidades de peças nacionais. Com sua extinção, os fabricantes de autopeças ficaram muito expostos ao arbítrio dos fabricantes de veículos.

Não obstante o considerável desenvolvimento do segmento de autopeças, impulsionado pelos Planos Automobilísticos, a fabricação de certas partes e peças no pais ainda era notoriamente deficiente. Dada sua importância, cabe mencionar as partes que dependiam basicamente de peças forjadas, como as caixas de mudança, bem como os rolamentos, em geral, em que era total nossa dependência.

A indústria de rolamentos é considerada altamente estratégica e por isso sempre foi alvo de especial atenção nos países industrializados. Todas as máquinas, equipamentos e conjuntos mecânicos em geral, dotados de eixos, dependem de forma vital de mancais e rolamentos. Trata-se de um setor industrial altamente especializado. Costuma-se dizer que tudo que gira depende de rolamentos. Por esse motivo, as instalações industriais dedicadas à fabricação de rolamentos sempre foram objetivos prioritários da artilharia, terrestre, aérea e naval, quer para preservá-las, quer para destruí-las.

Já haviam sido submetidos ao GEIA muitos projetos, mas nenhum para fabricação de rolamentos e apenas dois ou três para instalações de forjarias, considerados insuficientes para atender às necessidades da indústria automobilística. Este era um motivo de preocupação. Não poderíamos considerar efetivamente implantada a indústria automobilística no Brasil se não eliminássemos – ou pelo menos reduzíssemos – o grau de dependência do exterior com relação a esses importantes componentes.

Quanto a rolamentos, vínhamos envidando os melhores esforços para motivar a SKF sueca, maior fabricante mundial, no sentindo de investir numa fábrica no Brasil, esperançosos de que sua decisão muito influenciaria outras importantes empresas do ramo. A reação da SKF sempre foi de falta de interesse, sob a alegação de que o mercado brasileiro seria insuficiente para absorver uma produção em escala econômica.

No que se refere à atração de uma importante forjaria pensávamos na Krupp, que antes da Segunda Guerra Mundial esteve na iminência de investir no Brasil, quando sonhávamos com a instalação de uma grande usina siderúrgica integrada, aspiração que veio a tornar-se realidade, logo depois, com a participação financeira de outro parceiro, graças à habilidade política de Getúlio Vargas.

Aguardávamos uma boa oportunidadc para concretizar contatos objetivos com as duas empresas quando a Krupp anunciou seu propósito de fabricar caminhões ultrapesados (marca Mustang) e locomotivas, em Campo Limpo, um subúrbio de Jundiaí, SP, e nesse sentido apresentou projeto ao GEIA, com o ostensivo apoio do governador Jânio Quadros e daquela cidade, que, como no caso da Simca, doou um terreno para, segundo anunciavam, viabilizar a transferência da Krupp para São Paulo.

O GEIA não podia aprovar o projeto da Krupp porque se tratava da fabricação de um caminhão fora de estrada, com peso bruto superior a 15 toneladas, e o decreto nº 39.568, de 12/07/1956, que instituiu o Plano Nacional da Indústria Automobilística relativo a caminhão, determinava:

> Art. 3º Consideram-se caminhões, para os efeitos do presente decreto, os veículos automóveis de carga, assim designados comercialmente, com peso bruto (gross vehicle weight) entre 4.200 kg e 15.000 kg inclusive.

A negativa do GEIA à aprovação do projeto provocou violenta reação do governador Jânio Quadros, que ameaçou publicamente procurar o presidente Juscelino Kubitschek para exigir sua aprovação.

A fim de esclarecer as razões do GEIA, determinou-me o ministro Lúcio Meira que fosse a São Paulo e Jundiaí e procurasse serenar os ânimos, revelando inclusive nosso propósito de negociar com a Krupp a aprovação de outro projeto – este sim, de grande interesse – para instalação de uma moderna forjaria, ramo em que a tradicional fábrica alemã havia granjeado, desde décadas, insuperado prestígio internacional.

Em São Paulo não foi possível um encontro com Jânio Quadros, mas me vali de meu bom relacionamento com seu secretário do Trabalho, Francisco de Castro Neves, para esclarecer a posição do GEIA. Fiz declarações à imprensa e a emissoras de rádio e televisão e rumei para Jundiaí, onde encontrei a cidade paralisada por uma greve de protesto contra a iniqüidade do GEIA e instigada por especuladores imobiliários que haviam apostado na valorização de terrenos vizinhos à área que havia sido doada à KRUPP. Lembrei-me de um sábio conselho, quando me vi diante de situação idêntica, em Belo Horizonte, no caso da Simca: em certas situações, presença de espírito e ausência de corpo, recomendou-me o governador de Minas Gerais, Bias Fortes; e rumei de volta ao Rio de Janeiro.

As negociações com a Krupp progrediram, e um projeto para instalação de uma forjaria em Campo Limpo (Jundiaí) começou a ser cuidadosamente elaborado.

Em depoimento à Comissão de Finanças da Câmara dos Deputados, fui surpreendido por veemente indagação do deputado Narciso Tamborindegui: "Afirma-se que os veículos fabricados no Brasil já utilizam percentual elevado de peças também produzidas no país. E os rolamentos? Segundo estou informado, não produzimos essas peças vitais e nem há perspectivas de virmos a produzi-las aqui. Vamos ter uma frota de veículos nacionais dependentes da importação de rolamentos? Por quanto tempo? Essa vulnerabilidade está sendo considerada pelo GEIA?"

Nos despachos diários (na realidade, noturnos...) com o ministro Lúcio Meira era freqüente abordarmos a busca de uma solução para esse desafio. A SKF, maior fabricante mundial de rolamentos, desfrutava de uma posição confortável como supridora do mercado brasileiro de produtos importados e mostrava-se empenhada em manter o *status quo*. As outras marcas, de menor expressão em nosso mercado, adotavam a mesma política. Como vencer essa inércia?

Começamos a cogitar de uma solução via empreendimento estatal. Essa não era a filosofia dos Planos Nacionais Automobilísticos. O Decreto nº 39.412, de 16.06.1956, que estabelece as normas diretoras para a criação da indústria automobilística brasileira e institui o Grupo Executivo para aplicação dessas normas, determinava:

> Art. 12. Os incentivos reservados à indústria automobilística serão preferentemente dirigidos aos projetos de iniciativa privada, abstendo-se o governo de estimular a instituição de novas entidades estatais dedicadas a atividade similares.

Não obstante, se a iniciativa privada vinha se mostrando refratária a nossos reiterados apelos, e tratando-se de um item de extraordinária importância estratégica, não apenas para a indústria automobilística mas para a atividade industrial do país de modo geral, não podíamos permanecer indiferentes, no estágio de industrialização que já havíamos logrado atingir. Sc a iniciativa privada não se interessava em produzir rolamentos no Brasil, o Estado deveria tomar a iniciativa de produzi-los.

As primeiras cogitações nesse sentido chegaram a ser reveladas aos dirigentes da Fábrica de Artilharia da Marinha, que dispunha, à época, de moderno equipamento, em boa parte ainda ocioso, adquirido com recursos provenientes do Acordo de Cooperação Militar Brasil-Estados Unidos. Aquela unidade industrial da Marinha já vinha colaborando com os planos de instalação da indústria automobilística, produzindo matrizes para estamparia e forjaria, de excelente aceitação por fabricantes como a General Motors e a Mercedes Benz.

Embora não passasse ainda de cogitações, pareceu-me oportuno responder à indagação do deputado Tamborindegui revelando as gestões em curso e afirmando categoricamente que, se a iniciativa privada não viesse a produzir rolamentos no Brasil, o Estado, mesmo admitindo não ser a melhor solução, tomaria a iniciativa de fazê-lo e envidaria esforços para absorver com esse objetivo a tecnologia mais adequada.

Essa declaração foi objeto de expressiva divulgação pela imprensa e despertou, antes do que se esperava, uma primeira manifestação de interesse do simpático sr. Wistrand, principal executivo da SKF no Brasil, ainda que sob a forma de mera curiosidade quanto ao que estaria em cogitação. Imediatamente nos pediu uma audiência e com poucas semanas apresentou ao GEIA uma carta de intenção manifestando, em princípio, o propósito de fabricar rolamentos no Brasil desde que: tivessem o monopólio de fabricação por alguns anos; fossem autorizados a importar, em condições favorecidas, os aços especiais que só poderiam ser produzidos na Suécia; importassem também as esferas dos rolamentos. Recebemos a carta de intenção mas passamos às mãos do sr. Wistrand uma cópia do roteiro padrão para elaboração do projeto industrial, que só então seria examinado pelo GEIA.

Enquanto a SKF preparava seu projeto, recebemos um excelente dossiê da Federal Mogul e manifestações de interesse da Timken, ambas norte-americanas, e da Kuegelfisher alemã. Tínhamos então quatro possibilidades. Outros projetos menores chegaram depois.

5. Na Europa: visitas programadas a fabricantes e uma não programada a Jalmar Shacht

Dentre as medidas preconizadas pelo grupo de estudos que precedeu o GEIA, em relatório aprovado pelo presidente da República,[79] é oportuno destacar as que se referem à reserva de mercado aos produtores de peças nacionais, nos seguintes termos:

> Esses subcontratadores, que podem ser facilmente nacionais, de fato, irão desempenhar um papel preponderante na consolidação da indústria brasileira de automóveis, não permitindo, com sua presença, que a mesma sofra estrito controle de subsidiárias filiadas de entidades estrangeiras.
>
> Reconhecida então a vantagem de uma estrutura horizontal da indústria, daí emergem duas figuras de produtores: 1) os "fabricantes", onde preponderariam as iniciativas estrangeiras, sem exclusão deliberada, porém, dos nacionais;

---

[79] "Indústria Automobilística – Um plano em marcha", M.V. P., Rio de Janeiro, p. 29,30,36 e 37.

> 2) os "subcontratadores", onde preponderariam as iniciativas nacionais, sem exclusão deliberada dos estrangeiros. Ambos os grupos de investimentos poderiam estar ligados em sociedades mistas – e aos três tipos de empreendedores se deveriam então reservar estímulos convenientes.

E mais adiante:

> O fabricante de veículos, sem ser talvez em muitos casos a mais importante figura da indústria automobilística, desempenhará sempre uma ação essencial para sua consolidação no país, mormente na fase inicial da produção automobilística local. É que ao mesmo tocará a tarefa de converter em realidade tangível a reserva de mercado aos produtores de peças nacionais, pela colocação de suas encomendas, fornecimento de especificações técnicas, eventual assistência técnica etc.

As diretrizes então estabelecidas evidenciavam, portanto, a preocupação de fortalecer a indústria de autopeças estabelecida ou que viesse a se estabelecer no país, não permitindo, com sua presença, que a mesma sofresse estrito controle de subsidiárias filiadas de entidades estrangeiras, porém sem exclusão deliberada dos estrangeiros, comprometendo ainda os fabricantes de veículos em converter em realidade tangível a reserva de mercado aos produtores de peças nacionais, pela colocação de suas encomendas, fornecimento de especificações técnicas, eventual assistência técnica etc".

Exemplos de cooperação efetiva entre fabricantes de veículos e fabricantes de autopeças poderiam ser mencionados às dezenas ou talvez mesmo às centenas, na fase de implantação da indústria automobilística. O GEIA dedicava especial atenção a essa tarefa, promovendo contatos, fazendo sugestões ou contornando dificuldades, sempre que possível. Já foi destacado o papel pioneiro desempenhado pela Fábrica Nacional de Motores e, em particular, por seu diretor técnico Túlio de Alencar Araripe, no estímulo à indústria nacional de autopeças, antes mesmo do GEIA.

À medida, porém, que avançavam as exigências quanto aos índices de nacionalização, quando se deveriam incorporar partes e peças de maior responsabilidade técnica ou que envolviam investimentos de maior vulto, tornava-se indispensável interessar indústrias do exterior em investir no Brasil, para tornar possível o atendimento dessas exigências. Com esse propósito, e por iniciativa da Mercedes Benz do Brasil, fomos autorizados a aceitar convite para visitar empresas em alguns países europeus.

No auge da execução do programa de implantação da indústria automobilística no Brasil – decorria o ano de 1958 – fomos à Europa (três membros do GEIA: Arthur Napoleão Montagna de Souza, José Fernandes Luna e eu), acompanhados pelo embaixador Sérgio Correia da Costa, então licenciado de suas funções no Itamaraty, e consultor da Mercedes Benz, com o objetivo de contactar importantes fábricas de autopeças e procurar interessá-las em realizar investimentos no Brasil. Era também nosso objetivo induzir a Daimler Benz a fabricar os automóveis de passageiros de modelos 180 B (com motor a gasolina) e 180 D (com motor a óleo diesel).

Decorridos treze anos do final da Segunda Guerra Mundial, a Alemanha não deixava transparecer nenhum sintoma de país derrotado. Cidades quase completamente destruídas durante a guerra já estavam totalmente recuperadas. Suas fábricas, reconstituídas graças, em parte, à substancial colaboração do governo norte-americano, por meio do plano Marshall, valeram-se da oportunidade para incorporar as mais avançadas tecnologias aos respectivos processos de produção. A simpatia do povo manifestava-se em todas as oportunidades: nas ruas, nos hotéis, nas fábricas, nas repartições públicas. Era difícil imaginar como aquele mesmo povo, menos de uma década antes, havia projetado uma imagem tão negativa de ódio, vingança, destruição, prepotência, afinal de contas ainda tão viva na memória do mundo. Não se podia vislumbrar nenhum vestígio de Hitler, cruz suástica, Terceiro Reich, conversando com as pessoas ou mesmo procurando suas marcas.

Na matriz da Daimler Benz em Stuttgart nos reunímos com diretores da empresa e com Alfred Jurzykowski, seu sócio no Brasil, de nacionalidade polonesa, e conseguimos convencê-los a apresentar seu projeto de fabricação de automóveis ao GEIA.

Uma visita à Krupp, em Essen, fazia parte de nossa agenda. Tratava-se de convencer uma das mais conceituadas indústrias mecano-matalúrgicas do mundo a instalar uma forjaria no Brasil e abandonar sua pretensão de fabricar caminhões fora de estradas e locomotivas em nosso país.

Ao viajar para Essen, a fim de conversar com os diretores da empresa, era impossível deixar de lembrar as acusações que pesavam sobre a família Krupp, por sua participação na guerra. Em 1948, o Tribunal de Nuremberg havia condenado Alfried Krupp von Bohlen und Hallbach a doze anos de prisão e ao confisco de todas as suas propriedades, pela culpa de espoliação criminosa e promoção de trabalho escravo. No início de 1951 Alfried Krupp foi anistiado e posto em liberdade, após seis anos de prisão (desde o final da guerra em 1945), e foi revogado o decreto de confisco de suas propriedades.

Nesse interim o império industrial da Krupp foi consideravelmente abalado. Já enfraquecido com o bombardeio permanente de suas instalações durante a guerra, foi esquartejado depois do conflito. Fábricas inteiras foram transferidas, principalmente para a Rússia, ou sucateadas. Não obstante, suas atividades industriais nunca cessaram por completo.

Quando de nossa visita, em 1958, o clima era de franca recuperação. Ao nos receberem, seus diretores exibiram, orgulhosos, quatro conjuntos de fotografias e plantas: aspectos do poderoso complexo industrial antes da guerra; um panorama do que restou após a catástrofe; o que já havia sido reconstituído até aquela data; e, finalmente, as plantas dos projetos de reconstrução e ampliação em marcha. Ante nossa manifesta admiração pelo considerável esforço realizado e pelos resultados obtidos em tão curto período (cerca da sete anos apenas), uma resposta incisiva: "Levaram nossas máquinas, foi-nos subtraído precioso contigente humano, mas esqueceram de levar meia dúzia de cérebros."

Durante o almoço com a diretoria, manifestei entusiasmo por um livro que havia chegado às minhas mãos em 1953. Tratava-se da autobiografia de Hjalmar Shacht, o mago da economia alemã da República de Weimar e do Terceiro Reich, cujo instigante título, na tradução inglesa, era *My First 76 Years.*[80] Poucas personalidades tiveram tanto poder durante o regime nazista e ao mesmo tempo, dentro da alta burocracia alemã, tanto prestígio internacional. Acabou conspirando contra Hitler. Não obstante, terminada a guerra, foi surpreendido com a inclusão de seu

[80] LATINI, Sydney A. "Shacht apostava no Brasil" – Carta Mensal (Confederação Nacional do Comércio – Conselho Técnico) – Rio de Janeiro, junho de 2000.

nome na lista dos indiciados pelo Tribunal de Nuremberg, por participar da conspiração que provocou a guerra e das medidas preparativas para ela. Foi um dos três inocentados por aquele tribunal, que condenou à forca mais de uma dezena de criminosos de guerra e encarcerou outros pelo resto da vida.

Terminado o almoço, um dos diretores, reservadamente, aconselhou-me a não mencionar Shacht durante minha permanência na Alemanha. Era ainda uma personalidade controvertida em certos círculos, embora com elevado prestígio na comunidade empresarial. Como consultor, atividade à qual vinha se dedicando após sua libertação, era muito ouvido pelas grandes empresas alemãs e por governos de países em desenvolvimento. Em 1953 conseguiu permissão para abrir seu próprio banco de investimentos, Shacht & Co., com sede em Dusseldorf, onde poderíamos visitá-lo; e ofereceu-se para providenciar um encontro.

Poucos dias depois éramos recebidos por Shacht (eu e José Fernandes Luna, saudoso companheiro de GEIA e de viagem) em modesto gabinete de trabalho, num discreto endereço em Dusseldorf Schadowplatz. Aos 81 anos, sua fisionomia não deixava transparecer as marcas de tantos anos de luta e sofrimentos. Fumando seu inseparável charuto e usando colarinho alto, símbolos de sua inconfundível imagem, acolheu-nos com simpática manifestação de entusiasmo pelo Brasil.

Antes mesmo que tivéssemos oportunidade de bem nos identificar, revelou-se surpreendentemente familiarizado com a conjuntura econômica brasileira, com as linhas básicas do Plano de Metas do Governo Kubitschek e, em particular, com o programa de implantação da indústria automobilística. Os projetos de investimentos da Mercedes Benz, da Volkswagen, da Bosch e o interesse da indústria alemã em geral pelo Brasil foram comentados com entusiasmo.

Sobre a política de transportes, reproduziu convicções já expressas em seu livro:

> Naturalmente são imprescindíveis a reativação do sistema ferroviário existente e o aumento possível de sua capacidade. Além disso, a política de transportes deveria investir não na ampliação do sistema ferroviário mas na construção de grandes estradas de longa distância. Depois do desenvol-

> vimento fabuloso do automóvel no âmbito do transporte de passageiros e principalmente no de cargas, pode-se dizer que a era de construção de ferrovias chegou ao fim. Os países em desenvolvimento têm a vantagem frente às velhas nações industriais de poderem, por assim dizer, passar por cima da dispendiosa construção de ferrovias e substituí-la pela construção de estradas. A construção e manutenção de estradas são mais baratas do que os complicados trilhos. Com exceção da importação de algumas máquinas baratas para sua construção, as estradas podem ser executadas com recursos e mão-de-obra nacionais, enquanto a ferrovia, desde os trilhos, vagões e locomotivas até o complexo sistema de sinalização, tem que ser totalmente comprada no exterior por preciosas divisas. O governo não precisa se preocupar com a aquisição de veículos para a estrada. A aquisição de caminhões e ônibus pode ser deixada totalmente a cargo da iniciativa privada, que com prazer assumirá essa nova modalidade de negócios. A construção de novas estradas também é a base ideal para o assentamento em regiões até então despovoadas.[81]

Discorreu longamente sobre a importância da organização do mercado de capitais no Brasil, mostrando-se inconformado com as oportunidades que o país vinha perdendo por não dedicar maior atenção a essa tarefa, que considerava, talvez, o principal desafio a ser enfrentado pelo governo e pela iniciativa privada, para acelerar o processo de nosso desenvolvimento. Sua confiança no futuro do Brasil, sua convicção de que o país não tardaria a ocupar posição de relevo entre as maiores potências econômicas do mundo, nos foram transmitidas com a segurança de um experiente analista do panorama econômico internacional.

Confessou que sempre teve vontade de conhecer o Brasil e que não faltaram oportunidades, mas que em todas as ocasiões algo aconteceu para impedir a realização de seu sonho. Morreu aos 93 anos, em 1970, vítima de embolia causada por uma queda na qual fraturou o fêmur.

A Krupp, porém, não perdeu a oportunidade, ainda em 1958, de investir na construção de moderna forjaria em Jundiaí, atraída pelas perspectivas que então se ofereciam, no auge da implantação da indústria automobilística no Brasil.

---

[81] SCHACHT, Hjalmar. *Setenta anos de minha vida* (edição brasileira), São Paulo: Editora 34, 1999, p. 628.

Ainda na Alemanha, visitamos a Bosch, a ZF, uma fábrica de rodas, a Müller e a Schuller.

A Bosch já estava no Brasil, produzindo bicos de injetores para motores diesel. Procuramos interessá-la em ampliar e diversificar sua linha de produção para atender à crescente demanda de partes elétricas. Na ZF, em Friederichshaffen, antiga fabricante do dirigível Graf Zeppelin, o nosso empenho era que investisse no Brasil para fabricar caixas de mudança. Na Müller e Schuller, tradicionais fabricantes de prensas, o convite era no sentido de investir no Brasil para atender a um mercado em promissora expansão, onde já contavam com importantes clientes na indústria automobilística.

Finalmente fomos a Gaguenau para aproximar os fabricantes de rodas ali estabelecidos de uma empresa que, no Brasil, estava em busca de parceiro para ampliar sua produção: a Fumagalli, de Limeira, SP.

Todos esses contatos foram bem-sucedidos e transformaram-se em projetos aprovados pelo GEIA.

Quanto ao projeto de fabricação de automóveis da Mercedes Benz, no qual depositávamos grande esperança – pois seria o primeiro a oferecer ao mercado um carro de porte médio, de grande prestígio internacional e a primeira fábrica de automóveis para passageiros com a estrela da Mercedes fora da Alemanha –, poucas semanas após nosso retorno ao Brasil recebemos correspondência da Daimler comunicando o adiamento de sua concretização, por prazo indeterminado, alegando o surgimento de motivos de força maior para essa decisão. Tudo indicava que os motivos de força maior, porém, muito tinham a ver com o relacionamento entre a matriz alemã e seu sócio no Brasil.

6. A obstinação de Alfred Jurzykowski e a fabricação do primeiro motor a diesel no Brasil

Como já mencionado, o sucesso da instalação da fábrica de caminhões e ônibus Mercedes Benz no Brasil deveu-se à obstinação de Alfred Jurzykowski, um polonês de nascimento, radicado nos Estados Unidos depois da Segunda Guerra Mundial, que se tornou ativo homem de negócios, atuando principalmente no comércio exterior de *commodities*. Tinha sido oficial de cavalaria do exército polonês durante a Segunda Guerra

Mundial. Derrotada a Polônia, emigrou para os Estados Unidos e passou a fornecer rações para o exército americano, inclusive produtos chocolateiros, com cacau importado da República Dominicana e depois do Brasil. Enriqueceu exportando material excedente de guerra. Desenvolveu um comércio de compensação, exportando cacau brasileiro para os Estados Unidos e importando triangularmente automóveis e caminhões Mercedes Benz para o Brasil. Atraído pelas novas perspectivas, decidiu radicar-se aqui, dedicando-se de corpo e alma à promoção da indústria automobilística. Passou a importar caminhões CKD da Mercedes Benz, cuja montagem era feita em grandes galpões na rua Bela, no Rio de Janeiro. Procurou induzir a Mercedes Benz a se instalar industrialmente no Brasil, prometendo aos alemães participação paritária. Essa decisão se tornaria no futuro fonte de conflitos, mas em troca assegurou-nos assistência técnica sem pagamento de *royalties*.

Se o projeto de automóveis não vingou, a produção de caminhões e ônibus obedecendo aos critérios do GEIA[82] teve início em 1957. Já no final de 1955, porém, Jurzykowski protagonizou um acontecimento que transpôs nossas fronteiras e se propagou pelos grandes centros de industrialização automobilística mundial, evidenciando que já dispúnhamos de uma infra-estrutura capaz de produzir veículos, inclusive seus motores.

Em 21 de dezembro de 1955 Juscelino Kubitschek, eleito em outubro presidente da República e ainda não empossado, foi presidir em São Paulo a cerimônia da fundição do primeiro bloco de motores diesel para caminhões, produzido em escala industrial no Brasil pela Sofunge (Sociedade Técnica de Fundições Gerais), para a Mercedes Benz do Brasil, aqui implantada graças à obstinação de Alfredo Jurzykowski. A Sofunge, numa proeza industrial inédita no país, com técnicos alemães e brasileiros, fundiu efetivamente o primeiro bloco de motores diesel para caminhões em série, tendo o presidente Juscelino Kubitschek vazado o ferro fundido no molde de areia do motor número 1 fabricado no Brasil. Rompia-se assim o tabu tentacular que sentenciava a impossibilidade da fabricação de motores no hemisfério sul e em clima tropical.

---

[82] Resolução n°s 4 e 19, aprovadas respectivamente nas reuniões do GEIA de 8/11/56 e 14/03/57.

Na cerimônia o presidente da Sofunge, Eduardo Simonsen (filho do grande líder empresarial Roberto Simonsen), frisou em seu discurso que o fato tinha "a significação de assinalar mais uma grande etapa em nossa emancipação econômica industrial, no setor dos transportes rodoviários"; e enalteceu "o esforço que vem sendo desenvolvido pela indústria nacional de autopeças, que já propicia à nação brasileira a produção de grande porcentagem do veículo automotor e mantém em bom funcionamento os já existentes no país."

Manifestou também "a satisfação de receber da Mercedes Benz a incumbência de fundir os blocos de motores, seus cabeçotes e demais componentes", para concluir: "A fabricação de motores abrirá nova era na indústria nacional e, em breve, em lugar da exportação de minério de ferro a, talvez, Cr$ 0,60 o quilo, estaremos exportando motores à razão de aproximadamente Cr$ 300,00 (antigos) o quilo".[83]

7. Os retardatários

Deixamos a Alemanha animados com a receptividade de nossas proposições, sem dúvida a fruto da confiança que nossos planos transmitiam aos investidores, e fomos à França, a convite da Simca.

Em Poissy, nos arredores de Paris, a empresa havia acabado de inaugurar modernas instalações, que seus diretores exibiram com muito orgulho, reforçando o compromisso de imprimir maior velocidade a seu projeto brasileiro. Foi nessa oportunidade que tomamos conhecimento da decisão de sua diretoria de transferir para o Brasil o engenheiro Pasteur, o segundo homem na hierarquia de técnicos da empresa.

De Paris fizemos uma esticada de um dia a Turim, na esperança de interessar a Fiat no projeto da Simca no Brasil, uma vez que as duas empresas mantinham estreito relacionamento. Pensávamos que a Fiat pudesse se interessar pela fabricação no Brasil de um modelo de automóvel – o Fiat 600 – que naquela ocasião fazia grande sucesso na Europa, para substituir o Simca-Chambord e competir com o Fusca da Volkswagen. Prometeram examinar. Mas os entendimentos com a Fiat eram muito difíceis e

[83] GATTÁS, Ramiz. *A indústria automobilística e a 2ª revolução industrial no Brasil – origens e perspectivas*, São Paulo: Prelo Editora Ltda., 1981.

demorados, e além disso ela andava muito envolvida com os problemas de suas subsidiárias latino-americanas, na Argentina, no México e no Chile, que, segundo estávamos informados, não iam bem. Quando veio a resposta da Fiat, com evasivas, embora manifestando algum interesse em discutir a idéia, os prazos para apresentação de projetos tinham-se esgotado.

Na Suécia nosso anfitrião foi a Scania-Vabis, mas na realidade estávamos empenhados em nos aproximar da diretoria da SKF. Nossa missão era convencer os até então reticentes responsáveis pelas maiores fábricas de rolamentos do mundo a incluir o Brasil em sua agenda, não mais como grande importador, que já éramos, porém como produtor também. Estávamos munidos de bons argumentos para demonstrar a potencialidade do mercado brasileiro, mas se sua dimensão não lhes parecesse ainda encorajadora para atrair seus investimentos, por que não pensar em termos de mercado latino-americano, com base no Brasil?

A SKF integrava poderoso grupo empresarial controlado pelo Scandsnavska Bank, dominado pela família Wallenberg. A Scania-Vabis, uma das empresas do grupo, já fabricava caminhões pesados no Brasil, associada à Vemag. Nossos anfitriões promoveram o encontro com o próprio senhor Wallenberg em simpático almoço, no qual exercitamos a clássica saudação (*skol*) com a mão direita sobre o peito e obtivemos o compromisso de sua atenção pessoal na elaboração de um projeto – de acordo com o roteiro do GEIA – para transformar em realidade a fábrica brasileira da SKF.

Já nos preparávamos para regressar ao Brasil quando nos foi transmitida, por intermédio de diretores da Scania-Vabis, solicitação de audiência de diretores da Volvo, sua maior concorrente na Suécia. Em reunião no Grande Hotel de Estocolmo recebemos os representantes da Volvo, que nos consultaram sobre a viabilidade e nova oportunidade de apresentar ao GEIA seu projeto de fabricação de caminhões no Brasil.

A marca Volvo já tinha longa tradição no Brasil quando a marca Scania-Vabis ainda não era sequer conhecida. Por intermédio de seu distribuidor no Rio de Janeiro, havia mantido entendimentos com o GEIA e chegou a elaborar projeto que nunca foi apresentado, por falta de autorização final de sua matriz. O prazo para apresentação de projetos relativos à fabricação de caminhões estava esgotado. Não obstante, a Volvo reiterava agora seu interesse em instalar sua fábrica no Brasil e desejava negociar as condições em que poderia fazê-lo.

Nossa reação foi a única possível, em face dos regulamentos em vigor: nada impedia que a Volvo realizasse seu projeto; a fabricação de seus produtos no Brasil seria muito bem-vinda; lamentávamos que não tivessem apresentado seu projeto ao GEIA em tempo de se beneficiar com os incentivos oferecidos; agora isso já não era possível.

Lembramos que a Volvo ainda poderia receber incentivos para produzir tratores agrícolas, cujos planos de fabricação no Brasil estavam em fase final de elaboração. Decidiram enviar ao Brasil, para estudar o assunto, um engenheiro vinculado a uma de suas subsidiárias. O engenheiro viajou conosco, recebeu todas as informações solicitadas, porém o projeto, nunca foi apresentado.

8. A preocupação com o futuro da indústria nacional de autopeças

O veículo automóvel (seja ele caminhão ou automóvel de passageiros) é constituído basicamente por três conjuntos ou partes: o motor, o eixo traseiro e a caixa de mudanças. A fabricação desses conjuntos requer tecnologia sofisticada, cabendo por isso controle mais rigoroso em todas as etapas, desde a seleção de matéria-prima, fundição e forjaria, até os detalhes de usinagem, montagem e acabamento.

Já vimos como a fundição de blocos do motor e cabeçotes teve início no Brasil e constituiu passo fundamental para inspirar confiança, logo no início do processo de industrialização dos veículos automotores. Seus componentes indissociáveis – os pistões de alumínio (forjados) e os anéis de segmento – vinham sendo fabricados no Brasil, para atender ao mercado de reposição, muito antes da instituição dos Planos Nacionais Automobilísticos.

Com os estímulos oferecidos pelo GEIA, dois importantes projetos prosperaram consideravelmente, a ponto de partirem, muito cedo, para a conquista de mercados no exterior. Estamos falando na Metal Leve (pistões e camisas) e na Cofap (anéis de segmento e amortecedores), controladas por capital nacional.

A Cobrasma – Companhia Brasileira de Material Ferroviário investiu na fabricação de conjuntos de eixos traseiros e dianteiros desde

1957, assegurando o suprimento adequado dessas partes em quantidade e qualidade.

A fabricação de caixas de mudanças veio mais tarde, com a ZF alemã, e a de peças forjadas em geral ganhou grande impulso com o investimento da Sifco (uma subsidiária da Steel Improvements americana) e, principalmente, com a instalação da Krupp, ambas em Jundiaí.

A aprovação de projetos para fabricação de rolamentos completava o rol de iniciativas que mais preocupavam o GEIA em seu esforço para dotar o Brasil de uma indústria de autopeças capaz de suprir os fabricantes de veículos que se estavam instalando e assegurar o seu futuro desenvolvimento com o menor grau possível de dispêndio em divisas para importações. O projeto da SKF foi apreciado e aprovado pelo GEIA simultaneamente aos projetos da Timken e da Kuegelfisher. Sua moderna fábrica construída em Guarulhos, à margem da via Dutra, foi dimensionada para atender não só ao mercado brasileiro mas também a boa parte do mercado latino-americano.

As três figuras interessadas em peças e partes automobilísticas – o fabricante de veículo, o subcontratador de fabricações e o montador – teriam sempre interesse em importar essas peças e partes, que vão desde os órgãos isolados dos veículos até os vários conjuntos que conformam uma unidade automóvel completa.

Quando se considera, porém, o número de peças distintas de um veículo automóvel (cerca de 12 mil nos caminhões, das quais cerca de duzentas de maior complexidade), conclui-se pela impraticabilidade de controle frontal que assim seria executado, antes convindo desestimular de vez a pseudofabricação dos subcontratadores.[84]

Com o objetivo de conseguir maior interesse para a mais rápida fabricação do motor do veículo – uma de suas partes mais complexas – e evitar o inconveniente óbvio da concessão antecipada de vantagens de maior vulto com base em realizações apenas prometidas, deliberou-se estabelecer a distinção entre *montadores* e *fabricantes*. Até o momento em que

[84] Relatório do Grupo de Estudos sobre a Indústria Automobilística – "Um plano em Marcha", nº 10, Ministério da Viação e Obras Públicas – Serviço de Documentação, Rio de Janeiro, 1957.

se iniciasse a fabricação do motor, as importações de autopeças (partes complementares da produção nacional) pelos montadores recebiam tratamento cambial menos favorecido que as importadas pelos fabricantes, assim considerados os que incorporassem ao veículo o motor com pelo menos 60% de seu peso produzido no país, etapa obrigatória, prevista em cada projeto.

Só se pode falar realmente de indústria automobilística em um país quando se verifica a presença de produção local de autopeças em níveis adequados, isto é, quando se fabricam veículos com índice de nacionalização de alguma expressão. Assim, um país que tem apenas montadoras de veículos, importando todas ou grande parte das peças e componentes do produto final, não pode ser considerado como possuidor de uma indústria automobilística. Não é por outra razão que países que querem preservar suas respectivas indústrias automobilísticas estabelecem índices mínimos de nacionalização e/ou adotam barreiras não-tarifárias.

Para analisar o papel da indústria de autopeças dentro desse contexto, não se pode perder de vista que a participação na estrutura de custos de peças e componentes das empresas de autopeças, por categoria, é aproximadamente a seguinte: peças do motor e da transmissão, 30%; peças de carroceria externa, 16%; e sistemas elétricos, 10%. Essa composição é freqüentemente alterada em função da utilização cada vez maior de tecnologias nas áreas de novos materiais e da eletrônica.

Na medida em que a responsabilidade pela concepção e pelo desenvolvimento de novas tecnologias e de novos componentes recai, de forma crescente, sobre os fornecedores de autopeças, tornam-se evidentes tanto a importância do aperfeiçoamento da capacidade de inovação desse setor quanto a relevância de sua capacitação financeira e produtiva para uma configuração sustentável para a indústria automobilística.

Em diversos países, as medidas de proteção ao setor de autopeças fundamentam-se na constatação de que elas representam, em média, 60% do custo de fabricação de um automóvel. Portanto, sob um ângulo de análise mais abrangente, que leve em consideração as relações econômicas inerentes não só à indústria em si mas sobretudo ao complexo automobilístico (montadoras, revendedores, autopeças e insumos básicos), abdicar de um índice de nacionalização relevante significa abrir mão simultaneamente de uma parcela importante do valor agregado pela indústria como um todo.

A fixação da orientação governamental a respeito da implantação da indústria automobilística abriu novos horizontes à indústria de autopeças, criando um mercado seguro para seus produtos junto às fábricas de veículos e possibilitando um vigoroso plano de ampliação de suas instalações e/ou criação de novas indústrias.

Num nível bem geral – já no início dos anos 60, ao final, portanto, da fase de implantação da indústria automobilística no Brasil – a capacidade tecnológica da indústria nacional de autopeças pode-se resumir assim: era alta na fabricação de *peças metálicas*, de produtos relacionados com o segmento metal-mecânico; média nos componentes constituídos à base de plásticos tradicionais; deficiente naqueles produtos em que as tecnologias ligadas a novos materiais são importantes tanto para a qualidade quanto para o desempenho dos veículos (por exemplo, o plástico é utilizado inclusive para diminuir o peso do veículo); ruim na fabricação de produtos à base de borracha. Nesse caso, por sinal, o setor de autopeças foi vítima, recebendo matéria-prima que, comparativamente ao que se encontrava no mercado internacional, além de ser cara, tinha péssima qualidade. No segmento da eletrônica a indústria de autopeças no Brasil encontrava-se em fase embrionária, sendo constituída por algumas poucas empresas estrangeiras de expressão internacional (Bosch, por exemplo) e algumas das maiores empresas nacionais do setor de autopeças que trabalhavam com tecnologia importada.

Obviamente, o segmento de autopeças deveria – em etapas sucessivas – estar preparado não só para competir com os fornecedores estrangeiros, à medida em que se fossem reduzindo as barreiras protecionistas, mas também para assumir responsabilidades em relação ao projeto e à produção de partes importantes dos veículos fabricados localmente, visando inclusive a conquista de mercados no exterior.

Nesse sentido, concluída a etapa de implantação da indústria automobilística, deveria ser objeto de atenção um projeto de reestruturação competitiva da indústria de autopeças, visando dar sustentação e viabilizar, durante determinado período, o processo de transformação das empresas desse segmento industrial para se ajustar às novas condições vigentes no cenário nacional e internacional. Dentro do contexto de desenvolvimento da tecnologia nacional no setor de autopeças, um dos primeiros programas se deveria direcionar para a criação de um sistema setorial de inovação, de padrão internacional.

Entidades como o BNDES e o Finep, por exemplo, deveriam trabalhar para consolidar esse sistema, inclusive complementando, em termos de infra-estrutura, o que as empresas eventualmente requeriam, ou viessem a requerer, nos projetos de pesquisa.[85]

9. Os pioneiros

Para Juscelino a indústria automobilística era emblemática, era uma espécie de passaporte para a modernização tecnológica, a sua menina dos olhos, e o GEIA uma espécie de pedra de toque do êxito do programa de industrialização.[86]

O almirante Lúcio Meira foi o incansável comandante e o líder inconteste de todo o processo que culminou com a implantação da indústria automobilística no Brasil, iniciado por sua inspiração em 1952, quando criou e presidiu o principal instrumento para isso: a Subcomissão de Jipes, Tratores, Caminhões e Automóveis, subordinada à Comissão de Desenvolvimento Industrial, ainda ao tempo do Governo Vargas.[87]

Até pouco antes da extinção do GEIA, no início de 1964, o almirante Lúcio Meira foi mantido na sua presidência, mesmo após ter deixado o Ministério de Viação e Obras Públicas e durante os períodos em que foi sucessivamente presidente do BNDE (ainda no governo Juscelino) e da Companhia Siderúrgica Nacional (no governo João Goulart). Durante breve interregno, no governo Jânio Quadros, embora tendo retornado à ativa, na Marinha, continuou ocupando a presidência do GEIA, tarefa à qual se dedicou com fervor passional.

---

[85] IEDI, "Mudar para Competir – Indústria de Autopeças – Estratégia de Sustentação para os Anos 90", São Paulo, junho de 1993.

[86] CAMPOS, Roberto. *Lanterna na popa*. Rio de Janeiro : Topbooks, p. 322, 1994.

[87] Idem, "Meu entusiasmo na implantação da meta da implantação da indústria automobilística era bem mais matizado do que o de seus dois principais líderes: um era o almirante Lúcio Meira, que se entregou à tarefa com fervor passional, e outro, o cérebro do GEIA, o engenheiro Eros Orosco, cuja lendária capacidade de trabalho de longe excedia seu azedume de temperamento."

O papel fundamental que o secretário executivo do GEIA, autor deste livro, teria desempenhado, no julgamento generoso de Roberto Campos[88], deveu-se ao clima de desafio que dominou o governo JK, à liderança positiva e ao fervor passional de Lúcio Meira, bem como ao entusiasmo quase fanático (outra expressão de Roberto Campos) dos seus dedicados companheiros de equipe (ver anexo III), tanto os servidores públicos como os da iniciativa privada, imbuídos da missão a cumprir.

As relações do GEIA com as empresas transcorriam num clima da maior cordialidade e o mínimo de burocracia, embora as medidas de fiscalização aplicadas aos beneficiários dos estímulos previstos fossem mantidas com especial rigor. Negociamos sempre com a maior independência e, assim procedendo, sentíamos que estávamos despertando a admiração das partes. Criou-se o hábito de negociar nessas bases e de respeitá-las.

Um clima de confiança mútua tornava possível a discussão franca dos problemas que surgiam e sempre encontravam soluções consensuais. O contato permanente com os representantes mais categorizados das empresas, no decorrer do processo, revelou surpreendente entusiasmo deles pelo fiel cumprimento das metas estabelecidas, à medida que se consolidava sua convicção do firme propósito das autoridades governamentais de cumpri-las, respeitando os compromissos assumidos.

Legítimas parcerias foram se identificando entre técnicos e executivos do setor privado, empolgados com o desafio que lhes havíamos lançado de criar em nosso país uma indústria tão complexa como a automobilística, com crescente incorporação de partes e peças fabricadas no Brasil.

Entre os que vieram do exterior, muitos haviam participado da guerra, alguns em lados opostos, e aqui se confraternizavam. Dir-se-ia que o espírito de luta, enrijecido no conflito armado, havia fortalecido seu ânimo e a esperança de um mundo melhor reforçava sua disposição de cooperar.

---

[88] "Quando Orosco se desentendeu com o almirante Lúcio Meira, a responsabilidade de operacionalizar o programa coube a Sydney Latini, secretário executivo, que teve papel fundamental na administração dos incentivos ao programa de nacionalização e na seleção de projetos. Tratando-se de um setor em que se digladiavam grandes interesses e no qual as licenças de importação de componentes eram acirradamente disputadas, é surpreendente que essa grande montagem não tenha sido tisnada pela acusação de corrupção e favorecimento indébito." – CAMPOS, Roberto. *Lanterna na popa*. Rio de Janeiro: Topbooks, p. 322, 1994.

Um dos heróis da saga da indústria automobilística foi o polonês Alfred Jurzykowski, responsável, como já vimos, pela implantação da Mercedes Benz no Brasil. Era um aventureiro genial. Alto e esbelto, tez rosada, cabeça raspada homogeneizando a calvície, pose autoritária, sósia quase perfeito do general Eisenhower, convenceu seus ex-rivais de guerra alemães a fabricar caminhões no Brasil.

O grande técnico de Jurzykowski era um genial mecânico austríaco, Ludwig Winkler, alto, bigodudo e rubicundo, que presidia as operações de montagens na rua Bela no Rio de Janeiro e, posteriormente, comandou com mãos de ferro a instalação da fábrica da Mercedes Benz em São Bernardo do Campo (SP), em prazo recorde. Tinha um passado aventuroso. Casado com uma chinesa da Mandchúria, fora mecânico-chefe encarregado da logística dos exércitos de Chiang Kai-Chek, na luta da Kuomintang contra os comunistas de Mao Tse-Tung.

Friedrich Wilhelm Shultz-Wenke veio para o Brasil ainda muito jovem para comandar a instalação de modesta linha de montagem de Kombis da Volkswagen, quando Olavo Egídio de Souza Aranha abriu os olhos de Heinrich Nordhoff para as oportunidades oferecidas pelo mercado brasileiro. Nordhoff, presidente da Volkswagen, tinha sido o principal executivo da Opel (subsidiária da General Motors na Alemanha), antes da guerra. Shultz-Wenke tornou-se amigo de Nordhoff durante o conflito, quando serviu como cozinheiro no quartel-general comandado por ele, então oficial do exército alemão. Terminada a guerra, as autoridades norte-americanas de ocupação da Alemanha incumbiram Nordhoff de recuperar a Volkswagen, empresa controlada pelo governo alemão. Shultz-Wenke acompanhou seu ex-comandante e, como prêmio pela lealdade, foi enviado ao Brasil para dirigir a filial da Volkswagen.

Com a posterior participação minoritária (20%) da firma Monteiro & Aranha, a Volkswagen cresceu no Brasil e teve seu projeto de fabricação da camioneta Kombi aprovado pelo GEIA em 1956. Em 1958 obteve financiamento do BNDE, proporcional à participação do capital nacional em seu projeto de investimentos, obedecendo à regra estabelecida segundo a qual o financiamento com fundos públicos às empresas estrangeiras só deveria ser concedido na proporção da participação brasileira no capital das empresas, sendo assim um indutor para que elas se abrissem à participação nacional.

Paulo Ivanyi era um engenheiro húngaro que trabalhou na Ford alemã antes da guerra. Terminado o conflito, veio para o Brasil, onde continuou por pouco tempo vinculado à subsidiária brasileira da mesma empresa, transferindo-se em seguida para a Vemag (detentora do primeiro projeto aprovado pelo GEIA), onde desempenhou papel decisivo na fase de implantação da indústria automobilística. Foi um dos maiores incentivadores dos fabricantes de autopeças em nosso país, a muitos dos quais prestou entusiástica assistência técnica. Promoveu a formação de engenheiros e técnicos, mediante corajoso programa de aperfeiçoamento, no Brasil e no exterior e dotou a Vemag de uma das mais modernas ferramentarias, o que possibilitou à empresa desenvolver no país os primeiros modelos de utilitários e automóveis de passageiros lançados no mercado nacional. Modesto, quase anônimo, encerrou sua carreira na Volkwagen, quando a Vemag foi absorvida por aquela empresa. Seu nome há de ser sempre lembrado como um dos principais responsáveis pelo sucesso do programa de implantação da indústria automobilística no Brasil.

Hickman Price, norte-americano, primeiro diretor-presidente da Willys Overland do Brasil (projeto nº 2 aprovado pelo GEIA), destacou-se como um dos maiores entusiastas pelo plano de implantação da indústria automobilística no Brasil. Promoveu rápida incorporação de autopeças fabricadas internamente ao veículo que logo conquistou o mercado brasileiro – o Jipe –, chamando atenção para a verdadeira revolução que se iniciava no setor. Eu diria que Hickman Price foi se nacionalizando, ele próprio, à medida que promovia a nacionalização dos veículos que fabricava no país. Dirigia a subsidiária brasileira com grande autonomia. Essa é uma caraterística que cumpre evidenciar, pois distinguia a Willys das outras duas subsidiárias norte-americanas – a General Motors e a Ford –, extremamente dependentes das decisões de suas respectivas matrizes.

A Ford é a filial de São Paulo da Ford Motor do Brasil S.A, sociedade constituída de acordo com as leis do estado de Delaware, nos Estados Unidos da América do Norte, e com escritório em Dearborn, Michigan, naquele país. A filial de São Paulo foi originalmente autorizada a operar no Brasil em 1925, com a designação de Ford Motor Company, Exports Inc., em cujo nome foi expedida a Resolução nº 12, aprovada em reunião do GEIA de 12/12/56 para a fabricação de caminhões e camionetas, nos termos dos

Decretos respectivos que instituíram os Planos Nacionais Automobilísticos. Em 1958, foi autorizada a continuar funcionando no país, com a sua denominação atual. A Ford Motor do Brasil S.A. opera exclusivamente no Brasil, onde o principal executivo, à época em que foi expedida a resolução do GEIA, era o gerente geral Humberto Monteiro, de nacionalidade brasileira.

A General Motors desempenhou papel histórico no processo de implantação da indústria automobilística no Brasil: foi a primeira empresa que apresentou um projeto de fabricação de caminhões, ainda ao tempo da Comissão Executiva da Indústria de Material Automobilístico (Ceima), precursora do GEIA.

Desestimulado pela Ford, quando de sua viagem aos Estados Unidos a seu convite, a imprimir ritmo acelerado ao programa de incorporação progressiva de autopeças fabricadas no Brasil aos veículos que já vinham sendo montados aqui, Lúcio Meira lembrou-se de procurar James Roche, presidente da GM nos EUA, que já vivera muitos anos no Brasil, onde foi o principal executivo da subsidiária da General Motors e com quem nosso almirante mantivera bom relacionamento desde os tempos da Subcomissão de Jipes, Caminhões, Tratores e Automóveis. Desse encontro resultou a decisão da General Motors de apresentar um projeto que atendesse às aspirações do Ceima. Analisado e acolhido, o projeto não chegou a receber a aprovação formal, por motivo da crise política que culminou com o trágico desaparecimento do presidente Getúlio Vargas, em 1954.

Decorridos dois anos e adaptado às novas normas, o projeto foi reapresentado e aprovado pelo GEIA, ainda em dezembro de 1956. Na fase de sua implantação o engenheiro da General Motors André De Beer, norte-americano de nascimento e radicado no Brasil havia algumas décadas, desempenhou importante papel e assumiu posição de liderança do setor, ocupando a presidência da Anfavea (Associação Nacional dos Fabricantes de Veículos Automotores) no período.

10. Pedras no caminho

O relatório do grupo de estudos criado no Conselho de Desenvolvimento para examinar o problema da criação da indústria automobilística no Brasil, aprovado pelo presidente Juscelino Kubitschek em 16 de junho de 1956, recomendava que o GEIA tivesse "vida limitada no tempo (no máximo cinco anos), pois sua ação seria necessária apenas durante a fase de instituição definitiva da indústria automobilística no país, e em sua estrutura deveria contar com os responsáveis pelas agências de governo que realmente iriam tomar as providências legais requeridas para a instalação das unidades produtoras e que a eficiência da ação do Grupo Executivo em causa irá sobretudo depender do apoio que se venha a dar à sua ação, pelos escalões superiores da Administração Pública, pelo que se sugere fique o mesmo subordinado à Presidência da República, através do Conselho do Desenvolvimento".[89]

O GEIA sempre admitiu que o processo de seleção das fábricas cujos projetos fossem submetidos a sua aprovação seria constituído de três etapas. Na primeira, que se poderia denominar de gabinete, foram selecionados projetos que preencheram as exigências mínimas dos Planos Nacionais Automobilísticos. Freqüentemente surgiam críticas – e ainda hoje são feitas – segundo as quais teríamos aprovado projetos demais, incompatíveis com a realidade do mercado. Achávamos, porém, que não tínhamos o direito de negar às firmas habilitadas a oportunidade de correr o risco a que se declaravam dispostas e, muito menos, de assegurar monopólio.

Pode-se argumentar que esse procedimento ocasionou um custo elevado, porque se concederam estímulos cambiais e fiscais a todos e creditícios a alguns. Cabe considerar, no entanto, que esses estímulos não foram subtraídos de uma receita preexistente. Mais correto seria dizer que se tratava de receitas diferidas, porque deixaram de se recolher por um prazo determinado, após o qual passariam a se tornar efetivas, em montantes muito mais elevados.

O estágio seguinte – a execução dos projetos aprovados – punha à prova a capacidade técnica, administrativa e financeira das empresas. Os que não demonstrassem, na prática, ter condições para cumprir os compromissos assumidos, principalmente o de incorporar, progressivamente partes e peças fabricadas no Brasil, de acordo com índices preestabelecidos, teriam os incentivos para as etapas seguintes cancelados ou suspensos.

A seleção definitiva deveria processar-se no mercado. Nessa terceira etapa de seleção, somente os projetos que viessem a merecer aceitação

[89] Relatório do Grupo de Estudos sobre a Indústria Automobilística, "Um Plano em Marcha", nº 10, Ministério da Viação e Obras Públicas – Serviço de Documentação, Rio de Janeiro, 1957.

dos usuários – quer no que se refere a preços, quer quanto a qualidade e manutenção – teriam condições de prosseguir.

O GEIA procurou, assim, conciliar a filosofia que consagra o sistema de economia de mercado com o imperativo de assegurar reserva de mercado para a indústria nascente. As diversas fusões, incorporações, substituições, desaparecimento de marcas do mercado e o surgimento de outras atestam que também sob esse aspecto o procedimento adotado produziu os resultados esperados. Desse modo, o GEIA, cumprida sua missão, deveria cessar suas atividades no máximo a 16 de junho de 1961, cerca de cinco meses após expirado o mandato do presidente Jucelino Kubitschek. Sua existência, no entanto, prolongou-se por três anos, até 19 de junho de 1964.

O almirante Lúcio Meira sempre manifestou empenho em encerrar as atividades do GEIA no prazo previsto. Uma das formas de evidenciar esse propósito foi a manutenção de uma estrutura modesta, constituída por reduzido contigente de pessoal, requisitado de órgãos permanentes da administração pública, que funcionava em instalações modestas, também cedidas. O GEIA nunca teve orçamento próprio. O que teria então justificado sua sobrevivência, uma vez que, de fato, já havia cumprido sua missão com sucesso, ao final do prazo inicialmente previsto?

Entre os estímulos conferidos aos fabricantes de veículos e de autopeças que viessem a se instalar no país se incluía o da isenção dos impostos de importação e consumo para os equipamentos de produção e para as partes complementares que tivessem de ser adquiridos no exterior. Esse estímulo foi deferido de acordo com a orientação adotada em todos os países, estando perfeitamente enquadrado na política fiscal brasileira, que chegou a sistematizar esse tratamento às importações de equipamentos para diversas ativadades industriais mediante o Decreto-Lei nº 300, de 24/02/38, o que não significava decréscimo de receita, porquanto se referia à incorporação ao patrimônio nacional de bens de capital que normalmente não seriam importados.

Assim, a isenção de direitos aduaneiros para a importação de bens de produção não foi instituída exclusivamente para esse setor industrial. Vale frisar que, ao contrário e como ocorre em outros países, é uma reconhecida e longa tradição do direito fiscal, objetivando a incorporação de bens geradores de riqueza ao patrimônio do país.

Pela Lei nº 2.993, de 8/12/56, que vigorou até 6/06/59 (oriunda de projeto do presidente Getúlio Vargas que tramitava pelo Legislativo Federal), os fabricantes de veículos e autopeças obtiveram o benefício da isenção de direitos, adicionais, imposto de consumo e taxas aduaneiras. No entanto, por motivos diversos, os empresários não puderam utilizar, ou utilizaram parcialmente, o benefício legal – sobretudo as organizações de menor porte, de capitais preponderantemente nacionais, como os fabricantes de autopeças, que não tinham condições para negociar empréstimos no exterior e efetivar as encomendas em curto prazo.

Por esse motivo, o governo solicitou ao Congresso Nacional a prorrogação da lei de isenção, mediante mensagem que deu origem ao Projeto de Lei nº 1.973/60. A prorrogação pleiteada cobriria apenas os equipamentos licenciados até 30 de setembro de 1960, limitando, dessa forma, no tempo, o benefício de que se trata.

Até que a mensagem se transformasse em lei, as empresas com projetos aprovados pelo GEIA continuaram importando após 6/06/59 sem recolher os direitos aduaneiros respectivos, mediante assinatura de termos de responsabilidade, em que se comprometiam a cumprir aquela exigência caso a prorrogação pleiteada não viesse a ser concedida, ficando a dívida fiscal suspensa sobre suas cabeças como uma espada de Dâmocles.

A Lei nº 3.768, de 03/06/60 prorrogou por um ano (até 06/06/61) o prazo de vigência, não da isenção tributária mas dos termos de responsabilidade até então assinados.

O almirante Lúcio Meira considerava-se moralmente comprometido com a concessão daqueles benefícios a todas as empresas que tinham projetos aprovados pelo GEIA, parecendo-lhe por esse motivo de seu dever mantê-lo funcionando até que tais isenções viessem a ser legalmente asseguradas.

Apesar das gestões das autoridades do Executivo Federal, das entidades da indústria e das empresas ameaçadas junto ao Congresso, e apesar de ter-se esclarecido que se tratava de compromisso do governo para com os investidores nacionais e estrangeiros, dentro dos planos automobilísticos aprovados pelo GEIA, os projetos de lei do Executivo à prorrogação não foram sancionados. O presidente Kubitschek concluiu seu mandato em 31/01/1961, sem conseguir ver cumprido o compromisso de seu governo, e ficaram pairando sobre o setor as dúvidas quanto à execução fiscal.

As gestões junto ao Legislativo continuaram, renovando-se os projetos à medida que caducavam seus prazos, em sucessivos governos. O último projeto de lei, nº 1973/60, já referido, foi aprovado pelo Congresso dando origem à Lei nº 4.951, de 25/04/66. Houve, pois, uma delonga de seis anos, e desde a data do primeiro projeto, 06/06/59, haviam decorrido quase sete anos de tensas expectativas.

Não se pode esquecer que o Congresso nunca se conformou com não ter participado e influído na formulação das políticas que sustentaram o Plano de Metas e, muito particularmente, da meta que alcançou maior sucesso: a implantação da indústria automobilística. Apesar do apoio da maioria parlamentar PSD/PTB, o governo não conseguiu impedir que fosse apresentado um projeto de lei (nº 330/1959) com a qual a Câmara dos Deputados pretendia recuperar o direito de participar do processo de reformulação da política econômica. Sua justificativa alegava a chamada usurpação do poder político do Congresso, já que a soma de poderes investidos em certos órgãos da administração pública os transformava em formuladores, de fato, da política econômica. Entre eles, apontavam-se: a Sumoc e seu papel de comando da política cambial; a Cacex, em suas decisões sobre similares que afetavam a posição da indústria estabelecida no país em mãos de empresários nacionais e estrangeiros; o Conselho de Política Aduaneira (CPA) e o então Banco Nacional de Desenvolvimento Econômico (BNDE), todos representados no GEIA. O debate prosseguiu, dentro e fora do Congresso, sem sucesso para os deputados. Mas se aquele projeto fosse aprovado e observado o poder político do Congresso, a execução do Plano de Metas estaria fatalmente comprometida.[90]

A longa tramitação legistiva do projeto de lei sobre a isenção de direitos alfandegários nas importações de equipamentos e partes complementares para a indústria automobilística, na fase de sua implantação, mostra como poderia ser decisiva a ação do congresso para inviabilizar a execução de programas elaborados a sua revelia.

---

[90] MESQUITA BENEVIDES. Maria Vitória, *O governo Kubitschek, desenvolvimento econômico e estabilidade política*, Rio de Janeiro: Paz e Terra, p. 223 e 224, 1976.

Foram muitas as *pedras colocadas no caminho* para desmantelar os planos do GEIA. Apresentaram-se projetos paralelos na Câmara dos Deputados, cabendo destacar o de autoria do deputado Bilac Pinto, que teve longa tramitação (de 26/01/1956 a 26/04/1957) e tinha por objetivo excluir os automóveis de passageiros e outros veículos do regime de licença prévia e alterar as tarifas alfandegárias incidentes sobre tais veículos, facilitando sua importação.

O projeto visava, segundo seu autor, combater as fraudes cambiais e as importações irregulares de automóveis que entravam no país como bagagem, "operação turística" ou acompanhamento de imigrante, "operação imigrante". Tendo passado pelas comissões técnicas e pelo plenário da Câmara, foi recebendo emendas, muitas das quais ampliavam mesmo seu objetivo original, acabando por se transformar num instrumento inegavelmente prejudicial aos planos da industrialização automobilística, pois provocaria, se aprovado, seu retardamento e sobrecarregaria a balança comercial e cambial do país, já bastante comprometida.

O projeto foi amplamente debatido, no Congresso e fora dele, particularmente na imprensa, dadas as suas conotações econômicas e políticas. A despeito de enviados a amplos esclarecimentos seu autor e à Câmara pelas entidades das indústrias de autopeças e de veículos automotores, demonstrando os inconvenientes de muitos dispositivos capazes de produzir graves danos aos planos de industrialização automobilística, o projeto foi aprovado pela Câmara, publicado no *Diário Oficial* de 05/07/56 (reproduzido no de 17/07/56, com o nº 997/56) e encaminhado ao Senado, onde, em regime de urgência, tomou o nº 143/56. Finalmente, por 27 votos contra 9, o Senado, em sua sessão de 26 de abril de 1957, o rejeitou, deixando-se assim de excluir os automóveis de passeio e outros veículos de licença prévia e alterar as tarifas alfandegárias incidentes sobre tais veículos.

Outro projeto de lei (nº 1.346, de 18/10/56) havia sido apresentado pelo deputado Broca Filho, tratando da criação da Comissão Executiva da Indústria Automobilística (Ceina) e das bases gerais para a criação e desenvolvimento da indústria automobilística. O plano acompanhava as linhas gerais da Ceima (Comissão Executiva da Indústria de Material Automobilístico), cujo projeto, elaborado por sua Subcomissão de Jipes, Tratores, Caminhões e Automóveis e expedido pelo presidente Vargas

(Decreto nº 35.429, de 25/06/54), não chegara a ser executado, em conseqüência de seu falecimento. Mas a Ceima e a Ceina, embora semelhantes na sigla, eram diferentes nos objetivos. A primeira continha um projeto de industrialização, porém a outra encerrava medidas que, postas em prática, provocariam o retardamento da industrialização.

O projeto no. 1.346 não foi aprovado mas recebeu voto favorável na Comissão de Constituição e Justiça da Câmara, cujo parecer sustentava que a *Comissão que se pretendia organizar já existia, com nome um pouco diferente: GEIA (Grupo Executivo da Indústria Automobilística). Mas como esse organismo fora criado pelo Executivo Federal, convinha fundar outro, onde os assuntos ligados ao setor pudessem ser amplamente discutidos no Parlamento (sic).*

11. Previsões pessimistas não se confirmam

Essas atitudes causaram profundas apreensões aos defensores da nascente industria automobilística. As discussões tiveram, no entanto, seu lado positivo: a divulgação à saciedade e de alcance nacional das mais divergentes opiniões sobre a implantação dessa indústria pioneira no Brasil. A polêmica seguramente teria sido travada em outro nível, se não tivesse sido impregnada de tantos condimentos político-partidários e preconceitos ideológicos.

No fundo, os argumentos alinhados pelos liberais eram os mesmos de sempre, que aparecem no noticiário dos jornais cada vez que a industrialização local está em jogo. Em síntese: sempre que, no Brasil, se fala em liberalizar o mercado cambial para este ou aquele setor, o que realmente se visa é esmagar a produção nacional, favorecendo a importação de mercadorias estrangeiras.[91]

Estávamos atentos. Não deixávamos sem resposta as investidas que pretendiam desestabilizar os planos, empenhados que estávamos em torná-los irreversíveis. Muitas vezes comparecemos a audiências no Congresso para nos submetermos a inquirição sobre todos os aspectos de sua execução.

---

[91] GATTÁS, Ramiz. *A indústria automobilística e a 2ª revolução industrial no Brasil,* São Paulo: Prelo Editores Ltda., p. 232 a 238, 1981.

O GEIA e a implantação da indústria automobilística no Brasil se tornaram tema obrigatório na imprensa, no rádio, na televisão e em debates nos meios empresarial e acadêmico. Em conferências pronunciadas nos dias 6 e 7 de maio de 1958, a convite do Centro Moraes Rego, do Curso de Engenheiros de Minas e Metalurgistas da Escola Politécnica da Universidade de São Paulo (USP), fiz detalhada exposição sobre o estágio de execução dos Planos Nacionais Automobilísticos, seguida de amplo debate em que se analisaram os principais problemas que estávamos enfrentando e como nos propúnhamos solucioná-los.[92] Esgotados os temas da agenda, aproveitei a oportunidade para prestar ao numeroso auditório – formado por industriais dos mais variados setores, presidentes de sindicatos, chefes de indústrias e engenheiros – o seguinte esclarecimento:

> Um eminente paulista, homem público que já serviu ao país em vários postos de sacrifício, inclusive duas vezes ministro da Fazenda, referindo-se a um seu antecessor nessa pasta,[93] definiu com rara felicidade uma atitude que se vai tornando, felizmente, cada vez mais incompatível com a realidade brasileira e que poderíamos definir como a do pessimista clássico.

Disse ele, referindo-se àquele outro conhecido homem público:

> "Trata-se, em verdade, de homem de bem, a quem todos os brasileiros devem respeito e consideração. Seu único defeito é que viaja muito para os Estados Unidos e para a Europa e quase não vem a São Paulo."
> Feliz assertiva daquele varão paulista. É impossível vir a São Paulo e continuar desacreditando no Brasil, na capacidade de realização de seus homens e no futuro auspicioso de nossa economia.
> Para contra-argumentar àqueles que definem a indústria automobilística como uma "indústria de aparafusamento", basta vir a São Paulo e ver o que

[92] LATINI, Sydney A. "Indústria Automobilística", Conferências pronunciadas na X Semana de Estudos dos Problemas Mínero-Metalúrgicos do Brasil, 6 e 7/05/1958, *Geologia e Metalurgia*, Publicação do Centro Moraes Rego, Boletim nº 17, São Paulo, 1958.

[93] Referia-me ao eminente dr. José Maria Whitaker.

aqui está sendo realizado neste setor. As máquinas em pleno funcionamento, as obras de ampliação que não cessam, um número de operários e técnicos que cresce dia a dia, os produtos que são lançados ao mercado em quantidade e qualidade cada vez maiores e melhores, superam o realismo e a frieza de todas as cifras que se pudessem apresentar.

Mas a obstinação daqueles que interpretam o desenvolvimento industrial do Brasil como um capricho infantil, um divertimento caro, privilégio de outras nações, a que não podemos almejar, para os que encanecem assistindo ao progresso deste país sem nele acreditar, para esses a indústria automobilística continua sendo "um dos mais curiosos absurdos em matéria de industrialização".

Recentemente, o ilustre professor de economia dr. Eugênio Gudin pronunciou no Rio de Janeiro conferência amplamente divulgada pela imprensa local,[94] em que pretendeu demonstrar que seria mais conveniente importar um automóvel Chevrolet ao valor equivalente a 35 sacas de café do que fabricar no Brasil o mesmo automóvel e afinal remeter para o exterior, sob a forma de importações de partes complementares e lucros, valor equivalente às mesmas 35 sacas de café. Mesmo que essa assertiva fosse verdadeira, ainda assim não teria razão o ilustre conferencista.

Não obstante, para demonstração de sua tese, foram usadas cifras irreais, se não vejamos:

"Normalmente" – disse o Dr. Gudin – "poderia o brasileiro adquirir do americano um automóvel Chevrolet, dando-lhe em troca 35 sacas de café (a 70 dólares a saca = 2.400 dólares). Agora passa o dito americano, a pedido do brasileiro, a fabricar aqui o Chevrolet pelo preço que se anuncia, de cerca de Cr$ 700.000,00 (30% menos do que hoje custa o importado). Mas como o americano pode importar 5% do peso, o que é de certo equivalente a 15% ao menos do valor do automóvel, teremos de pagar-lhe em dólares 15% de Cr$ 700.000,00, ou Cr$ 105.000,00. E como ele pode lucrar 20% sobre seu capital ou 12%, digamos, sobre o valor do automóvel, teremos mais Cr$ 84.000,00. Total cerca de Cr$ 200.000,00, o que, a Cr$ 90,00 por dólar, corresponde a 2.200 dólares, ou sejam praticamente as mesmas 35

[94] Conferência pronunciada na Associação Comercial do Rio de Janeiro em 26 de março de 1958 sobre "Abertura dos portos e suas conseqüências."

sacas de café. Acabamos, portanto, pagando ao americano a mesma quantidade de café pelo automóvel que ele aqui fabrica do que o automóvel que dele importávamos anteriormente. Mas os brios nacionais foram salvos."

Tomemos agora cifras reais. Para nosso raciocínio vamos usar o caminhão Chevrolet – HD 6.503 – já em fabricação no país. O preço CIF desse veículo é US$ 2.515, que equivale a aproximadamente 36 sacas de café a Cr$ 70,00 a saca. O preço de venda em cruzeiros, desse veículo, no mercado interno, é de Cr$ 500.000,00 por unidade.

Usando a mesma porcentagem de 15 %, sugerida pelo dr. Gudin para calcular o valor das partes complementares a ser importadas na última fase de fabricação do veículo no Brasil, e aplicando essa porcentagem sobre o valor CIF do veículo – e não sobre o preço de venda em Cr$ como fez o eminente professor de economia –, teremos cerca de US$ 377.

Acrescente-se a essa importância, ainda de acordo com o mesmo raciocínio do ilustre ex-ministro da Fazenda, 12% sobre o preço de venda em cruzeiros (Cr$ 500.000,00), convertendo-se essa importância em dólares, à taxa de US$ 120,00 do mercado livre, e chegaremos ao montante de US$ 877 por veículo de dispêndio aproximado, em divisas, para que se possam produzir no Brasil 95% em peso de um caminhão Chevrolet HD – 6503.

Ora, se o preço CIF desse mesmo caminhão é de US$ 2. 515 que corresponde a 36 sacas de café e se US$ 877 pagam aproximadamente 12 sacas de café, pode-se facilmente concluir que com as divisas despendidas para importar um caminhão, fabricaremos, pelos menos, três caminhões no Brasil.

Verifica-se, portanto, que o nosso prezado professor Gudin foi reprovado nessa matéria. Habilite-se para segunda época.

Mas se não fosse suficiente a economia direta de divisas, que fatalmente teremos com a implantação da indústria automobilística no Brasil, teríamos ainda a considerar o extraordinário efeito promocional desse importante ramo industrial sobre a economia.

Todos os setores de atividades estão se beneficiando do esforço de nacionalização que vem sendo feito para a implantação da indústria automobilística. Considere-se, por exemplo, a liberação de divisas conseqüentes à criação de um fluxo normal de transporte para a economia brasileira e a melhoria do padrão de vida de parcela considerável da população, pois a indústria automobilística, direta ou indiretamente, tornar-se-á um dos maiores empregadores de mão-de-obra do país, contribuindo também, através do incremento das atividades industriais, para a maior estabilidade da economia.

Em 1959, decorridos três anos do lançamento dos Planos Nacionais Automobilísticos e no momento em que se travava a grande batalha pela implantação da indústria automobilística no Brasil, a Confederação Nacional da Indústria divulgou estudo, sob a chancela de seu Departamento Econômico, intitulado *Análise e Perspectivas da Indústria Automobilística*, concluindo:

> Tentando-se uma visão de conjunto da implantação da indústria automobilística na qual se procure ser tão livre de prejuízos mentais quanto possível, não se pode negar que advirão vantagens seguras para a economia nacional, uma vez superadas as dificuldades apontadas. Todavia, é imprescindível assinalar que a maneira apressada pela qual foi feita a instalação dessa indústria é que causou a maioria dos desajustes apontados, os quais poderiam ter sido reduzidos a dimensões bem menores caso se tivesse procedido a estudos mais acurados, principalmente no tocante à magnitude do mercado e necessidade de giro e de matérias-primas, os quais eram indispensáveis para que se pudesse dosar a intensidade dos estímulos dados, que sem dúvida alguma foram fortíssimos.[95]

Embora não mencionado, o autor de aludido estudo foi o então jovem engenheiro (mais tarde renomado economista) Mário Henrique Simonsen, que iniciava sua carreira no Departamento Econômico da CNI, em nome de cuja entidade procurou o GEIA em busca de subsídios. Com base em projeções estatísticas, fórmulas matemáticas e respaldado nas leis de Pareto e de Engel, ele teceu eruditas considerações sobre os planos de produção a longo prazo e sobre Aspectos Teóricos da Procura de Automóveis.

Quando se realizou o I Congresso Nacional da Indústria Automobilística, em São Paulo, dos dias 2 a 5 de setembro de 1974, e já me encontrava afastado do GEIA, por cerca de dez anos, enviei contribuição na qual me

---

[95] Confederação Nacional da Indústria (Departamento Econômico), *Análise e perspectivas da indústria automobilística*, Rio de Janeiro, 1959.

vali da oportunidade para avaliar as considerações de Mário Henrique Simonsen, no início de sua carreira, em 1959, e que então comparecia ao mencionado Congresso na condição de ministro do Planejamento. É o seguinte o conteúdo do texto então apresentado:

12. A maturidade da indústria automobilística brasileira e suas perspectivas[96]

Embora os riscos sejam elevados para os fabricantes de veículos que se instalam no Terceiro Mundo, o potencial para grandes recompensas é também elevado. Nada demonstra essa realidade mais graficamente do que o rápido crescimento da indústria automobilística no Brasil. Há apenas cinco anos, as fábricas de veículos no Brasil produziam não mais de 279 mil unidades por ano. Este ano produzirão 750 mil e dentro de mais dois anos poderão estar fabricando mais de 1 milhão anualmente.

O maior produtor é a Volkswagen e o seu Besouro de duas portas é o carro mais usado no país. Josef Rust, presidente do conselho de administração da VW, diz que o Brasil foi o país selecionado por sua empresa para serem feitos os maiores investimentos fora da Alemanha. E, sorri, as recompensas para a matriz são surpreendentes. De fato, nos círculos automobilísticos internacionais se afirma que foi graças aos lucros compensadores auferidos com suas operações na América Latina que a VW se manteve superavitária durante seus anos desastrosos nos mercados do hemisfério norte, em 1970 e 1971.

Praticamente todos os fabricantes de automóveis de passageiros e de caminhões estão operando no Brasil, mas novos fabricantes continuam juntando-se a esse rol. Esta semana a Renault, da França, anunciou que está propondo ao governo brasileiro investir US$ 300 milhões na construção de uma fábrica que produzirá 100 mil carros pequenos, tanto para o mercado interno como para exportação. E a Fiat está construindo uma fábrica de US$ 230 milhões, que produzirá 190 mil Fiats 127 anualmente, a partir de 1976.

---

[96] LATINI, Sydney A. "A Maturidade da Indústria Automobilística e suas Perspectivas" – Comunicação ao I Congresso Nacional da Indústria Automobilística, realizado na cidade de São Paulo entre os dias 2 e 5 de setembro de 1974.

A fabricação de veículos no Brasil tornou-se extremamente proveitosa por outros motivos além dos lucros auferidos. A Daimler-Benz, por exemplo, tentou há poucos anos criar um pequeno mercado para caminhões de lixo nos Estados Unidos, suprindo-o através de suas linhas de produção em Stuttgart. Mas, depois da ciranda das reavaliações monetárias, tornou-se claro que os preços da companhia não eram competitivos e provavelmente acarretariam a perda daquela parte do seu mercado. A Daimler-Benz contornou a situação aumentando a produção em sua fábrica de caminhões no Brasil, de onde passou a suprir o mercado norte-americano. Por idênticas razões a Ford usará sua fábrica de motores no Brasil e não uma de suas similares na Europa para reforçar a fabricação dos motores Mustang II de quatro cilindros.

Eis como a renomada revista *Business Week* (24 de novembro de 1973) se refere à indústria automobilística brasileira em seu artigo de capa, sob o título "Novas estratégias para um mercado mundial de automóveis", dando destaque ao trecho acima transcrito.

No entanto, em 1959, decorridos já três anos do lançamento, por decreto presidencial, dos Planos Nacionais Automobilísticos e no momento em que se travava a grande batalha pela implantação da indústria automobilística no Brasil, havia quem afirmasse, com base em projeções estatísticas e fórmulas matemáticas: 'Quanto aos planos de produção a longo prazo, a se realizarem quando a indústria já tivesse ultrapassado a fase de nacionalização e não mais dependesse das autorizações do GEIA, eles se elevariam, pelo que se pode inferir dos projetos dos diferentes fabricantes, a um total anual de 29.800 caminhonetas e 130.600 automóveis. Tratar-se-ia, evidentemente, de uma capacidade de produção altamente superdimensionada em relação às possibilidades do mercado interno. Em todo caso, é muito pouco provável que essa capacidade venha efetivamente a instalar-se.' E vinha a pergunta considerada fundamental na discussão: "Encontrará a indústria automobilística um mercado suficientemente amplo para absorver toda a produção programada?"

Em 1971 a Comissão Econômica para a América Latina (Cepal), que, juntamente com o Banco Interamericano de Desenvolvimento (BID) e a Organização das Nações Unidas para o Desenvolvimento Industrial

(Onudi), realizou estudo sobre as perspectivas de integração da indústria automobilística latino-americana, divulgou estimativa da frota e demanda de automóveis e veículos comerciais nos países latino-americanos, para 1980 e 1985. De acordo com essas estimativas, a frota de automóveis do Brasil atingiria 4.439.000 unidades em 1980 e 6.130.000 em 1985 e a demanda de automóveis, 443.000 em 1980 e 563.000 em 1985. Para veículos comerciais os números seriam: frota – 2.300.000 em 1980 e 3.350.000 em 1985; demanda – 274.000 em 1980 e 392.000 em 1985.

Em 1973 o Brasil produziu 454,2 mil automóveis de passageiros e 272,1 mil veículos comerciais. Como se vê, já superamos, em 1973 a estimativa de produção de automóveis para 1980 e praticamente atingimos a produção prevista para aquele ano de veículos utilitários.

De 1957 a 1973 o Brasil produziu mais de 4,5 milhões de veículos (excluindo tratores) e encontrou mercado suficientemente amplo para absorver muito mais do que a produção programada. A evidência de que não houve superdimensionamento é ainda reforçada pelo fato de que no ano de 1973 a demanda de caminhões não foi totalmente atendida, falando-se inclusive em importação para complementar as necessidades do mercado, da mesma forma que os compradores de automóveis de passageiros de determinadas marcas aguardam até noventa dias para receber sua encomenda.

Com a produção da ordem de 770,0 mil veículos em 1973 (incluindo 43,0 mil tratores agrícolas), o Brasil ocupa posição privilegiada entre os principais países produtores, sendo superado apenas por Estados Unidos, Japão, Alemanha, Inglaterra, França, Itália e Canadá, todos (com exceção do Japão) tradicionais fabricantes. Já superou a produção de Austrália, Suécia e Tchecoslováquia, sendo responsável por mais da metade da produção na América Latina, onde México e Argentina também se esforçam no sentido de dar mais expressão a suas produções locais.

Em face, pois, do desempenho do setor automobilístico desde sua implantação e de sua notável aceleração nestes últimos dez anos, quando atingiu sua maturidade, tudo indica que as previsões do governo brasileiro continuam, ainda, sendo as mais realistas em relação ao seu desenvolvimento. E as estimativas oficiais preveêm que em 1980 o Brasil terá em circulação uma frota de 10 a 12 milhões de veículos e a indústria automobilística estará produzindo 1 milhão e 800 mil unidades.

Para atingir esses objetivos continuam sendo fatores decisivos: a) o esforço permanente para redução dos custos operacionais e da distribuição e conseqüentemente dos preços de venda; b) o aprimoramento de qualidade, com incorporação crescente de tecnologia desenvolvida no país para adaptar cada vez mais os veículos aqui produzidos às peculiaridades do nosso mercado e criação de modelos com características próprias para competir no mercado internacional, atendendo inclusive às exigências cada vez maiores de segurança; c) a sustentação de adequado sistema de financiamento de vendas, que praticamente surgiu com a implantação da indústria automobilística e com ela se expandiu; d) a continuidade à política rodoviária nacional e sua integração com o transporte ferroviário e o transporte marítimo; e) o adequado suprimento de matériasprimas aos fabricantes de veículos e autopeças; f) a adoção de uma política equilibrada de abastecimento e consumo de combustíveis para evitar que a escassez mundial de petróleo venha a constituir ponto de estrangulamento do desenvolvimento previsível da indústria automobilística e – mais do que isso e por via de conseqüência – do desenvolvimento econômico nacional; g) a continuidade à política de estímulos à exportação e sua adaptação às novas contingências do sistema financeiro internacional e à escassez generalizada de matérias-primas.

Custos e preços

São por demais conhecidos e debatidos os fatores que vêm influindo na formação do custo do veículo nacional e conseqüentemente de seu preço de venda ao consumidor, considerado ainda elevado em termos internacionais. Há que distinguir, sem dúvida, entre os diversos tipos de veículos produzidos no país, para melhor avaliar a disparidade de preços entre estes e seus similares estrangeiros. Os caminhões (sobretudo os pesados) e os ônibus produzidos no Brasil, em escala bem mais próxima da que prevalece nos países que já os fabricam há muitos anos, são vendidos no mercado interno a preços que muito se assemelham aos do mercado internacional. Muito particularmente os ônibus que – exatamente por esse motivo – foram os primeiros veículos nacionais a serem exportados com certa continuidade. A quantidade produzida, como é óbvio, influi consideravelmente na formação de custos de uma indústria de montagem extremamente complexa, que aumenta o seu grau de automatização e conseqüente liberação de mão-de-obra direta à medida que aumenta o volume produzido.

A diferença de preços entre veículo nacional e veículo estrangeiro é particularmente notada no que se refere aos automóveis de passageiros. É precisamente nesse setor que a escala de produção no Brasil é, ainda, consideravelmente inferior à de seus similares fabricados em países como Estados Unidos, Japão, Alemanha, Inglaterra, França e Itália, onde a produção é superior à nossa numa proporção que vai de três a vinte vezes. À medida que a produção aumenta e melhora a produtividade da indústria nacional, há uma tendência a se reduzir a brecha que separa os preços dos veículos aqui produzidos dos fabricados em países mais desenvolvidos.

Tudo indica, por outro lado, que há uma mudança de estratégia no mercado mundial de automóveis, como observa *Business Week* no artigo já mencionado. Segundo parece, acentua-se a tendência de horizontalização e descentralização em escala mundial, com as fábricas de veículos ou de suas partes se localizando em países que oferecem melhores condições, quer pela oportunidade de conquistar um mercado promissor, quer atraídos por mão-de-obra mais barata, quer ainda pela pressão que os governos dos países menos desenvolvidos exercem em escala crescente com o objetivo de promover a industrialização. A conjugação desses interesses, segundo observam os principais líderes da indústria automobilística internacional, está promovendo maior padronização dos veículos das diversas marcas e aumentando as possibilidades de intercâmbio. Assim, a produção de certos tipos de veículos, partes, conjuntos ou peças no Brasil, por exemplo, tenderá a ser dimensionada não apenas para atender ao mercado interno, mas também para suprir outros mercados, inclusive de países desenvolvidos. Em menor escala isso já vem ocorrendo há alguns anos, com a exportação de pistões para a Alemanha e para os Estados Unidos, e de rolamentos e faróis (sealed-beam) para diversos países da América Latina, dentre outros itens. As exportações de ônibus completos ou de carroçarias para ônibus também já se fazem no Brasil há muitos anos. O que está ocorrendo agora e tende a ganhar cada vez maior expressão é a exportação, em muito maior escala, desses e de outros componentes e mesmo de veículos desmontados (CKD), completos ou com omissão de algumas partes, e também de veículos montados.

A Volkswagen, por exemplo, está ampliando sua fábrica em São Bernardo para produzir de imediato 2.800 veículos por dia. Desde 1975 a fábrica de Taubaté também ficou pronta, produzindo mais 3.100 VW diariamente, no total de 5.900 carros, apenas 1.600 a menos do que o complexo industrial da mesma firma na Alemanha. Sua diretoria no Brasil acaba de divulgar programa de exportações que prevê vendas da ordem de US$ 100 milhões, dos quais US$ 71 milhões de veículos para a América do Sul, América Central, África, Oriente Médio e Europa, às quais serão acrescidas vendas diárias de 500 motores e 500 caixas de mudança para a Alemanha. A nova fábrica da Ford, em Taubaté (SP), estará produzindo 255 mil motores por ano, sendo 240 mil destinados à exportação.

Ora, essa mudança de escala, com vistas inclusive à conquista do mercado internacional, acarretará certamente uma redução de custos que resultará numa redução de preços de vendas no mercado interno. É verdade que os preços no mercado interno continuam sendo muito onerados com elevadíssima carga tributária (superior a 40%), em flagrante desproporção com a incidência média em países mais desenvolvidos (aproximadamente 12%). Mas este é um problema de política fiscal, cuja discussão escapa ao âmbito destes comentários.

Incorporação da tecnologia nacional

A implantação de um setor industrial pode ser dividida em três etapas: a primeira seria a de fabricação do produto, no caso o automóvel; a segunda seria a de fabricar no país os bens de produção, ou seja, as máquinas que permitirão a fabricação desse produto; e a terceira etapa, na qual já ingressamos, em relação à indústria automobilística, é a da elaboração do projeto. Teremos, então o automóvel nacional.

Para tanto, torna-se imprescindível não apenas comprar a melhor técnica disponível pelo menor preço, mas também é indispensável que as empresas do exterior, instaladas no Brasil, realizem uma política de investimento não só na área de produção de bens e serviços mas, da mesma forma e com o mesmo empenho, em pesquisas e desenvolvimento de projetos.

É realmente animador o esforço que vêm realizando autoridades governamentais, nesta última década, com vistas a estimular e orientar o setor privado no sentido de atingir um nível elevado de conhecimentos sobre a tecnologia em geral e a do automóvel em particular. A reestruturação do sistema de propriedade industrial, a fim de dinamizá-lo e adequá-lo às necessidades do país e, mais recentemente, o lançamento do programa de metrologia, normalização e certificação de qualidade industrial, constituem realmente duas providências básicas.

No que diz respeito mais diretamente à indústria automobilística, começou há algum tempo um esforço conjugado entre diversos setores do governo a fim de atingir alto nível de conhecimento sobre motores. Visa-se atuar de modo mais eficaz no que diz respeito a recomendações referentes a características de motores para a indústria automobilística; e prestar assessoramento para a definição de linhas gerais de ação para exame e avaliação de novos modelos, quanto a consumo de combustível, poluição, segurança e qualidade.

As linhas de ação para orientar uma política automobilística nacional (que corresponderia, no atual estágio de desenvolvimento, aos Planos Nacionais Automobilísticos, na fase de implantação da indústria no país) têm sido objeto de cogitação do Centro Técnico Aeroespacial – que acumula vasta experiência em motores e aerodinâmica – em entendimentos com o Ministério da Indústria e do Comércio. Nas proposições do CTA estabelece-se a necessidade da formação de técnicos, avaliação das disponibilidades de matéria-prima e levantamento da situação peculiar do país, para que o autoveículo tenha efetivamente concepção apropriada às condições nacionais. É oportuno lembrar que, na fase de implantação da indústria automobilística, o Instituto Técnico de Aeronáutica de São José dos Campos (ITA) já prestou excepcional contribuição, não apenas na formação de pessoal de alto nível técnico como também em testes de autopeças nacionais em seus laboratórios, tendo participado de esforço conjugado com o GEIA e o Sindicato de Autopeças no levantamento do primeiro cadastro de peças para autoveículos fabricados no Brasil.

O financiamento das vendas

Um dos pontos de maior controvérsia na fase de implantação da indústria automobilística no Brasil foi o referente ao financiamento das vendas. Com pouca ou nenhuma experiência no que tange ao financiamento de bens de consumo duráveis, o sistema bancário brasileiro àquela época defrontava-se ainda com o problema que parecia incontornável de ter que subordinar-se à Lei de Usura, que fixava em 12% a. a. as taxas máximas de juros. Ante uma taxa de inflação ascendente e superior àquele limite e sendo solicitados a atender a financiamentos a prazos de 24 meses, que são os compatíveis com a venda de automóveis, os bancos comerciais encontravam-se diante de um beco sem saída. As autoridades, porém, confiavam numa solução que vinha sendo timidamente praticada no mercado e cuidadosamente analisada pela Superintendência da Moeda e do Crédito (Sumoc), pelo Conselho Nacional de Economia e pelo Grupo Executivo da Indústria Automobilística (GEIA). Tratava-se do *aceite cambial*. Revestia-se de peculiaridades brasileiras, vinha atendendo a parcelas cada vez maiores da demanda de financiamento de bens de consumo duráveis (preponderantemente veículos) e, portanto, carecia de regulamentação urgente. Aprovada a regulamentação das Sociedades de Crédito, Financiamento e Investimentos, as letras de câmbio tornaram-se o instrumento adequado à captação de poupanças para atender não apenas às vendas de veículos, mas a muitos outros setores da economia nacional. Pode-se hoje afirmar tranqüilamente que o crédito mais acessível ao público é o crédito para financiamento de veículos. A letra de câmbio teve, sem dúvida, o mérito de criar novos hábitos de poupança e chamar a atenção para a potencialidade do mercado de capitais, cuja regulamentação seria aprovada poucos anos depois.

Não teria sido possível o ritmo de expansão da indústria automobilística sem o sistema de financiamento de vendas que surgiu praticamente da necessidade de colocar seus produtos. O aprimoramento do crédito ao consumidor e a sustentação de um sistema que garanta sua continuidade estão, pois, intimamente vinculados à vitalidade da indústria automobilística.

13. Os Salões do Automóvel

"A Primeira Mostra da Indústria Nacional de Autopeças"

Quando, em 1952, a Subcomissão de Jipes, Caminhões, Tratores e Automóveis se empenhava em formular uma estratégia para fortalecer a indústria de autopeças já instalada no país e sofria pressões dos céticos, que asseguravam ser esse setor um produto da imaginação, pareceu ao então comandante Lúcio Meira que era preciso mostrar às autoridades e ao povo as peças para veículos automóveis que já se fabricavam no Brasil.

Atendendo a seu pedido, ficou deliberado que a Associação Profissional da Indústria de Peças para Automóveis e Similares de São Paulo (precursora do Sindipeças) realizaria no Rio de Janeiro uma exposição da indústria de autopeças.

Vencendo incompreensões e dificuldades, inaugurava-se no dia 20 de janeiro de 1953 a Primeira Mostra da Indústria Nacional de Autopeças, instalada no saguão do Aeroporto Santos Dumont. Participaram do evento 103 expositores de São Paulo, 17 do Rio Grande do Sul, 24 do Distrito Federal e Estado do Rio de Janeiro e um de Belo Horizonte, num total de 145 expositores, representando as 400 empresas do ramo existentes no país.

Estavam expostos naquele saguão exclusivamente peças e acessórios para autoveículos, de fabricação 100% nacional. A maioria destinava-se a reposição, porém uma parte já participava das linhas de montagem das firmas montadoras em funcionamento no Brasil. O setor metalúrgico, responsável por 80% do veículo, participava da mostra em todos os seus ramos, apresentando peças fundidas, forjadas, estampadas etc. As peças forjadas, que até bem pouco constituíam o ponto fraco dessa indústria, estavam em plena produção, por fábricas altamente especializadas. Bem poucas partes do veículo não eram fabricadas no país.

A inauguração da Primeira Mostra da Indústria Nacional de Autopeças, que contou com a presença do presidente Getúlio Vargas, teve repercussão acima da expectativa. A imprensa e outros meios de divulgação, de todas as tendências, noticiaram o evento com grande destaque e de modo extremamente emulador, não escondendo sua surpresa e não regateando elogios ao trabalho que estava sendo realizado, com estímulo para a continuidade da obra encetada.

Os efeitos dessa primeira mostra foram-se propagando no espaço e no tempo como ondas, mudando acentuadamente a fisionomia desse setor industrial e, por repercussão, de todos os demais setores de atividade nacionais. Seu sucesso repetiu-se em 23 de abril do mesmo ano em São Paulo, na Galeria Prestes Maia, com a primeira Exposição Paulista de Autopeças, aberta pelo governador Lucas Nogueira Garcez. A repercussão foi mesmo de nível internacional, ensejando a participação do setor em outras exposições, no Brasil e no exterior: Lausanne (Suíça), em setembro de 1953; Feira da América, em Mendoza (Argentina), em dezembro de 1953; Exposição do IV Centenário de São Paulo, em janeiro de 1954.[97]

O I Salão do Autmóvel – Início de uma tradição

No final do ano de 1959, fui procurado no GEIA por Caio de Alcântara Machado. Vinha apresentado por Brasílio Machado Neto, seu pai, ilustre líder empresarial e deputado federal pelo estado de São Paulo, com quem havia travado bom relacionamento durante a discussão na Câmara dos Deputados da nova Lei de Tarifas, aprovada no ano anterior.

O objetivo da visita era a realização de um Salão do Automóvel, para o qual solicitava o apoio do GEIA. Respaldado no sucesso das feiras da indústria de tecidos (as Fenits), que haviam conquistado grande prestígio, estava projetando um grande evento no qual se exibiriam os últimos modelos de automóveis lançados pela indústria automobilística internacional e se apresentariam os primeiros veículos produzidos no Brasil.

Ponderei que a indústria automobilística brasileira era então uma alvissareira perspectiva que começava a se transformar em realidade, mas a exibição dos modestos exemplares aqui então produzidos, ao lado dos sofisticados modelos fabricados no exterior, contribuiria para aguçar o desejo de importação destes últimos, numa conjuntura em que os estímulos à implantação da indústria automobilística no Brasil a tornavam proibitiva, com o objetivo de criar mercado para o produto nacional. Essa era a tarefa na qual o GEIA vinha se empenhando. O que havia de concreto

[97] GATTÁS, Ramiz. *A indústria automobilística e a 2ª revolução industrial no Brasil*, Prelo Editora Ltda, p. 107 a 117, São Paulo, 1981.

era a firme disposição oficial e empresarial para, a curto prazo, implantar a indústria automobilística em nosso país. O GEIA estaria disposto a prestigiar iniciativas que pudessem contribuir para fortalecer um clima de confiança na realização desse objetivo.

Se ainda não havia grande variedade de modelos de veículos fabricados no Brasil, por outro lado já podíamos exibir o apreciável progresso realizado pela indústria nacional de autopeças. Lembramos o sucesso das mostras realizadas no aeroporto Santos Dumont, no Rio, e na Galeria Prestes Maia, em São Paulo, em 1953, e o considerável avanço do setor desde então. Por que não mesclar, no salão que estava sendo idealizado, a exibição de veículos já produzidos no Brasil (e somente esses) e a grande variedade de autopeças nacionais que já se haviam incorporado a eles?

Não foi difícil convencer meu entusiasta visitante nem conseguir o apoio de Lélio de Toledo Piza (presidente da Anfavea), e Ramiz Gattás (presidente do Sindipeças) para a oportunidade e o alcance do evento.

Com a presença do presidente Juscelino Kubitschek, inaugurava-se no Parque do Ibirapuera, em São Paulo, em 26 de novembro de 1960, o I Salão do Automóvel, que se estendeu até 11 de dezembro. Sua realização coincidiu com a primeira fase de grande expansão e atendeu plenamente à necessidade que se verificava de uma promoção efetiva dos produtos que já estavam sendo colocados no mercado. Dessa primeira mostra participaram Willys, DKW-Vemag, General Motors, Ford, FNM, Simca, Volkswagen, Toyota, Romi-Isetta, International Harvester, Scania Vabis, Mercedes Benz e uma centena de fábricas do setor de autopeças e acessórios.

O I Salão teve como atração extra o Saci, um protótipo do carro esporte conversível, projetado especialmente para a exposição. Foi concebido a partir do Jeepster americano, que na versão brasileira ganhou o chassi, o motor, a grade e os paralamas da Rural Willys. No mesmo estande estavam o pick-up, versão carga com carroceria de madeira; ao lado desses estava o Jipe de 4 portas, modelo CJ-6, com chassi 45 cm, mais comprido que o modelo convencional e com alavanca de câmbio na direção. A Willys mostrou também seu automóvel Aero-Willys e os modelos 61 do Renault Dauphine.

O Gurgel Jr. era a atração do público com o seu Candango, modelo adaptado de Jipe, além da caminhonete com teto corrediço de lona e dos seus modelos sedan.

A Volkswagen mostrou uma série de variações da Kombi, como ambulância, carro de turismo, de entrega de feira e de bar ambulante. Aproveitando o lago do Ibirapuera, deu demonstração de vedação do seu modelo sedan, fazendo navegar um deles, com uma hélice adaptada ao pára-choque traseiro.

A Simca apresentou seu Chambord e o luxuoso Presidence, enquanto a FNM exibiu o carro vencedor das Mil Milhas de Interlagos, o FNM-2000 "JK", e a General Motors, sua primeira perua com mecânica de pick-up.

Na área dos caminhões, a Ford construiu uma rampa com um corte de trinta graus para demonstrar a estabilidade e a força do F-600, e a International Harvester apresentou o seu novo caminhão, o primeiro veículo nacional com faróis duplos, como nos últimos modelos de carros norte-americanos. A Mercedes Benz mostrou seus caminhões médios LP-321 e LAP-321, com cabine avançada, em diversas versões e com tração nas quatro rodas, além do caminhão pesado com cabine avançada e o ônibus monobloco em versões para transporte urbano e interurbano.

Ainda nesse I Salão foi lançado o Prêmio Lúcio Meira, destinado ao melhor projeto de carroceria para automóvel, com o objetivo de estimular a criação de um desenho industrial próprio nesse setor.

O sucesso do I Salão do Automóvel foi a confirmação concreta das palavras de seu dinâmico idealizador e realizador Caio de Alcântara Machado na inauguração do histórico evento: "em nenhum setor a conjugação do apoio estatal e da iniciativa privada produziu melhores frutos, e em menor prazo, que na criação da indústria automobilística".

Já no II Salão, realizado em 1961, os objetivos foram ampliados, com a inclusão de tratores e equipamentos agrícolas, que tiveram o mesmo relevo que os automóveis e os veículos de carga. No setor de tratores foram expostos produtos Fendt, Ford, Massey Ferguson e Otto Deutz.

No mesmo evento, os aficionados em carros esporte puderam ver o Fórmula I montado por Francisco Landi e pelo mecânico Antonino Bianco e o primeiro carro inteiramente brasileiro, desde a concepção até a matéria-prima: o Centaurus, apresentado pela Automóveis e Motores Centaurus S.A., de Campinas (SP).

Em 1961 um fato histórico contribuiu para dar ao III Salão uma importância especial: a indústria automobilística nacional já havia superado os índices de nacionalização estabelecidos quando foram lançados os Planos Nacionais Automobilísticos, tendo alguns modelos atingido o índice de nacionalização de 97%.

Destacou-se também a presença de personalidades internacionais do automobilismo, como Jim Wiple, redator da revista *Popular Mechanics*, que participou do I Encontro de Redatores Automobilísticos, promovido pelo próprio Salão, e o conhecido desenhista de carrocerias Pinin Farina, que participou do júri do Prêmio Lúcio Meira, juntamente com os especialistas Luigi Segre, Brook Stevens e Mário Fissore.

No IV Salão, realizado em 1964, comemorou-se o lançamento do milionésimo veículo fabricado no Brasil, e o V Salão, de 1966, coincidiu com o décimo aniversário da implantação da indústria automobilística no Brasil.

O VII Salão do Automóvel (1970) foi a primeira exposição realizada no Parque Anhembi, agora num pavilhão construído especialmente para promoções desse tipo. O arrojo de sua construção e as características inéditas, como o maior teto de alumínio do mundo, deveram-se em grande parte à competência do engenheiro mecânico Túlio de Alencar Araripe, da firma Fichet, ex-diretor da Fábrica Nacional de Motores, em sua fase pioneira, que foi o responsável pelo projeto e construção das estruturas metálicas da edificação. O teto de alumínio, totalmente montado no solo, foi içado com tal rigor de precisão que despertou a admiração e o respeito dos meios técnicos do país e do exterior.

Apesar do sucesso dos modelos de veículos apresentados e do interesse que despertaram as inovações mostradas pela indústria automobilística, a grande atração desse VII Salão foi mesmo o Parque Anhembi, pela primeira vez aberto ao público. Hoje ele está definitivamente incorporado à paisagem paulistana, e as sucessivas promoções realizadas em seu recinto fizeram com que seus freqüentadores se habituassem a seu arrojo e pioneirismo. Naquela oportunidade todas as empresas que participaram da construção do parque, desde a fase de projetos até o acabamento final, participaram de uma exposição à parte, feita durante o VII Salão do Automóvel e instalada no mezanino.

O Salão do Automóvel deixou de ser exclusivamente nacional e passou a ser internacional, com a reabertura do mercado brasileiro às importações de automóveis.

Realizava-se enfim o sonho de Caio de Alcântara Machado em 1959: exibir em seu Salão automóveis fabricados no Brasil ao lado de automóveis importados. Pena é que, agora, os automóveis montados no Brasil já não sejam tão nacionais como antes.

De qualquer forma, tendo completado seus quarenta anos no ano 2000, a história dos Salões do Automóvel, promovidos pela Alcântara Machado Comércio e Empreendimentos, confunde-se com a própria história da indústria automobilística instalada no Brasil.

Exposição da Indústria Automobilística, Veículos e Autopeças

Concluída a progressiva nacionalização dos veículos, com índices de nacionalização que se situaram ao redor de 98% em peso, encerrou-se a fase da implantação da indústria automobilística no país. Era também o final de um governo, o final do Plano de Metas, o final da década de 1950, o final de uma era.

Para celebrar o término desse memorável ciclo histórico, seria necessário enfatizar os esforços que a indústria de autopeças e a de veículos despenderam para alcançar seus objetivos, assim como a satisfação que sua realização proporcionou a seus idealizadores.

Com essa finalidade, sob o patrocínio do GEIA, realizou-se no Museu de Arte Moderna, no Rio de Janeiro, de 20 de janeiro a 31 de março de 1961, a Exposição da Indústria Automobilística – Veículos e Autopeças. Revestida de novas características, idealizadas pelo renomado arquiteto Henrique Mindlin, a mostra ofereceu uma visão ampla e didática do que era na época a indústria automobilística no Brasil, em sua dinâmica estrutura de integração horizontal, tendo apresentado, para tanto, pela primeira vez o complexo industrial como tema único, como unidade absolutamente integrada, e seu efeito promocional na vida econômica nacional.

Ainda sob o impacto da repercussão e do sucesso da exposição, o presidente Juscelino Kubitschek, em 28/01/61, às vésperas do final de seu governo, convocou as diretorias de ambos os sindicatos – o de Veículos e o de Autopeças – e os dirigentes do GEIA para, em singela recepção no Palácio das Laranjeiras (Rio de Janeiro), agradecer a colaboração prestada a seu governo, na execução da Meta nº 27, da qual resultou a implantação da indústria automobilística no Brasil.

Capítulo XIII

O interregno Jânio Quadros/João Goulart

1. O surpreendente governo Jânio Quadros

Ao assumir a presidência da República, Jânio Quadros revelou-se um crítico severo em relação a tudo que se realizara no período anterior. A situação cambial herdada, considerada caótica pelos críticos assustados com o que denominavam *desenvolvimento a qualquer custo* do governo Kubitschek, foi logo objeto de atenção especial.

A reforma cambial introduzida pelo governo Jânio Quadros, mediante as Resoluções n°s. 204 e 208, de caracter monetarista, buscando a verdade cambial (com forte desvalorização do cruzeiro), elevou as emissões de papel-moeda em 70% e aproximou a inflação do patamar (anual) dos 50%. A grande preocupação era a dívida externa.

Diante da revolução industrial, de 1956 a 1960 – com a execução do Plano de Metas – e das extraordinárias transformações operadas na economia e na vida do país, que não se faziam há 50 anos ou mais, essa dívida – mesmo em valores da época, num contexto inflacionário que registrava um aumento do custo de vida da ordem de 24% – tinha dimensões muito limitadas para que se lhe pudessem atribuir as precipitações na área econômica e os atropelos políticos que com tanta dramaticidade marcaram o ano de 1961, com suas históricas conseqüências.

De fato, do montante total da dívida externa deixada por Juscelino, de US$ 2.700 milhões, registrava-se o total de US$ 1.400 milhões, vencíveis de 1961 a 1963, e nesse total estavam compreendidos empréstimos compensatórios e *swaps* no valor de US$ 800 milhões (em 19/04/1961). A dívida líquida era, pois, em fins de 1960, de US$ 1.900 milhões, incluídas as dívidas vindas de governos anteriores.[98]

---

[98] *Diário Oficial da União*, 14/09/61 – relatório do deputado Hermógenes Príncipe e Heitor Ferreira Lima. *História político-econômica e industrial do Brasil*, p. 417.

Cabe resaltar que o governo Kubtscheck não contou com a assistencia dos órgãos financeiros internacionais, supostamente dedicados a contribuir para o desenvolvimento econômico dos países subdesenvolvidos. O maior esforço de desenvolvimento econômico empreendido no ocidente por um país subdesenvolvido, após a criação do Banco Mundial, do Fundo Monetário Internacional, da Corporação Financeira Internacional, etc. etc., foi levado a cabo não somente sem qualquer auxílio dessas entidades mas, inclusive, com sua indiferença ou sistemática oposição. Elas alegavam que o governo brasileiro se negava a adotar uma conduta monetária e creditícia ortodoxa e, portanto, não poderia alcançar verdadeiro desenvolvimento.[99]

No que se refere ao GEIA, contudo, sua filosofia, seus planos e seus membros foram mantidos sem alterações pelo novo governo, o que propiciou avançar de forma a não interromper o que previamente havia sido planejado.[100] Assim foi possível a implantação efetiva da indústria de tratores agrícolas, cujo plano fora aprovado pelo GEIA ainda no governo anterior.

Para execução dos Planos Nacionais das Indústrias de Máquinas Agrícolas e Rodoviárias, foi criado em 2 de maio de 1961 (Decreto nº 50.519) o Grupo Executivo da Indústria de Máquinas Agrícolas e Rodoviárias (Geimar), irmão gêmeo do GEIA, do qual foi desmembrado.

Mas a fase de consolidação dos Planos Nacionais Automobilísticos, que exigiria evidentemente um período mínimo para maturação do processo e sua consolidação, no qual se delineariam os esquemas da etapa subseqüente de expansão, passou a sofrer pressões oriundas dos setores que não haviam participado dos planos, porque simplesmente não acreditaram no êxito dessa industrialização, e de outros, habitualmente pouco afeitos aos riscos.

Objetivando fazer face a essas pressões, novas gestões, bem como novos planos e projetos, foram apresentados pelo GEIA ao presidente Jânio Quadros, com vistas a regulamentar a fase de consolidação e expansão da

---

[99] JAGUARIBE, Hélio –"Desenvolvimento Econômico e Desenvolvimento Político" – 1962 – pág. 183.

[100] O Almirante Lúcio Meira foi reconduzido à presidência do GEIA em 17/04/1961, por nomeação do Presidente Jânio Quadros.

indústria automobilística e definir, com base nas experiências da fase de implantação, as características e exigências dos novos estágios. Com efeito, encerrada a etapa de implantação, esses projetos tinham por finalidade conceder estímulos a novos planos de industrialização somente quando se obedecia ao esquema: eliminação gradativa dos estímulos à importação dos ferramentais de produção, a começar pelas ferramentas usadas; crescente autonomia na tecnologia da produção; crescente participação do capital nacional nas empresas; e crescente autonomia nos projetos dos novos veículos produzidos no país. Tais proposições objetivavam criar novas oportunidades à engenharia nacional, particularmente na área de inovação tecnológica.

Só depois de meses de expectativa o presidente da República se pronunciou a respeito. Não tomou, porém, posição a favor da tese do GEIA nem contra, não recomendou uma alternativa nem o reexame da matéria e não covocou o GEIA para discutir o problema. Simplesmente despachou: "Publique-se, na íntegra. Em 03/08/1961". E foi publicado o relatório no *Diário Oficial da União*, em 07/08/61. Na íntegra.

O assunto ficou no ar. Não se conferiram ao GEIA os meios necessários à coordenação da fase de consolidação e ampliação da indústria, dentro de um processo ordenado. Iniciava-se, assim, uma fase de indefinição e insegurança, com subseqüentes desdobramentos.

Como o então presidente Jânio Quadros permaneceu pouco tempo cargo[101] e diante de tanta movimentação política, as atenções da vida brasileira estavam voltadas para outros acontecimentos. O GEIA conseguiu, nesse período, conservar-se o máximo possível afastado de qualquer injunção administrativa e, com isso, prosseguiu em seu trabalho e manteve os compromissos assumidos para consecução de seus objetivos.

2. O tumultuado governo João Goulart

A renúncia de Jânio Quadros deflagrou crises político-partidárias que trouxeram em seu bojo grave crise econômica, a aceleração do processo

[101] O presidente Jânio da Silva Quadros renunciou à Presidência da República no dia 25 de agosto de 1961, não tendo completado sete meses de governo.

inflacionário e a perturbação dos esquemas de industrialização em curso, justamente na fase que deveria ser a de sua consolidação. Em meio à crise, o vice-presidente da República, João Goulart, assumiu a presidência, no dia 7 de setembro de 1961, somente após a reforma da Constituição que estabeleceu o regime parlamentarista no país.

Contrariando toda expectativa, o novo governo reservou ao GEIA uma surpresa desagradável, transferindo-o para a jurisdição do Ministério da Indústria e do Comércio. O Decreto nº 531, de 23/01/1962, que aprovou o Regulamento do Ministério da Indústria e do Comércio, estabelecia que se *subordinam diretamente àquela secretaria de estado os Grupos Executivos que, com finalidades específicas, existiam ou fossem criados tendo em vista a implantação de determinadas indústrias ou para estudos relacionados com aspectos da política industrial do País.* Com base nessa regulamentação, o Decreto nº 751, de 19/03/1962, transferiu o órgão para o Ministério da Indústria e do Comércio. O almirante Lúcio Meira foi mantido na presidência, acumulando essa função com a de presidente da Companhia Siderúrgica Nacional (CSN), para a qual fora nomeado em 24 de novembro de 1961.

Tal condição alterou o sistema de trabalho dos Grupos Executivos, que, da subordinação a um órgão interministerial (o Conselho do Desenvolvimento, diretamente vinculado à Presidência da República), passou a subordinar-se diretamente à Secretaria da Indústria, do Ministério da Indústria e do Comércio.

Não tardou que se fizesse sentir o efeito da mudança substancial da nova condição, e algumas providências no passado normalmente livres da burocracia administrativa passaram a sofrer os efeitos da nova situação, com sensíveis retardamentos, às vezes de meses, para sua consecução.

Em março de 1963, em conseqüência de entendimentos entre Lúcio Meira e o ministro Antônio Balbino, da Indústria e do Comércio, assumi a Secretaria da Indústria, continuando não obstante a exercer as funções de secretário-executivo do GEIA.

No exercício das novas funções, encaminhei exposição de motivos ao ministro Balbino destacando que se havia gerado certo tumulto na ação dos Grupos Executivos antes subordinados ao Conselho do Desenvolvimento, que passaram a atuar sem qualquer harmonia entre eles, tanto mais que a Secretaria da Indústria não dispunha de meios para conduzi-los efetivamente.

Concluía minha exposição lembrando que o Ministério do Planejamento (cujo titular era Celso Furtado) havia elaborado anteprojeto, em via de ser aprovado, criando o *Sistema Nacional de Planejamento*, que previa a instituição de comissões encarregadas da formulação da política do desenvolvimento econômico e social, uma delas de desenvolvimento setorial, à qual se deveriam subordinar os Grupos Executivos Industriais. Recomendava esse enquadramento, embora a vinculação ao MIC devesse persistir, tornando-se obrigatório o exercício da presidência dos grupos por seus representantes.

3. Diretrizes para a consolidação e o desenvolvimento da indústria automobilística

Fazendo um balanço de suas atividades e dos auspiciosos resultados obtidos até então, o GEIA encaminhou ao ministro da Indústria e do Comércio, em março de 1963, exposição de motivos nos seguintes termos:

> Uma vez atingido o estágio final da fase de implantação da indústria automobilística, o GEIA passou a preocupar-se com sua expansão e modernização, associadas à crescente participação dos fatores nacionais nessa atividade, base sobre a qual formulou projeto de decreto, estabelecendo as diretrizes para o desenvolvimento e ordenamento da indústria automobilística brasileira. Essas diretrizes previam cinco etapas distintas, do ponto de vista de sua integração na economia do país:
> 1. assegurar a nacionalização dos veículos, já alcançada, que foi a base da implantação da indústria;
> 2. promover, também, a nacionalização progressiva dos instrumentos de produção utilizados pelo setor, imprimindo características brasileiras à criação dos novos modelos e tipos, não estimulando a importação de moldes, matrizes, estampos e ferramental, sobretudo usados – elementos através dos quais se materializam os novos modelos e tipos de veículos – de forma a dar oportunidades à engenharia e aos fabricantes locais desses materiais;

3. aproveitar, de forma crescente, a capacidade da indústria brasileira de máquinas e equipamentos, no fornecimento à indústria de veículos e de peças, restringindo a importação exclusivamente aos itens de difícil obtenção no país;
4. evitar a proliferação de novas unidades industriais, que geraria capacidade ociosa, de efeitos inflacionários, pela elevação de custos, em face da redução do número de unidades, assegurando que todo esse desenvolvimento se processe nos estabelecimentos já existentes, que poderiam instituir novas linhas de fabricação, com grande aproveitamento das instalações disponíveis;
5. considerar a integração da indústria automobilística no âmbito da Associação Latino-Americana de Livre Comércio – Alalc – reduzindo ao mínimo os reflexos eventualmente desfavoráveis ao esforço já realizado pelo Brasil, no estabelecimento do seu parque fabril.

Desentendimentos cada vez mais freqüentes surgidos no seio do próprio governo levaram o ministro Antônio Balbino a afastar-se do Ministério, passando o cargo interinamente, embora seu objetivo fosse o de não mais reassumir o posto, o que enfraqueceu ainda mais a posição do GEIA.

O novo ministro, Egydio Michaelsen, tendo aprovado esses estudos, encaminhou em 06/03/1963, ao presidente da República a exposição de motivos do GEIA e a minuta do decreto que estabelecia as diretrizes para o desenvolvimento da indústria automobilística brasileira.

Do relatório dirigido ao presidente da República constavam, entre outras, as seguintes razões:

> O esforço desenvolvido pelo governo e pela iniciativa privada para implantar a indústria automobilística no Brasil atingiu os objetivos visados, ultrapassando as metas previstas.
> Como já mencionamos, as últimas etapas de realização previstas foram atingidas desde 1960. Previa-se, inicialmente, um índice máximo de nacionalização de 90% para caminhões, camionetas, caminhões leves e furgões, e de 95% para jipes e automóveis de passageiros.
> Atingidos esses níveis, porém, resolveu o GEIA – tendo em vista que o desenvolvimento do parque industrial brasileiro, àquela data, possibilita-

> va alcançar a nacionalização dos veículos além dos níveis de 90 a 95% em peso, fixados nos planos iniciais – estabelecer novos planos para a nacionalização integral dos veículos.
>
> Assim, pode-se afirmar que a etapa de implantação da indústria automobilística, no país, está superada, como superada também está grande parte dos decretos que criaram e disciplinaram a execução dos planos nacionais automobilísticos.
>
> Cabe estabelecer, portanto, diretrizes que disciplinem a consolidação e a expansão da indústria automobilística brasileira.
>
> A aprovação do referido decreto torna-se, cada vez mais urgente, tendo em vista o dinamismo desse setor industrial, fazendo-se necessárias providências para evitar-se a exagerada diversificação de marcas e modelos de veículos em produção no país, bem como para estimular a crescente participação de capitais nacionais ao desenvolvimento do setor.

As gestões do ministro Michaelsen também encontraram vários tipos de resistências. O projeto de decreto que consubstanciava as medidas propostas pelo GEIA sofreu obstruções, com a finalidade de alterar-lhe a redação e, assim, o alcance de seus objetivos.

O esquema traçado pelo GEIA recebeu, finalmente, total aprovação governamental. O decreto, todavia, chegou ao *Diário Oficial* com alterações em seu texto, e por isso foi sustada sua publicação. Lúcio Meira, em audiência com o presidente da República, em 22/05/63, o alertou a respeito, e ele determinou a devolução do decreto para a devida correção e seu novo encaminhamento ao *Diário Oficial*.

Longos meses decorreram, e o esquema do GEIA para a fase seguinte, de ampliação da indústria, foi obstruído. O decreto não foi publicado e os esforços do GEIA foram bloqueados.

Recusando-se a aprovar projetos isolados, que pretendiam beneficiar-se da legislação aplicada na fase de implantação da indústria e, portanto, já superada, o GEIA não aprovou nenhum novo projeto.

O clima político e a conjuntura econômica foram-se agravando a tal ponto que se tornava cada vez mais evidente a insustentabilidade do governo. Em setembro daquele tumultuado ano de 1963 deixei a Secretaria da Indústria e o GEIA. Ao despedir-me do almirante Lúcio Meira manifestei-lhe minhas preocupações e exortei-o a dar por encerrada sua vitoriosa missão à frente do GEIA, bem como exonerar-se da CSN. Ele ainda resistiu em seu duplo *front* por mais seis meses, até abril de 1964.

Capítulo XIV

Uma revolução vitoriosa

Em 1964, o milionésimo autoveículo de fabricação nacional

No final de 1964, decorridos apenas oito anos da aprovação dos Planos Nacionais Automobilísticos, por decreto de 16 de junho de 1956, assinado pelo presidente Juscelino Kubitscheck de Oliveira, foi possível comemorar, no IV Salão do Automóvel, o milionésimo autoveículo de fabricação nacional, lançado naquele ano.

Em menos de oito anos de trabalho as linhas de montagem das fábricas de veículos lançaram, nas estradas brasileiras, nas ruas de nossas cidades e nos campos, um milhão de unidades, acrescentadas às 800 mil existentes em 1957 e importadas de diversos países. Dos veículos que circulavam no Brasil, 53,56% foram produzidos por trabalhadores brasileiros, com matérias-primas, peças e componentes nacionais em sua quase totalidade.

Nenhum outro setor industrial foi implantado no Brasil seguindo um planejamento nos moldes do elaborado pelo GEIA para a indústria automobilística.

Esse plano foi revolucionário nos métodos administrativos e sobretudo nos resultados. Sacudiu a economia brasileira, estendeu seus efeitos aos demais setores de atividade e continuou a imprimir dinamismo até por mais de quatro décadas após seu início. Como técnica de planejamento setorial serviu de padrão no país e no exterior; e seus resultados, já se tornavam evidentes com o que foi possível exibir naquele IV Salão do Automóvel.

Todo o enorme patrimônio tecnológico usado na fabricação de um veículo foi absorvido em cinco anos apenas por nosso país:

- Fundições moderníssimas produzem blocos de motor;
- Forjarias comparáveis ao que há de mais moderno em qualquer parte do mundo suprem a indústria automobilística de peças da complexidade das árvores de manivela (virabrequins);
- Peças que se considerava impossível produzir no Brasil, como rolamentos, passaram a ser exportadas daqui para outros países;
- Motores diesel e motores a gasolina atendem não apenas à fabricação de veículos mas também a numerosas outras aplicações, como geração de energia elétrica (sobretudo na zona rural) e propulsão de pequenas embarcações.

Os efeitos de propagação da indústria automobilística se estenderam por todos os setores, desde a atividade extrativa até os mais refinados campos de pesquisa. Toda a economia do país beneficiou-se com sua implantação.

A **indústria de máquinas** desenvolveu-se, não apenas sob o impulso de um mercado consideravelmente ampliado – fabricação dos milhares de componentes de um veículo – mas também pela incorporação de novas técnicas, importadas para atender diretamente à indústria automobilística, com os estímulos criados pelo GEIA.

A **indústria metalúrgica**, mobilizada para suprir a indústria automobilística, teve que atualizar-se e expandir-se. Em sua nova dimensão, aparelhou-se para atender a muitos outros segmentos, desde a fabricação de peças de precisão e de ferramentas, até à produção de brocas para sondas de petróleo.

A **indústria química**, a de plástico, a de tintas, a de vidros, a de borracha – seria difícil mencionar todas – experimentaram tão considerável impulso nesse período que a história de sua evolução pode ser nitidamente dividida em dois períodos: antes e depois da implantação da indústria automobilística no Brasil.

Mas não foi somente o setor industrial que se beneficiou do impacto dos planos do GEIA. Basta que se observe o movimento de caminhões nas estradas para constatar o que significa a indústria automobilística brasileira em termos de solução para o transporte da **produção agrícola.** E a **mecanização da agricultura** passou a processar-se em rítmo consideravelmente mais acelerado após a fabricação de tratores agrícolas no país – outra conseqüência da implantação da indústria de veículos.

A **atividade comercial**, liberada das inevitáveis restrições a que estava submetida quando dependia quase exclusivamente das importações, expandiu-se verticalmente, desenvolvendo, em paralelo a sua função de fazer circular as riquezas, importante papel como principal fonte de tributos federais, estaduais e municipais.

As **sociedades de crédito, financiamento e investimento**, que deram expressiva contribuição à organização de nosso mercado de capitais, surgiram graças ao estímulo representado pela necessidade de financiar as vendas de veículos. Mais de 50% dos financiamentos por intermédio dessas sociedades, no auge de seu funcionamento, ampararam as vendas do setor.

TERCEIRA PARTE

NOVOS DESAFIOS

Depois do GEIA

Com a eclosão do movimento político-militar em março de 1964 e a posse do presidente Humberto Castelo Branco, novos rumos foram traçados, com ênfase na adoção de medidas financeiras destinadas a conter a acelerada taxa de inflação: corte no gasto público, aumento da carga tributária, contenção de crédito e compressão salarial.

Toda a legislação que criara o GEIA e instituíra a indústria automobilística no país foi substituida por outra. O GEIA, com sua estrutura e suas características, deixou de existir após oito anos de criação, em 16/06/1956. Não obstante, o órgão que o substituiu, o Geimec – Grupo Executivo das Indústrias Mecânicas, objetivando dar continuidade à política de industrialização automobilística que se vinha seguindo, elaborou proposta de programa de trabalho que submeteu ao recém-criado Conselho de Desenvolvimento Industrial (CDI), ao qual estava subordinado, e que nada decidiu.

A indústria automobilística foi atingida em conseqüência da violenta retração na comercialização de seus produtos, elevando seus estoques até níveis insuportáveis, diminuindo a produção, aumentando o desemprego e paralisando as atividades de muitas empresas.

Apesar da falta de continuidade na condução da política de consolidação da indústria automobilística a partir de 1967, o ano de 1968 marcou o início de uma nova fase de prosperidade do setor. Além do próprio crescimento da economia, da maior agressividade comercial por parte das empresas montadoras e da organização do mercado de crédito, a sustentação do crescimento do mercado se deu com base na utilização da capacidade ociosa na fase de sua implantação.

Já em 1978 a produção anual de autoveículos havia ultrapassado a barreira de um milhão, assegurando ao Brasil uma posição entre os dez maiores produtores de veículos automóveis no mundo. A partir de 1980 a indústria automobilística brasileira iniciou a produção em série de veículos movidos integralmente a álcool. Esse programa foi o primeiro executado no mundo em larga escala.

O anúncio do fechamento da fábrica de motores da Ford em São Bernardo do Campo (SP), em dezembro de 1991, que resultaria na demissão de cerca de 700 funcionários, deflagou movimento do Sindicato dos

Metalúrgicos, que resultou na criação da Câmara Setorial da Indústria Automobilística, esforço digno de nota para restabelecer as bases de uma política industrial no Brasil, realizado surpreendentemente no governo Collor. As medidas aprovadas pela Câmara tiveram respostas econômicas e políticas rápidas, aliviando a pressão de curto prazo sobre o setor: as vendas, as exportações e a produção aumentaram, os preços baixaram, o nível de emprego no setor foi mantido, os salários ficaram protegidos e a arrecadação de impostos só acusaria queda em 1994.

O período de 1994 até o início de 1995 foi caracterizado pelo fim das negociações na Câmara Setorial e pela redução das alíquotas de importação de veículos e autopeças. No início de 1995, em resposta ao crescimento das importações de veículos e da preocupação com o possível desvio de investimentos estrangeiros para a Argentina, a abertura do setor automobilístico começou a ser contida, elevando-se o imposto de importação.

A retomada de uma política industrial para o setor automobilístico inicia-se com a edição da Medida Provisória (MP) nº1.024, de junho de 1995, que reduz a alíquota do imposto de importação de produtos pelo setor automobilístico: máquinas, equipamentos, matérias-primas, partes, peças, componentes, conjuntos e subconjuntos. A medida estabeleceu cotas de importações vinculadas ao desmpenho exportador das firmas.

Em dezembro de 1995 são criadas as bases para o chamado Regime Automotivo Brasileiro, estabelecidas em diversos decretos e medidas provisórias. O principal instrumento de incentivo oferecido às montadoras instaladas no país foi a redução de imposto de importação para veículos importados pelas montadoras instaladas no Brasil e para importações de bens de capital, além de reduções regressivas para importações de autopeças, que se iniciam com 85% em 1996 e atingem 40% em 1999. Como contrapartida, foi estabelecido o índice de nacionalização mínimo de 60% (em valor) e a vinculação das importações às exportações.

Além do *Regime Automotivo Geral* foi também criado o *Regime Automotivo Regional ou Especial*, que estabeleceu incentivos especiais para que as firmas se instalassem nas regiões Norte, Nordeste e Centro-Oeste, com o manifesto propósito de descentralizar o setor automobilístico.

A falta de continuidade administrativa dos governos que se sucederam e a indefinição de uma política industrial coordenada em nível nacional exacerbaram a disputa dos governos estaduais por novas fábricas e acarretaram verdadeira guerra fiscal, mediante a concessão de incentivos adicionais aos previstos no regime automotivo.

Capítulo XV

O regime militar e a mudança de rumo

1. O novo Programa de Ação Econômica do Governo (PAEG)

Encontrava-me em licença-prémio de seis meses (outubro de 1963 a abril de 1964), a que fazia jus após cerca de vinte anos de exercício efetivo no Banco do Brasil (1944-1964), durante os quais exerci também por mais de seis anos (1957-1963) a função de secretário do GEIA e por sete meses a de secretário da Indústria do MIC, quando, em 31 de março de 1964, eclodiu o movimento político-militar do qual resultou a deposição do presidente João Goulart.

Eleito pelo Congresso Nacional, foi empossado presidente da República, em 15/04/1964, o marechal Humberto Castello Branco. A direção da política econômico-financeira do novo governo foi confiada a Roberto de Oliveira Campos, primeiro titular do recém-criado Ministério do Planejamento, e Octávio Gouvêa de Bulhões, ministro da Fazenda.

Vencendo a resistência de vários militares, ante a pecha de entreguista que a imprensa lhe assacava, e abrindo mão de suceder a Alfredo Jurzykowski na presidência da Mercedes Benz do Brasil, para a qual acabara de ser convidado,[102] Roberto Campos passou a planejar e executar o Programa de Ação Econômica do Governo – PAEG (1964-1966), aprovado pelo Decreto nº 53.914, de 11/05/64 (menos de um mês após a posse do governo militar), cujo objetivo era conter a inflação e promover o desenvolvimento.

---

[102] CAMPOS, Roberto. *A lanterna na popa*, – Rio de Janeiro: Topbooks, p. 555/564, 1994.

A aplicação do PAEG se fez mediante medidas financeiras consideradas recessivas pela indústria, pelo comércio e pela agricultura. As entidades empresariais faziam restrições não só ao Plano mas sobretudo à sua terapêutica, aplicada numa dosimetria mais drástrica do que a prevista no próprio Plano, que diagnosticava como principal problema a aceleração da taxa de inflação que, mantida a tendência, atingiria 144% no final do ano.

A terapêutica preconizada pelo PAEG implicou mobilização dos instrumentos clássicos de estabilização: corte no gasto público, aumento da carga tributária, contenção do crédito e compressão salarial.

Quanto às finanças públicas, procedeu-se a elevado corte de despesas combinado com aumento da carga tributária. Foi também criado novo instrumento de financiamento do déficit do Tesouro, mediante o lançamento de obrigações sujeitas a correção monetária.

2. O GEIA deixa de existir e nasce o Geimec

Com a finalidadede de promover e orientar a expansão do parque industrial do país, cabendo-lhe formular critérios gerais que deveriam presidir a concessão de estímulos governamentais em matéria de investimentos industriais e promover a aplicação desses estímulos, objetivando acelerar o processo de integração e complementação do parque industrial brasileiro, o governo recém-instalado criou, no Ministério da Indústria e Comércio, pelo Decreto nº 53.898, de 29/04/1964 a Comissão de Desenvolvimento Industrial (CDI-1964).

Subordinado à CDI-1964 foi criado, pelo Decreto 53.975, de 19/06/1964, além de outros, o Grupo Executivo das Indústrias Mecânicas (Geimec), que absorvia os Grupos Executivos da Indústria Automobilística (GEIA), da Indústria de Máquinas Agrícolas e Rodoviárias (GEIMAR) e da Indústria Mecânica Pesada (Geimape).

Toda a legislação que criara o GEIA e instituíra a indústria automobilística nacional foi assim substituída. O órgão com sua estrutura e características, deixou de existir, após oito anos de sua criação.

A direção do Geimec ficou subordinada a um secretário-executivo, e para esse cargo foi nomeado Alberto Tângari, que me substituiu quando deixei a Secretaria Executiva do GEIA, no final de 1963.

Tângari permaneceu nesse órgão e nos que o sucederam até 7/12/1970, completando portanto mais de catorze anos de ininterrupta participação no processo de monitoramento da indústria automobilística no Brasil.

Objetivando dar continuidade à política de industrialização automobilística seguida pelo GEIA, o Geimec encaminhou ao secretário geral da CDI um documento tecendo considerações sobre a delimitação da área de jurisdição do novo órgão e proposta de um programa de trabalho, para execução imediata, que consistia em:

> 1. Propor, no campo da indústria automobilística, as normas e diretrizes que deveriam presidir e disciplinar a expansão e o desenvolvimento do setor, uma vez que havia superado a sua fase de implantação. Estas normas, entre outros itens, deveriam:
> a) manter o grau de nacionalização dos veículos, já alcançado;
> b) assegurar a crescente participação do capital, da técnica e da mão-de-obra nacionais, no desenvolvimento do setor;
> c) evitar a proliferação de novas unidades industriais, que geraria capacidade ociosa e elevação de custos, pela redução do volume de fabricação de cada unidade.
> 2. Promover a nacionalização progressiva dos instrumentos de produção utilizados pelos setores industriais abrangidos pela ação do Geimec, imprimindo características brasileiras à criação de novos modelos ou tipos, mediante o desestímulo à importação de moldes, estampos e ferramental, sobretudo usados (elementos por meio dos quais se materializavam os novos modelos e tipos), de forma a dar oportunidades aos projetistas nacionais e aos fabricantes locais desses materiais.
> 3. Estudar o aproveitamento crescente da capacidade da indústria brasileira de máquinas e equipamentos no fornecimento às indústrias de veículos, tratores agrícolas, máquinas rodoviárias e autopeças, restringindo a importação exclusivamente aos itens de obtenção impossível no país.

Após ampla consulta às indústrias de veículos e de autopeças, o Geimec encaminhou à CDI, em setembro de 1964, projeto de decreto consubstanciando essas diretrizes, com as quais se manifestaram de pleno acordo por intermédio de suas entidades de representação, a Anfavea e o Sindipeças.

Em 22 de abril de 1965 o Geimec reiterou sua solicitação de aprovação do decreto anteriormente encaminhado ao CDI, incluindo cláusulas que implementariam projeto de integração industrial, no âmbito da Associação Latino-Americana de Livre Comércio (Alalc). A Comissão de Desenvolvimento Industrial, não obstante, nada decidiu sobre seus estudos e os projetos.

3. A crise econômica e os anos de recuperação

A recessão de 1964 transformou-se em crise, para adquirir maiores proporções de outubro de 1965 até princípio de 1967, estabelecendo-se um descompasso entre os objetivos que o PAEG desejava alcançar e os resultados colhidos.

A indústria automobilística sofreu violenta retração na comercialização de seus produtos, acumulando estoques e diminuindo a produção, aumentando o desemprego e paralisando muitas empresas. A recessão teve impacto redobrado sobre a indústria automobilística porque ocorreu concomitantemente ao esgotamento do potencial de demanda reprimida. Surgiram as primeiras dificuldades decorrentes do desequilíbrio entre a capacidade de produção e as possibilidades do mercado.

Verificou-se nas montadoras uma ociosidade que atingiu 70% entre 1963 e 1965, quando a produção anual de veículos foi inferior às 191 mil unidades de 1962. Nesse período de retração foi produzido o milionésimo veículo brasileiro, com índice de nacionalização de praticamente 100%, memorável evento ocorrido em 27 de novembro de 1964.

O setor tomaria novo impulso em 1966, quando foram fabricados 224 mil unidades; durante 1967 repetiu-se praticamente a mesma produção, com acréscimo de apenas 1.000 unidades. Nesse ano se registraram as mais importantes modificações no parque produtor, mediante fusões e absorções de empresas montadoras:

- a Volkswagen adquiriu o controle acionário da Vemag;
- a Chrysler chegou ao Brasil, comprando as instalações da International Harvester, produtora de caminhões, e da Simca, que fabricava automóveis;
- a Fábrica Nacional de Motores já fora incorporada pela Alfa Romeo.

- a Ford e a Willys passaram a constituir uma única empresa, denominada Ford-Willys do Brasil, posteriormente Ford do Brasil S.A.

A recuperação da economia brasileira baseou-se fundamentalmente no desempenho do setor de bens de consumo duráveis, em especial no da indústria automobilística, que já no biênio 1966/67 havia crescido a uma taxa de 13,4%, só possível com a montagem definitiva do sistema de crédito ao consumidor, fruto da reforma financeira, e quando surgiram também os consórcios, como instrumento alternativo ao crédito direto ao consumidor para financiamento de autoveículos.

Embora não chegasse a admitir explicitamente que a economia brasileira havia perdido seu dinamismo e se encontrava estagnada e numa situação virtual de impasse, o governo do marechal Costa e Silva, instalado em 13/03/1967, concedeu importância fundamental a uma contramarcha no acelerado processo de instabilização e desnacionalização que vitimava o país.

A condução da política econômica e financeira é entregue ao ministro da Fazenda, Antônio Delfim Netto, sendo ministro do Planejamento Hélio Beltrão e da Indústria e Comércio, o general Edmundo Macedo Soares e Silva.

Em seu conjunto de diretrizes, o governo decide não encampar o plano decenal que lhe foi legado pela gestão anterior, optando pela preparação de seu próprio plano. Seu diagnóstico da situação verifica que: a inflação não é de procura e sim de custo; o poder aquisitivo do consumidor se deteriou; a economia empresarial se debilitou; o investimento público se manteve; o investimento privado caiu realmente.[103]

Para o exame de projetos de ampliação ou instalação de indústrias de autopeças, a nova CDI, criada pela Resolução nº 11/69, de 16/07/1969, do Ministério da Indústria e Comércio, determinou critérios, destacando que:

- não serão concedidos estímulos a projetos industriais em superposição aos que se encontrem em fase de instalação ou produção e que sejam capazes de satisfazer, qualitativa e quantitativamente, às necessidades estimadas do mercado;

---

[103] *Desenvolvimento & Conjuntura*, nº 7, CNI, Julho de 1967.

- será levado em conta o princípio básico de defesa da indústria do setor, inclusive das resultantes da fusão dessas empresas e que estejam operando em regime normal de produção.

Em substituição à Comissão do Desenvolvimento Industrial (CDI-1964), foi criado o Conselho de Desenvolvimento Industrial (CDI-1969), pelo Decreto nº 65.016, de 18/08/1969, que estabeleceu novas diretrizes para o desenvolvimento industrial. Esse decreto reestruturou e fortaleceu os Grupos Executivos Industriais subordinados à Secretaria Geral do CDI, em número de nove, entre os quais o Geimot – Grupo Executivo da Indústria Automotora.

O presidente Costa e Silva porém, não completou seu mandato. No epicentro de uma crise política, faleceu em 30/10/1969.

O novo governo, do general Emílio Garrastazu Médici, revogou as medidas anteriores, expediu o Decreto nº 67.706, de 7/12/1970, que reorganizou o Conselho de Desenvolvimento, CDI-1970, e criou o GEP – Grupo de Estudos e Projetos. A secretaria do CDI absorveu os Grupos Executivos, transformando-os em Grupos Setoriais, em número de oito. O Geimot passou a ser o Grupo Setorial nº 6 (GS-6), que correspondia ao das indústrias automotivas e seus componentes, identificado posteriormente, em nova reformulação, como GS-5.

A faculdade de estudar, relatar e aprovar os projetos de investimentos passou a ser exclusiva do GEP, que os aprovava num rito sumário, concedendo-lhes incentivos liberalmente, numa política caracterizada pela ausência de critérios seletivos e prioridades. Aos Grupos Setoriais (GS) restou apenas a tarefa de emitir certificados relativos aos projetos aprovados pelo GEP, visar as guias correspondentes e acompanhar sua execução.

Verifica-se, desse modo, que a partir de 19/06/1964, numa crescente redução de sua estrutura e sua competência, o GEIA foi substituído pelo Geimec e este pelo Geimot, por sua vez substituído pelo GS-6 e pelo GS-5.

Tais transformações eliminaram gradualmente a representação dos setores privados nos órgãos governamentais. No GEIA, que era um colegiado, tomavam-se as decisões depois de ouvidos, de modo amplo, todos os setores governamentais e empresariais interessados. No Geimec e no Geimot, embora limitados em sua ação, havia a representação empresarial com direito a voto. Nos Grupos Setoriais, que deixaram de relatar, a representação transformou-se em assessoramento sem direito a voto, que se transformou em simples acompanhamento sem participação nos debates, e por fim até isso deixou de haver.

Nos ógãos da administração, inclusive na Comissão de Coordenação, do Conselho de Desenvolvimento Industrial (CDI), havia representação dos setores industriais, que foi extinta.

Não obstante essa descontinuidade na condução da política de consolidação da indústria automobilística, o ano de 1968 marcou o início de uma nova fase de prosperidade do setor. Além do próprio crescimento da economia, da maior agressividade comercial por parte das empresas montadoras e da organização do mercado de crédito, a sustentação do crescimento do mercado se deu com base da utilização da capacidade ociosa instalada na fase de sua implantação.

Já em 1978 o setor voltou a conviver com números compatíveis com a capacidade instalada, registrando uma recuperação promissora. A produção anual de autoveículos ultrapassou a barreira do milhão, tendo-se produzido 1.064.014 unidades e assegurado ao Brasil uma posição entre os dez maiores produtores de veículos automotores do mundo. As vendas no mercado interno somaram mais de 970 mil veículos, e as exportações chegaram a quase 100 mil, totalizando mais de um milhão de unidades vendidas interna e externamente.

4. O desafio japonês

A partir dos anos 70 os principais mercados da economia mundial tornaram-se mais exigentes e competitivos, numa situação de desequilíbrio dos mercados financeiros. A indústria japonesa adquiriu capacidade competitiva inédita, superando as empresas ocidentais nos padrões de qualidade, eficiência e rendimento, o que estimulou a disseminação de um modelo japonês, "*lean production*", sustentado por métodos como *just in time*, *total quality control*, *total quality manufacturing*, *kaisen* e outros.

As fábricas americanas e européias dominam excelente tecnologia, no mínimo igual à dos japoneses e geralmente melhor. Os japoneses, no entanto, são quase sempre superiores na capacidade de melhorar fábricas e equipamento existentes, aperfeiçoando ferramentas, eliminando defeitos, aumentando o aproveitamento da área útil e assim por diante. A conclusão é que os americanos encontram dificuldade para aproveitar ao máximo o que têm.[104]

Os avanços do Japão e dos NICs (Newly Industrialized Countries) sobre as economias européia e norte-americana, mediante forma e processos produtivos diferentes dos padrões ocidentais, atingiram de modo especial a indústria automobilística, provocando alterações inéditas em sua capacidade produtiva, no caráter da competição e no desempenho industrial. Novas exigências de capital passaram a integrar as estratégias das corporações transnacionais, abalando as matrizes das principais montadoras brasileiras.

Por outro lado, a abertura comercial antecipada, promovida pelo governo Collor e realizada abruptamente, sem as salvaguardas e definições de cotas para importações, existentes em grande parte dos países mais avançados, agravou essa situação. As montadoras instaladas no Brasil, que por longo período beneficiaram-se de um mercado protegido, viram-se repentinamente expostas à competição internacional. E isso numa situação em que nenhum novo investimento viria de suas matrizes, que utilizavam suas energias no esforço de recuperação do terreno perdido para a indústria japonesa.

Depois de produzir 1.165.174 veículos em 1980, a indústria automobilística aqui instalada teve seu desempenho estacionado em torno da produção de um milhão anual de unidades durante uma década.

Novos investimentos no setor praticamente inexistiram, resultando na obsolescência de produtos e de produção. Nesse período o mercado interno sofreu forte retração, pressionado pelo fraco desempenho geral da economia: entre 1983 e 1993, não mais de 700 mil veículos seriam comercializados por ano no mercado interno, sendo em geral produtos mais caros e consumidos por segmentos de maior poder aquisitivo. Apenas o setor de caminhões e ônibus produziu de acordo com padrões mundiais de competitividade.

---

[104] LATINI, Sydney A. "Lições do capitalísmo japonês", *Carta Mensal* (pág. 27), Conselho Técnico da Confederação Nacional do Comércio (CNC), Rio de Janeiro, dezembro de 1993.

Nos anos 80 as subsidiárias brasileiras não seriam incluídas em nenhuma estratégia das grandes corporações que voltaram suas atenções para fábricas modernas e mais produtivas. A diminuição de seu peso estratégico somava-se à secundarização do mercado nacional e latino-americano, uma vez que os investimentos comerciais decisivos estavam sendo alocados em uma verdadeira guerra de reconquista dos mercados americano e europeu.

A vulnerabilidade das montadoras nacionais seria permanentemente potencializada pelos abalos nas matrizes, com impacto imediato em todos os seus planos. Foi o que vimos nos anos 80, com adiamento dos planos de automação, corte nos investimentos e programas de demissão e redução de salários. O baixo desempenho da economia brasileira só viria agravar esse quadro.

A perspectiva de fechamento de unidades produtivas inteiras seria sinalizada pela desativação, em outubro de 1991, da Ford Tratores – que teve parte de sua produção transferida para o Paraná, a partir de uma associação Fiat/Ford – e pelo fim das atividades, em 1988, da Ford Motors, que ocupava o lugar de maior fabricante latino-americano de motores e exportava 80% dos motores produzidos.

No início dos anos 90, a indústria automobilística – símbolo do poder industrial brasileiro, que já havia gerado 14,5% do PIB industrial em 1975 mas cuja paricipação despencara para 7,5% em 1990 e 7,6% em 1991 – parecia ter apenas sombras como futuro.

Nosso parque industrial foi constituído com base na reprodução do padrão internacional até então dominante. Mas seu amadurecimento ocorreu num período histórico em que, internacionalmente, aquele padrão industrial já estava em franco processo de transformação.

Desde meados dos anos 80 uma nova ordem industrial surgia no mundo, por meio de um inédito e integrado sistema internacional de produção, que se tornou possível graças à utilização intensiva das tecnologias de informação, com impacto marcante nas estruturas organizacionais e financeiras e nos processos de trabalho, capazes de reduzir os custos de capital e aumentar a produtividade do trabalho. Nos últimos anos esse novo paradigma está provocando uma onda de inovações dinamizadoras das grandes economias capitalistas que se tem comparado a uma terceira revolução industrial.

Como em outros momentos, o complexo automotivo vem se afirmando como um grande laboratório, capaz de gerar e difundir tecnologias e novos métodos de gestão da produção e de trabalho. Só que, desta vez, o centro nervoso deslocou-se – pelo menos por um período – dos Estados Unidos para o Japão. Foi a partir das experiências da Toyota que o mundo conheceu uma nova organização da produção e novos métodos de gestão, que começaram a se disseminar pelo mundo a partir dos anos 80.

O desempenho do setor automobilístico e dos ramos diretamente correlatos vem se destacando com um peso tão grande no processo de desenvolvimento da indústria que acabaram por dar forma a um verdadeiro estilo de industrialização, que chega a ser considerado o motor do crescimento econômico e a principal fonte de estímulo à competitividade.

A indústria automobilística instalada no Brasil sentiu o golpe japonês assestado contra a indústria americana e européia. Acompanhou seu declínio e mostrou-se extremamente vulnerável às transformações globais da competição e às combinações produtivas dela resultantes.

Além disso, a equivocada política de informática adotada pelo Brasil em 1984 provocou enormes atrasos ao processo de desenvolvimento, com reflexos que se fazem sentir até nossos dias. Por outro lado, a fragilização da capacidade de financiamento e coordenação da política industrial pode explicar em parte o baixo desempenho da indústria brasileira durante pelo menos uma década.

Algumas características da indústria automobilística da Coréia sugerem que seu desempenho contou com várias vantagens em relação ao Brasil, a começar dos benefícios da nova onda de inovações originadas do Japão.

A indústria automobilística coreana constituiu-se aprendendo, assimilando e copiando os aspectos centrais dos métodos, da tecnologia e da produção japonesa. Mais do que isso, porém, desenvolveram-se políticas governamentais destinadas à dinamização da indústria, com normas de incentivo à participação estrangeira nas empresas nacionais ou com elas (mediante associações acionárias, readequação das relações com os fornecedores e interfornecedores, subcontratações e terceirização), em sintonia com as práticas das corporações japonesas de montagem de malhas produtivas.

No Brasil a transição de uma política de substituição de importações para uma política de exportação de produtos da indústria automobilística não foi concebida, planejada nem executada para ser feita de modo internacionalmente competitivo.

A queda das regras protecionistas, no início dos anos 90 – sob o impacto da onda de internacionalização ou globalização da economia mundial –, sacudiu de alto a baixo as montadoras brasileiras, que passariam a procurar políticas alternativas para a preservação de seu patrimônio.[105]

5. Os "choques do petróleo" e o carro a álcool

Em 1973 o petróleo passou de US$ 3 para US$ 11 o barril, provocando radical modificação no balanço de pagamentos do Brasil. Entre 1973 e 1974 nossas importações aumentaram de US$ 6,2 bilhões para US$ 12,6 bilhões. O déficit do comércio exterior mais a conta de serviços tornaram-se preocupantes, com combustíveis e lubrificantes alcançando 30% das importações FOB, em 1974.

Nessas circunstâncias, foi num dramático discurso, a 9 de outubro de 1975, que o presidente Ernesto Geisel anunciou ao país a criação do Programa Nacional do Álcool – Proálcool[106]– destinado a estimular o aumento da produção desse combustível, para reduzir ou até mesmo substituir o consumo de gasolina, na eventualidade de agravamento da crise de suprimento de petróleo.

Após o segundo choque de petróleo, em 1975 as importações de combustíveis e lubrificantes chegaram a comprometer 50% do total de importações, em 1983.

A produção de alcool evoluiu rapidamente: em 1975, produziramse 3,2 milhões de barris; em 1978, esse total havia aumentado para 14,3 milhões; a partir daí, com a ativação do Proálcool, chegou-se a 52 milhões, isto é, a 140 mil barris/dia, em 1984.[107]

Em 1979 o ciclo de retração da economia brasileira recrudescia, por efeito do segundo aumento de preços internacionais de petróleo

---

[105] ARBIX, Glauco. *Uma aposta no futuro*, São Paulo: Editora Scritta, julho de 1996.

[106] Criado pelo Decreto nº 76.593 de 14.11.1975.

[107] ROTSTEIN, Jaime. *Contrato com o Brasil*, Rio de Janeiro: Topbooks, p. 121, 2000.

imposto pelos países membros da OPEP (Organização dos Países Exportadores de Petróleo).

Se, numa primeira fase de queda da demanda interna, a indústria automobilística reagira com aumento das exportações, que demandavam grandes esforços de investimento e tecnologia, com vistas a melhorar seus produtos, nessa segunda crise do petróleo teria de atuar em duas frentes: na primeira, intensificando melhores tecnologias visando ao aumento das exportações para um mercado ainda mais retraído, e a segunda, mediante o desenvolvimento do carro a álcool, única alternativa que se vislumbrava na época para continuidade da expansão do setor no Brasil, com a economia tremendamente abalada e um balanço de pagamentos desfavorável pelo expressivo peso da conta petróleo.

Medidas de contenção do consumo de combustível já haviam sido adotadas pelo governo – os postos de serviço foram proibidos de fornecer combustível para automóveis de passageiros nos fins-de-semana e no período noturno e promoveu-se intensa companha para limitação de velocidade máxima em 80 km/h. Outras medidas foram adotadas para atenuar o processo inflacionário em franca expansão, o que penalizou diretamente as vendas do setor automobilístico: reduziu-se o período de financiamento do crédito direto ao consumidor para compra de autoveículos de 24 para 18 meses e elevou-se a alíquota do IPI (Imposto sobre Produtos Industrializados) de 24 para 30%. Em compensação, ampliaram-se os incentivos à exportação mediante os programas Befiex (Benefícios Fiscais a Programas Especiais de Exportação)[108].

Além dos fatores conjunturais desfavoráveis, tanto em nível interno quanto externo, a indústria automobilística arcou com o ônus de ser caracterizada como o vilão da crise. Todos os efeitos promocionais gera-

---

[108] O Befiex proporcionava às empresas exportadoras de produtos manufaturados melhores condições para participar do mercado externo, mediante a importação, com isenção ou redução dos impostos, de máquinas, equipamentos, aparelhos e instrumentos necessários à modernização, reposição ou implantação de parques industruiais, assim como partes, peças, matérias-primas e outras mercadorias utilizadas na fabricação dos produtos exportados. A permissão para que as empresas usufruíssem desses benefícios era concedida pela Comissão para Concessão de Benefícios Fiscais Especiais de Exportação (Befiex), criada com o objetivo precípuo de avalizar a viabilidade dos programas especiais de exportação apresentados, aprovando ou recusando os incentivos pretendidos.

dos desde a implantação e dos primeiros vinte anos de existência foram esquecidos. A indústria automobilística era, segundo os mesmos críticos aos esforços realizados para sua implantação no Brasil, a responsável pela crise: *Se o país tivesse adotado outros caminhos de desenvolvimento, não estaria nessa situação.* Voltaram a ser defendidas com veemência as teses de transporte ferroviário de forma absoluta, sem se considerar as necessidades de intermodalidade de transportes para um país de dimensões continentais.

Como forma de corrigir essas condições desfavoráveis, lançou-se um programa ambicioso de fabricação de carros de passageiros a combustível de biomassa e, portanto, renovável, a ser produzido internamente.

O compromisso do setor automobilístico com o Programa Nacional de Álcool ficou consubstanciado em protocolo assinado pela Anfavea (Associação Nacional dos Fabricantes de Veículos Automotores) com o governo, em 19 de setembro de 1979,[109] já, portanto, sob a presidência do general João Baptista de Fiqueiredo, que estabelece em seu item nº 1:

> A partir de 1º de janeiro de 1980 a indústria automobilística brasileira iniciará a produção em série de veículos movidos integralmente a álcool.

Esse programa foi o primeiro em larga escala executado no mundo. O valioso trabalho desenvolvido pelo Centro Tecnológico de Aeronáutica, de São José dos Campos (SP) – no qual se destacou a participação do professor Urbano Ernesto Stumpf – e da Secretaria de Tecnologia Industrial do Ministério da Indústria e do Comércio, no campo dos motores a explosão a gasolina, assegurou ao Brasil a vanguarda tecnológica que respalda a opção do governo.

Já em 1979 a produção de veículos a álcool foi de 4.624 unidades, demonstrando a determinação das montadoras de produzir o automóvel com combustível alternativo. Mas foi 1980 que marcou o advento do carro a álcool, com a produção de 254.016 veículos, representando mais de 20% da produção total.

---

[109] GARNERO, Mário. "Energia: o futuro é hoje", Anfavea, São Paulo, 1980. O "Protocolo Indústria–Governo" aparece, na íntegra, nas páginas 111 a 115.

Naquele ano a indústria automobilistica instalada no Brasil estava vivendo um de seus piores momentos. O lançamento de maior apelo para restabelecer seu *status* – o carro a álcool – era um insucesso total e já apresentava no berço de recém-nascido uma imagem desgastada. O selo adesivo para abastecimento do veículo a álcool foi denominado passaporte dos desavisados. A maioria dos usuários estava descontente: uns reclamavam dos aumentos constantes dos preços do combustível, outros acusavam diretamente a indústria automobilística de ter lançado no mercado um produto caro e ruim, que só trazia aborrecimentos, principalmente na hora da partida.

Aqueles que fizeram a conversão do motor a gasolina para álcool – os motoristas de praça – sentiam-se prejudicados com a opção, as economias de combustível não se confirmavam e a eficiência do motor diminuía sensivelmente.

Mas apesar dos crescentes aumentos de preços do combustível, do aumento do IPI, das restrições a financiamentos, do aumento da taxa de juros, o desempenho das vendas ainda foi favorável em 1980. A produção atingiu 1.165.174 unidades, as exportações 157.085 e as vendas no mercado interno 1.014.925, sendo 254.016 veículos movidos a álcool.

Em 1981 a situação se apresentava muito pior: a produção caiu para 780.841 veículos, 67% da produção do ano anterior, deles apenas 128.828 com motor a álcool, 50% dos quais produzidos em 1980. A maioria das montadoras operava com prejuízo e utilizando apenas 50% a 60% da capacidade de produção. A realidade falava claro e friamente – urgia que se produzissem carros mais econômicos, eficientes e, principalmente, a médio prazo movidos a álcool. A indústria automobilística cumpriu sua parte no protocolo assinado em 1979 e, apesar das condições adversas, assegurou decisivo apoio ao governo na implantação do Programa Nacional do Álcool.

A retração da produção de autoveículos, com a conseqüente dispensa de empregados, gerou problemas múltiplos de desemprego, pelas próprias características da indústria terminal de produção de veículos. Cada desempregado aí gera, no mínimo, de três a cinco desempregados no setor de autopeças e serviços ligados ao setor. Essa situação precipitou o movimento sindical em greves periódicas, uma vez que os efeitos da retração do setor influenciavam outros, como o de autopeças, siderurgia, fundição etc.

O ano de 1982 apresentaria ligeira recuperação, com produção de 859.270 veículos, dos quais 237.585 a álcool. Se bem que a produção total de veículos se encontrasse em patamares muito inferiores aos alcançados em 1979/80, quase 30% a menos, e o nivel de ociosidade do setor permanecesse alto, o carro a álcool se firmou e passou a gozar da preferência do consumidor, como se pode verificar no Anexo V. Infelizmente por pouco tempo, por falta de uma política coerente com a grande potencialidade do setor alcoolquímico.

Jaime Rotstein, profundo conhecedor do assunto, agraciado em 1983, pelo Instituto de Engenharia de São Paulo, com o título de Pioneiro do Álcool Carburante, assim se refere ao processo de desmoralização e liquidação do Proálcool.[110]

> Na implantação do Proálcool, pretendia-se separar o açúcar (*commodity*) do álcool (energético). Para tanto, havia a previsão de iniciar o programa com destilarias de álcool anexas às usinas de açúcar e, paulatinamente, instalar unidades autônomas do combustível. Infelizmente, sendo a cana-de-açúcar a matéria-prima do álcool, este acabou não recebendo a carteira de identidade como energértico, transfomando-o em regulador das crises nos preços de exportação do açúcar. Atualmente, as destilarias autônomas de álcool estão implantando usinas anexas de açúcar. É um cruzamento infeliz de Barbara Tuchman e Franz Kafka.
>
> "Decorridos 22 anos, o Proálcool, que passou a incrementar a octanagem da gasolina, numa mistura de 22% em volume de álcool anidro, além de mover veículos dotados de motor ciclo Otto, sob a forma hidratada, entrou em processo de desmoralização e liquidação. Enquanto os Estados Unidos avançavam no consumo da gasolina aditivada e no uso direto do álcool em motores ciclo Otto; enquanto a Suécia já tinha ônibus circulando com motores diesel, movidos a álcool hidratado; o Brasil assistia passivamente à erradicação de sua grande e única vitória na busca de alternativas para o petróleo."

---

[110] ROTSTEIN, Jaime. *Contrato com o Brasil*, Rio de Janeiro: Topbooks, p. 123, 2000.

Capítulo XVI

Retomada do diálogo com o governo

1. A Câmara Setorial da Indústria Automobilística[111]

A indústria automobilística brasileira contou com um amplo conjunto de políticas de incentivos desde o início de sua implantação. No entanto, a partir do choque do petróleo (1973 e 1979), do II PND (Plano Nacional de Desenvolvimento) e do acirramento da inflação, cresceram as divergências entre ela e o governo, levando a um longo período de conflitos. Só em dezembro de 1991 o diálogo foi retomado, através da Câmara Setorial da Indústria Automobilística.

O grande centro produtor, São Bernardo do Campo (SP), estava sendo diretamente atingido pelo desemprego, que tendia a desagregar seu tecido social com sucessivas diminuições da jornada de trabalho, demissões semanais e fechamento de empresas. A perspectiva da desindustrialização deixava de ser uma hipótese longínqua para bater nas portas dos sindicatos da região.

Desarmados de alternativas para superar a crise – que, para além das fronteiras nacionais, fustigava a base de suas matrizes –, os empresários foram tentados a apoiar a instalação das câmaras setoriais em seu formato tripartido: com representação do governo, das empresas e dos trabalhadores.

---

[111] Esforço digno de nota, para restabelecer as bases de uma política industrial no Brasil, foi realizado em 1991, surpreendentemente no governo Collor. A experiência inovadora das câmaras setoriais da indústria – com destaque para o trabalho realizado pela Câmara Setorial da Indústria Automobilística – foi objeto de análise em profundidade na tese de doutorado de Gláuco Arbix, professor do Departamenro de Ciência Política da Unicamp e pesquisador do CNPq, publicada em julho de 1996 pela Editora Scritta, de São Paulo, sob o título *Uma aposta no futuro*. Os comentários reproduzidos neste capítulo foram baseados naquele magnífico estudo.

De fato, as atividades das câmaras não eram muito bem vistas em tempos liberalizantes da economia. Para muitos, elas pareciam recuperar o perfil de um Estado interventor, que Collor se esforçava por condenar. A bem da verdade, ele não havia propriamente se pautado pelo diálogo para decidir a respeito dos rumos da economia, e sua orientação privilegiava a desregulamentação do mercado como forma de incentivar o dinamismo da economia.

Em junho de 1991, o Sindicato dos Metalúrgicos foi informado do fechamento da divisão de motores da Ford de São Bernardo do Campo. Em fevereiro de 1992, a fábrica de motores encerraria suas atividades, o que resultaria na demissão de cerca de 700 funcionários.

A decisão de fechar a unidade somou-se a rumores veiculados pela imprensa sobre a saída de toda a Ford do Brasil. O sindicato, pressionado pelo forte aumento do desemprego, intensificou sua ação, principalmente tentando buscar apoio de outras categorias de trabalhadores, das prefeituras da região, de parlamentares de todos os partidos e das entidades mais diversas, do governo estadual aos empresários. Essas iniciativas combinavam-se com formas tradicionais de pressão do movimento sindical, tais como passeatas, manifestações e solidariedade à greve dos quase 700 funcionários da Ford Motores.

A paralisação, que havia começado no dia 4 de setembro, terminaria 23 dias depois, no dia 26, sem nenhum resultado alentador. Perante uma assembléia dos trabalhadores, Vicente Paulo da Silva (o líder sindical "Vicentinho") sugeriu uma última tentativa para salvar a Ford Motores, só que não aqui no Brasil mas diretamente com a matriz da multinacional, nos Estados Unidos.

Essa proposta iria concretizar-se durante uma viagem de nove dias aos Estados Unidos, passando por Detroit, Washington e Nova York. O contato com a direção da Ford era difícil, tanto pela improvisação como pela ousadia da viagem, e um encontro somente foi conseguido com a interferência – e pressão sobre a Ford – dos dirigentes da United Auto Workers (UAW), o sindicato dos trabalhadores da indústria automobilística daquele país, que congrega mais de um milhão de membros. Quando os representantes do sindicato brasileiro foram finalmente recebidos pelo diretor de relações trabalhistas da Ford International, nada conseguiram além da promessa de levar as sugestões apresentadas à direção superior da empresa, uma vez que a decisão já estava tomada e os altos custos de uma eventual modernização da unidade brasileira não eram compensadores.

A próxima parada da delegação seria Washington, onde foi recebida pelo então embaixador do Brasil, Rubens Ricúpero, a quem solicitaram uma carta à Ford e ao Departamento de Estado. Ricúpero sugeriu que a carta deveria ser enviada pelo ministro da Economia, Marcílio Marques Moreira.

Três dias após sua volta ao Brasil, no dia 27 de novembro, em Brasília, a delegação reuniu-se com o ministro, que, depois desse contato, solicitou, em nome do governo brasileiro, que a Ford mantivesse em funcionamento sua unidade no Brasil. Mais do que isso, havia sido acertado com o ministro a realização de uma reunião para elaboração urgente de um diagnóstico da indústria automobilística brasileira.

No dia 11 de dezembro reuniram-se em Brasília representantes do governo, dos empresários e dos trabalhadores, para discutir um programa de médio e longo prazo para recuperação do setor automobilístico. A 17 de dezembro, na delegacia do Ministério da Fazenda em São Paulo, em reunião das três partes, foi criada, com essa finalidade, a *Câmara Setorial da Indústria Automobilística*, coordenada pela Secretaria Nacional de Economia, subordinada ao Ministério da Economia, Fazenda e Planejamento.

A primeira iniciativa da Câmara foi a realização em Brasília de um seminário que terminou com um acordo de curto prazo, envolvendo as principais entidades e empresas da cadeia automotiva e priorizando soluções para as questões emergenciais da crise, sem valor legal e, talvez por isso mesmo, com maior validade. Os impasses, dúvidas de interpretação ou mesmo quebras de compromisso deveriam ser resolvidos entre os próprios participantes. Foram as seguintes as principais conclusões:

1 - Redução de 22% nos preços dos automóveis e veículos comerciais leves, que se deveria alcançar da seguinte maneira: a)12% com a redução das alíquotas do IPI (6%) e do ICMS (6%); b) 7,5% a partir da redução da margem de lucro das empresas (4,5% das montadoras, 3% do setor de autopeças, por meio de uma redução

de 5% do preço das autopeças); c) 2,5% com a redução da margem de comercialização dos concessionários. A redução de 22%, válida por noventa dias, poderia sofrer reajustes em decorrência de eventuais aumentos de custo; d) a Secretaria Nacional de Economia negociaria a redução do ICMS com o Confaz (Conselho Nacional de Política Fazendária);
2 - Manutenção do nível de emprego e correção mensal de salários pela média das variações dos índices do mês anterior (FIPE/Dieese), até 30 de junho de 1992;
3 - Relançamento dos consórcios em novas bases até 23 de abril de 1992;
4 - Redefinição dos mecanismos de financiamento para caminhões, ônibus e tratores;
5 - Prorrogação da data-base de 1º de abril de 1992 para 1º de junho de 1992;
6 - Criação de um grupo de trabalho específico para discutir o "contrato coletivo de trabalho".

Além dos pontos acima, foram registrados itens de compromisso, como:

I – elaboração de um programa de incentivo à exportação (projeto de lei);
II – definição, até 31 de julho de 1992, de um programa qüinqüenal de investimentos das montadoras;
III – definição de uma agenda futura sobre a reestruturação produtiva do setor, tendo-se fixado a meta anual de dois milhões de veículos a ser alcançada no ano 2000;
IV – a proposta do acordo deveria ser referendada pelos trabalhadores.

Nos três meses seguintes, desenvolveram-se vários itens do acordo pelos grupos de trabalho e pela própria Câmara:

1 – Em 30 de junho de 1992 ficaria acertado entre as partes que, além do aumento diferenciado por setor (montadoras e fornecedores), seriam concedidas correções mensais de salários equivalentes à variação do INPC do mês anterior;

2 – A partir de 1º de julho de 1992 se eliminaria o descontingenciamento do crédito de pessoas físicas para operações com automóveis, ônibus e caminhões, viabilizando a oferta de crédito direto ao consumidor. Essa medida visava impulsionar as vendas e se somava à liberação de recursos bancários, em especial do Banco do Brasil, para o financiamento de veículos;
3 – Em junho de 1992, o BNDES liberaria US$ 150 milhões para o financiamento de caminhões médios e, a partir de julho, a medida seria estendida aos caminhões leves;
4 – Em 1º de julho de 1992, a Câmara Setorial estenderia o acordo de março até 31 de dezembro de 1992.

As medidas aprovadas tiveram respostas econômicas e políticas rápidas, alivando a pressão de curto prazo sobre o setor. Em primeiro lugar observou-se um estancamento na queda do nível de emprego; os planos de demissões das montadoras foram suspensos e os trabalhadores passaram a contar com salários automaticamente protegidos da inflação, o que repercutiu positivamente entre os metalúrgicos. Em abril os preços dos veículos tiveram queda média de 22%, e nesse mesmo mês as vendas representaram 142% das de março.

As expectativas criadas em torno de uma possível diminuição dos preços dos veículos havia reprimido a demanda desde o final de 1991, e ela retomou seu nível após a confirmação do acordo. No segundo trimestre de 1992 a produção foi, em média, 17% superior à do primeiro trimestre. Com esse desempenho, a reunião de julho da Câmara Automotiva manteve inclusive as estimativas de um impacto positivo na arrecadação de impostos em função da retomada das vendas.

O jogo de pressões e contrapressões que se estabeleceu na Câmara produziu resultados positivos: as vendas, as exportações e a produção aumentaram, os preços baixaram, o nível de emprego no setor foi mantido, os salários ficaram protegidos e a arrecadação de impostos só acusaria queda em 1994.

Em 15 de fevereiro de 1993, quando era presidente da República, Itamar Franco assinou um novo acordo, que além de ampliar as cláusulas consagradas um ano antes, avançou no caminho da elaboração estratégica de uma política para o setor automobilístico, definindo metas para a produção e para novos investimentos e fixando o objetivo de geração de emprego em cada cadeia produtiva.

O desempenho da indústria viveria então uma segunda onda de crescimento, com a ampliação das vendas e nítido aumento de produção, superando os níveis da demanda doméstica de 1980 e afastando o fantasma da desindustrialização.

Nos três primeiros anos de vida da Câmara Automotiva, seu principal patrocinador, o Estado, foi ao mesmo tempo o maior obstáculo ao pleno desenvolvimento de suas potencialidades: primeiro, porque uma agenda futura foi apenas estabelecida – mas nunca totalmente concretizada; segundo, porque uma política para o setor precisaria estar articulada com outras políticas setoriais e demais políticas públicas – o que o Estado jamais garantiu; terceiro, a freqüente quebra do compromisso pelo governo semeou um descrédito incompatível com as perspectivas de longo prazo.

Resumindo: as raízes das dificuldades da Câmara passaram a residir no comportamento dos agentes envolvidos, em especial o do Estado. As indefinições e indecisões que emperraram a realização de seus objetivos repercutiram em todo o processo de reestruturação industrial e, mais diretamente, minaram a sua própria sobrevivência.

A indústria automobilística no Brasil só conseguiu efetivar-se a partir do relacionamento imposto pelo Estado, por meio do GEIA (Grupo Executivo da Indústria Automobilística). Para o governo Kubitschek, a capacitação industrial brasileira, com o setor automobilístico à frente, ocupava lugar central no Plano de Metas. O automóvel era o único bem de consumo patrocinado pelo programa de industrialização. Por incorporar a tecnologia mais madura da época, surgia publicamente carregado de alto valor simbólico.

Manifestando seu desalento, no final de 1994, quando a Câmara automotiva desacelerava seu movimento, ameaçando parar, declarou Luiz Adelar Scheure, então presidente da Anfavea (Associação Nacional dos Fabricantes de Veículos Automotores): "A Câmara Automotiva está praticamente morta". Vindo de um dos seus maiores defensores, o alerta não deixava de soar estranho e parecia mais insólito ainda diante do ótimo desempenho exibido pela indústria automobilística nesse mesmo ano. Todos os seus recordes de produção e vendas haviam sido quebrados, com 1.582.219 autoveículos produzidos – 13,77% acima de 1993 – e 1.207.340 veículos vendidos no mercado interno – ou 13,75% mais do que no ano anterior.

O dirigente empresarial acabava de registrar mais um paradoxo brasileiro e procurava explicar seu desalento olhando para o futuro:

> Eu não vejo chance para essa indústria sem uma clara política industrial, de médio e longo prazos, com regras estáveis. É uma pena, porque eu não vejo chance de essa política industrial ser eficaz se ela não for escrita a várias mãos.

Em fevereiro de 1995, a Câmara Setorial da Indústria Automobilística procurou firmar, sem sucesso, um terceiro acordo visando garantir menor concorrência externa e recolocar em discussão uma série de questões relativas aos estímulos às exportações e ao ingresso de novos investimentos.

O período de 1994 até o início de 1995 foi caracterizado pelo fim das negociações na Câmara Setorial e pela redução nas alíquotas de importação de veículos e peças. O Imposto de Importação (II) atingiu o nível mais baixo, 20%, em setembro de 1994, com a antecipação da Tarifa Externa Comum do Mercosul (TEC). No início de 1995, em resposta ao crescimento das importações de veículos e à preocupação com possível desvio de investimentos estrangeiros para a Argentina, a abertura do setor automobilístico começou a se inverter, elevando-se inicialmente o imposto de importação para 32% em fevereiro e para 70% em março. A retomada de uma política industrial para o setor automotivo inicia-se com a edição da Medida Provisória (MP) nº 1.024, de junho de 1995, que reduz para 2% a alíquota do Imposto de Importação de produtos utilizados pelo setor automotivo: I) máquinas, equipamentos, e II) matéria-prima, partes, peças, componentes, conjuntos e subconjuntos. A medida estabeleceu cotas de importações vinculadas ao desempenho exportador das firmas, não diferenciando o comércio brasileiro balizado com o Mercosul.

A imposição de cotas pela MP 1.024 deu origem a difculdades com o governo argentino, que alegava rompimento de acordo firmado entre o Brasil e aquele país no contexto do Mercosul, além de questionamento no âmbito da Organização Mundial do Comércio (OMC). O contencioso com o governo argentino só foi solucionado definitivamente em janeiro de

1996, por acordo entre os dois países, prevendo o reconhecimento mútuo dos respectivos regimes automotivos nacionais até dezembro de 1999.

No âmbito da OMC as cotas poderiam, em princípio, ser justificadas pelo artigo XVIII B do GATT, com base na fragilidade do balanço de pagamentos. Com mais de US$ 45 bilhões de reservas cambiais, o argumento brasileiro para imposição de cotas não foi aceito pelo Comitê de Balanço de Pagamentos da OMC em outubro de 1995.

2. Incentivo à fabricação de veículos "populares"

Paralelamente às discussões da Câmara Automotiva, por solicitação direta do presidente Itamar Franco e mediante a sinalização de novas isenções de impostos, a Volkswagen foi estimulada a realizar estudos para a retomada da produção do Fusca (desativada em 1986). A partir desse diálogo, que envolvia o empenho pessoal do presidente no sentido de que as montadoras voltassem a fabricar veículos a preços mais populares, quatro montadoras de automóveis apresentaram propostas de fabricação de veículos a preços mais baixos que os vigentes até então, desde que tivessem como contrapartida uma redução adicional de impostos. Tais propostas foram formalizadas mediante protocolos de intenções negociados diretamente entre a assessoria do presidente da República e cada uma das montadoras, resultando numa redução da alíquota do IPI de 8% para 0,1%.

O objetivo do Decreto nº 799, de 17/03/1993, era bastante claro: "(...) possibilitar diminuição do preço de venda ao consumidor dos veículos populares, com reflexos positivos na oferta de empregos, no nível de investimentos e na produção industrial". No entanto, a definição dos veículos populares objeto da isenção, bem como os compromissos assumidos pelas montadoras, em termos de geração de novos empregos e investimentos, mostraram-se bastante débeis. Na rubrica, à categoria de veículos populares foram incluídos automóveis de diversas cilindradas (997 a 1.600), usos distintos (automóveis e comerciais leves), ampla faixa de preços (entre US$ 6.849 e 9.219), nem sempre vinculados a novos investimentos expressivos e em alguns casos sem qualquer comprometimento com a geração de novos empregos.

Por um lado, a imprecisão do conceito de veículo popular dava margem a tentativas de inclusão de outros veículos nessa categoria, em manobras empresariais que visavam deslocar modelos dos concorrentes em subsegmentos específicos de mercado. Por outro, os acordos feitos com cada fabricante de autoveículos mostraram-se altamente discricionários, privilegiando as condições específicas de cada montadora já instalada no país.

3. Regime Automotivo Brasileiro

Abriu-se assim caminho para a MP 1.235 e o Decreto 1.761, de dezembro de 1995, que são as bases do regime automotivo, atualmente regulamentado pela Lei 9.449 e Decreto 2.072, de novembro de 1996.

O principal instrumento de incentivo oferecido às montadoras foi a redução do Imposto de Importação (II) até dezembro de 1999. Para veículos importados pelas montadoras instaladas no Brasil, a redução foi de 50%; para importações de bens de capital, de 90%; para peças, componentes e demais matérias-primas, foi estabelecido o seguinte cronograma de redução: 85% em 1996, 70% em 1997, 55% em 1998 e 40% em 1999.

Como contrapartida da redução do II foi estabelecido o índice de nacionalização mínimo de 60% e a vinculação das importações às exportações. O regime vincula as importações ao desempenho exportador das firmas. Para os bens de capital, estabeleceu-se que a proporção entre as aquisições de bens de capital produzidos no país e as importações com redução do imposto de importação não pode ser inferior à proporção de 1 por 1 até dezembro de 1997 e de 1,5 por 1 desde janeiro de 1998. Para matérias-primas, essa proporção não pode ser inferior a 1 por 1. Para autopeças, o valor FOB[112] das importações de insumos não pode exceder dois terços do valor das exportações líquidas. O valor FOB das importações de matérias-primas adicionado às importações de insumo e veículos de transportes, com redução de imposto de importação, não pode exceder o das exportações líquidas.

Além do regime automotivo geral, foi expedida em dezembro de 1966 a MP 1.532, que criava incentivos especiais para as firmas que se instalassem nas regiões Norte, Nordeste e Centro-Oeste. A MP transformou-se na Lei 9.449 em março de 1997. Essas medidas ficaram conhecidas como *regime automotivo regional ou especial*, para se beneficiar do novo

[112] FOB: abreviatura da cláusula inglesa free on board (posto a bordo), que atribui ao vendedor o encargo de entregar a mercadoria a bordo, pelo preço estabelecido, ficando as despesas de frete e seguro por conta do comprador, bem como os riscos até o porto de destino.

regime as firmas deveriam estar habilitadas até maio de 1997. Também para as chamadas *newcomers* foram estabelecidas flexibilidades especiais, destinadas a facilitar negociações com fabricantes de veículos ainda não instalados aqui.

4. A disputa pelas novas fábricas e a guerra fiscal entre os estados

A localização das fábricas pioneiras em São Paulo, na fase de implantação da indústria automobilística no Brasil, obedeceu à lógica de fatores determinantes evidentes. Em primeiro lugar lá já estavam funcionando, desde o início do século passado, a Ford, a General Motors e a International Harvester, então as marcas mais conhecidas no país. Lá também surgiram e prosperaram as primeiras fábricas de autopeças e desenvolveu-se o maior mercado para automóveis e caminhões. Era natural, assim, que fosse mais abundante alí a oferta da mão-de-obra qualificada e semiqualificada demandada por aquelas fábricas.

Quando foram anunciados os Planos Nacionais Automobilísticos, os primeiros projetos submetidos ao GEIA foram – além dos da Ford, General Motors e International Harvester – os da Vemag (DKW e Scania Vabis), Willys Overland, Mercedes e Volkswagen, também já estabelecidas em São Paulo; a Vemag já havia montado caminhões Studbaker. Fora de São Paulo, só tinha sido construída a Fábrica Nacional de Motores – em circunstâncias peculiares, como já vimos – na raiz da serra de Petrópolis (RJ).

Ao GEIA não pareceram oportunas nem pertinentes as exigências quanto à localização das fábricas cujos projetos lhe foram submetidos, levando em conta que esse seria um fator de retardamento, além de acarretar ônus adicional, numa fase que exigia contato mais estreito entre as montadoras e os fabricantes de autopeças. De qualquer forma, o GEIA não interferiu no critério de localização das fábricas, que tiveram ampla liberdade para decidir a esse respeito. Cabe lembrar que a Mercedes Benz montou os primeiros caminhões no Brasil em instalações localizadas no estado do Rio de Janeiro, logo transferindo-se para outras, especialmente construídas para esse fim em São Bernardo do Campo, São Paulo, que foram objeto de sucessivas ampliações. O ABC paulista (Santo André, São Bernado e São Caetano) tornou-se o coração da indústria automobilística brasileira.

Minas Gerais foi o primeiro estado, a disputar a instalação de uma fábrica de automóveis – a Simca – em seu território, fora portanto de São Paulo. Não logrou esse objetivo, por circunstâncias já expostas, e por decisão de sua própria diretoria, a empresa acabou também se localizando em São Paulo.

A aspiração dos mineiros veio a concretizar-se, finalmente, com a decisão da Fiat de fabricar automóveis no Brasil e graças aos esforços do governador Rondon Pacheco para convencer a montadora italiana a localizar sua subsidiária em Minas Gerais. Foi esse o primeiro projeto de fabricação de automóveis a instalar-se no Brasil depois da extinção do GEIA e, portanto, não sujeito a suas normas. Beneficiou-se, não obstante, de todos os incentivos oferecidos às fábricas pioneiras e muito mais, tendo contado inclusive com a participação acionária do governo mineiro. Idênticos incentivos foram concedidos pelo governo do Paraná à Volvo sueca, que instalou sua fábrica de caminhões pesados no distrito industrial de Curitiba.

Caracterizava-se, dessa forma, a quebra de continuidade da política preconizada em 1956 para a implantação da indústria automobilística no Brasil, bem como o abandono das medidas sugeridas para sua consolidação, estas aliás, reiteradas pelo Geimec, que sucedeu o GEIA no início do regime militar.

Superada a fase de implantação da indústria automobilística no país, não mais se justificaria a concessão dos incentivos até então oferecidos, nem às fábricas já instaladas nem às que viessem a manifestar, no futuro, o propósito de instalação. Para as fábricas de autopeças, caberia programar incentivos de outra natureza, visando promover a inovação tecnológica, o aprimoramento de métodos de gerenciamento e o fortalecimento da capacidade financeira das empresas, em sua maioria de capital nacional e ainda de pequeno e médio portes. A intenção era preservar o equilíbrio entre empresas controladas por capitais estrangeiros (as montadoras) e as controladas por capitais nacionais (as fábricas de autopeças). No entanto, a falta de continuidade administrativa dos governos que se sucederam e a indefinição de uma política industrial exacerbaram a disputa dos governos estaduais por novas fábricas e acarretaram verdadeira guerra fiscal.

Por outro lado, a onda de globalização que dominou o mercado em escala mundial favoreceu e estimulou a liberalização desregrada das importações. O Regime Automotivo Brasileiro é um reflexo dessa tendência.

A análise econômica dos seus efeitos não é fácil, dadas as características da indústria automotiva e a complexidade das medidas que afetaram o setor, principalmente a partir de 1990 (Ver anexo VI).[113]

Sem dúvida, porém, um dos efeitos mais evidentes foi a proliferação de novos projetos e sua localização fora de São Paulo, atraídos por incentivos adicionais aos previstos no regime automotivo.

O Paraná conseguiu atrair a Audi e a Renault, esta última com uma participação societária de 40% no capital e a doação de um terreno no valor de US$ 12 milhões em São José dos Pinhais. Criou para esse fim um programa específico, o Proauto, destinado a atrair indústrias automobilísticas.

O estado do Rio de Janeiro ofereceu a postergação, por cinco anos, do pagamento de 75% do ICMS e a infra-estrutura na porta da fábrica, além de investir US$ 50 milhões, para conquistar a fábrica conjunta da Peugeot e da Citroën, com recursos do Fundo de Desenvolvimento do Estado do Rio de Janeiro (Fundes), que é um adiantamento de receita do ICMS. O investimento foi da ordem de US$ 700 milhões.

A Volkswagen já havia sido atraída para Porto Real, município desmembrado da cidade de Resende (RJ). Beneficiou-se de incentivos ficais oferecidos pelos governos federal, estadual e municipal, para instalar sua fábrica de caminhões e ônibus em terreno doado pelo proprietário do Distrito Industrial de Porto Real (um empreendimento privado), interessado em atrair também fábricas de autopeças para a região.

O governo de Minas Gerais vinha negando qualquer participação na guerra fiscal, mas com a perda da fábrica de caminhões e ônibus da Volkswagen para o estado do Rio de Janeiro e da Renault para o Paraná acabou criando o Fundo de Desenvolvimento de Indústrias Estratégicas (Fundiest), destinado a atrair indústrias dos setores automotivo,

---

[113] DE NEGRI, João Alberto. "A avaliação do regime automotivo brasileiro", monografia, julho de 1998.
BEDÊ, Marco Amélio. "A Política Automotiva nos anos 90", monografia, s/ data.

agroindustrial e eletroeletrônico. Com esse fundo, levou a nova fábrica da Mercedes Benz para Juiz de Fora e até desviou o curso do rio Paraibuna a fim de atender às necessidades da montadora. Para adquirir máquinas e equipamentos de tecnologia avançada, esta teve acesso a uma linha de crédito de R$ 16 milhões, com carência de 120 meses, sem juros nem correção monetária. Em garantia do financiamento o governo mineiro deu ações preferenciais da Cemig, empresa estadual de energia.

O estado de São Paulo está entre aqueles que menos atrativos oferece em termos fiscais. Ficou fora de praticamente todas as novas fábricas. Recebeu apenas alguns recursos destinados à ampliação ou modernização de linhas de montagem já existentes. Teve a menor parte dos investimentos da General Motors – apenas para a unidade de prensagem e estamparia, no total de US$ 150 milhões. O restante dos investimentos da GM está dividido entre Santa Catarina, com US$ 500 milhões para a unidade de componentes, e o Rio Grande do Sul, agraciado com US$ 600 milhões.

Também a Ford, atraída por estímulos fiscais e creditícios, além de doação de terreno pelo governo do Rio Grande do Sul, chegou a iniciar a preparação do terreno em Guaíba, para instalar sua nova fábrica de utilitários, quando o novo governador, Olívio Dutra, resolveu reabrir negociações e questionar compromissos assumidos por seu antecessor, Antônio Brito, o que levou a empresa a considerar ofertas de outros estados. A Bahia, fazendo prevalecer o prestígio político do então presidente do Senado Federal, Antônio Carlos Magalhães, conseguiu a prorrogação do prazo de habilitação (inicialmente 31/05/1997) para novas montadoras que venham a se instalar nas regiões Norte, Nordeste e Centro Oeste, gozando de regime especial. Atraída por condições excepcionais, cujo pacote de incentivos inclui, além de vantagens fiscais oferecidas por outros estados, um financiamento do BNDES, e como o projeto já tinha equipamentos em fase avançada de fabricação, entre vários outros itens importantes de viabilidade, a Ford decidiu pela área industrial de Camaçari (BA), onde existiam condições para instalação imediata da fábrica.

Estimular a fixação de um pólo automotivo no estado era um dos objetivos do governo da Bahia. A coreana Asia Motors já havia recebido um suprimento inicial de R$ 130 milhões, dos quais R$ 100 milhões saídos do orçamento fiscal, subscrição de participações em sua fábrica de vans, mas o projeto não se concretizou, devido à crise na Coréia do Sul.

A frustração dos baianos foi amplamente superada com a inauguração, em outubro de 2001, do Complexo Industrial Ford Nordeste, em Camaçari, com capacidade de produção de 250 mil veículos/ano, utilizando o conceito de montagem modular, compartilhada com os fornecedores; com investimentos de US$ 1,9 bilhão, sendo US$ 1,2 bilhão da Ford e US$ 700 milhões de 29 empresas parceiras do Complexo, a unidade gerará 5 mil postos de trabalho diretos e 50 mil indiretos.

QUARTA PARTE

NO LIMIAR DO SÉCULO 21

O Brasil é hoje um mercado com características impressionantes, que explica por que as maiores empresas americanas e européias pretendem destinar o maior portifólio de investimentos nos próximos dez ou quinze anos a esta região do mundo.

Nos corredores do Fórum Econômico Mundial em Davos, empresários e autoridades declaram sua intenção de investir no Brasil nos próximos anos, o que nunca haviam pensado. Afinal que mercado é este?[114]

- Todo o PIB da Argentina equivale ao interior do estado de São Paulo; todo o PIB do Chile equivale ao da Grande Campinas; todo o PIB do Uruguai equivale ao bairro de Santo Amaro, em São Paulo.
- Se somos 33 milhões de pobres, somos também 120 milhões de não-pobres no Brasil; e isso quer dizer muita coisa num mundo de mercados maduros (mercado maduro é o mercado em que o crescimento de consumo é igual ao incremento vegetativo da população, ou seja, se a população cresce aumenta o consumo, se não cresce o consumo continua estático).
- As empresas igualmente maduras precisam de mercados emergentes, onde o crescimento do consumo seja maior do que o incremento vegetativo da população. Quais são esses maiores mercados no mundo? Brasil, Índia e China.
- O mercado brasileiro vem crescendo expressivamente. Já possuímos:
  - 30 milhões de geladeiras (66% mais do que o Reino Unido). É o 4° maior mercado do mundo;
  - 14 milhões de lavadoras de roupa (82% mais do que o Canadá. É o 4° maior mercado do mundo);
  - 11 milhões de usuários de Internet (95% das declarações de Imposto de Renda foram enviadas via Internet), 40% do total na América Latina e o dobro do México.
- Somente a chamada classe média e emergente no Brasil hoje representa 35 milhões de famílias e é:
  - 8% maior que a população da Alemanha;
  - maior que a população da República Checa, Bélgica, Hungria, Nova Zelândia, Luxemburgo e Islândia juntas;

[114] Fontes: A C Nielsen, Ernest &Young e IBGE.

- equivale a um terço da população dos Estados Unidos e 72% da população do Japão.
- As empresas multinacionais estão investindo aqui porque o Brasil é o 5º país do mundo em poder de compra, com mais de US$ 1 trilhão de PIB (Purchasing Power Parity – PPP). Hoje o ranking é: Estados Unidos, China, Japão, Alemanha e Brasil.

Dentro de mais alguns anos – três ou quatro – teremos no Brasil juros internacionais. Isso significa que poderemos ir ao banco para que ele financie nosso crescimento a juros de 10 – 12% ao ano e não ao mês; e juros internacionais também farão com que o consumidor brasileiro possa consumir mais, dever mais – ...e liquidar suas dívidas pontualmente – criando um círculo virtuoso de crescimento do mercado.

A grande arrancada para a industrialização do Brasil, e consequentemente para a aceleração de seu desenvolvimento econômico, foi marcada pela implantação da indústria automobilística nos anos 50. Decorridos cinqüenta anos, o automóvel exerce forte influência no sistema de vida das pessoas, gerando saudáveis efeitos multiplicadores.

Não obstante, a par do perfil animador da potencialidade do mercado brasileiro, também algumas nuvens negras toldam o horizonte, demandando mudanças de rumo na condução de nossa política econômica:

- Em 1994 o Brasil cresceu 5,85% e tinha uma taxa de desemprego de 5,10%; no ano 2004 cresceu 0,55% e o desemprego subiu para 11,5%. Em 1998 o país tinha uma dívida líquida interna do setor público de R$ 386,7 bilhões... e seis anos depois, em 2004, esse valor explodiu para incríveis R$ 957,0 bilhões.
- A dívida externa total (a curto, médio e longo prazos) era em 1994 de US$ 148,3 bilhões, e pagávamos juros anuais de US$ de 6,3 bilhões; dez anos depois (2004) essa dívida saltou para US$ 228,6 bilhões, tendo os brasileiros pago, no ano 2004, US$ 13,4 bilhões a credores estrangeiros. Em 1994, 27,9% do que o Brasil produzia ou recebia em salários viraram impostos; hoje são cerca de 35,0%. Tínhamos um patrimônio efetivo de empresas estatais que, bem vendido, poderia pagar toda a dívida interna; isso foi vendido e o dinheiro sumiu, pois a dívida estourou.

- Em 1994 o valor da dívida interna (R$ 386,7 milhões) era superior a um triplo da arrecadação federal anual (R$ 103,9 bilhões). Em 2004 (uma década depois) ainda era mais do que o dobro (R$ 457,0 milhões/R$ 386,7 milhões).[115]

Sem dúvida, é urgente buscar novos rumos para a economia brasileira.

[115] Fontes: Banco Central, Tesouro Nacional e IBGE. A dívida interna está expressa a preços correntes e os juros da dívida interna, a dívida externa e a arrecadação federal a preços de 2001 deflacionados pelo IGP – DI.

Capítulo XVII

Perfil do complexo industrial automobilístico instalado no Brasil

1. Visão panorâmica

Decorrido meio século do início do processo de implantação da indústria automobilística no Brasil, é oportuno ressaltar alguns de seus traços característicos, no limiar do século 21:

- Numa **frota mundial de autoveículos** da ordem de 808 milhões de unidades no ano 2002 (Anuário da Anfavea, 2005), o **Brasil ocupa o nono lugar**, com 20 milhões de unidades. Entre os vinte países que possuem as maiores frotas, é um dos que oferecem maior potencial de expansão, levando em conta, além de sua população (a terceira, superada apenas pelas populações da China e dos Estados Unidos), o número de habitantes por veículo (8,4), é inferior somente ao da China (Ver Anexo VII). Isso significa que ainda há um grande mercado interno a ser conquistado, na medida em que evolua o poder aquisitivo dos usuários em perspectiva e que se aperfeiçoem as condições da infra-estrutura, como se espera que venha a ocorrer. Trata-se de fatores que, sem dúvida, têm contribuído para atrair o número elevado de fabricantes de veículos e de autopeças instalados e se instalando no Brasil.[116] As 24 empresas associadas à Anfavea têm 46 unidades industriais, das quais 22 inauguradas no período 1996-2002. As fábricas estão sediadas em sete unidades da federação (regiões Sul, Sudeste, Centro-Oeste e Nordeste) e em 27 municípios.

---

[116] Anfavea, "Anuário Estatístico da Indústria Automobilística Brasileira – 2005".

- O Brasil se classifica em décimo segundo lugar entre os principais produtores de veículos, com uma produção pouco superior a 2,2 milhões de unidades no ano 2004, quando a produção mundial superou 60 milhões. A partir de 1994 vem superando a produção da Rússia (CEI/CIS), mas perde para a China desde 1998. Na América Latina o México é o maior concorrente do Brasil, com uma produção de 1,9 milhões de unidades (estimativa para 2004). A partir de 1990 a Coréia do Sul também superou nossa produção, e hoje a diferença é de quase dois milhões de veículos (Ver anexo VIII).
- O gráfico apresentado no Anexo IX oferece visão panorâmica do desenvolvimento da produção de autoveículos no Brasil, a partir da instalação da indústria automobilística, em 1956, até o ano 2000, e três cenários de crescimento até o ano 2010. É possível distinguir quatro períodos bem delimitados. O primeiro, de 1956 a 1963, foi a fase de implantação, sob a coordenação do GEIA (Grupo Executivo da Indústria Automobilística), em que foram lançadas as sementes que frutificaram e deram origem à segunda fase, a de crescimento, que abrange o período 1964 a 1980, quando a produção se aproximou de 1,2 milhão de unidades, em 1980. Em 1981 iniciam-se os anos de crise, geralmente denominados "a década perdida", que se estendem até o final de 1991, quando a produção anual situou-se abaixo de 1.0 milhão unidades durante quase todo o período, superando ligeiramente essa marca somente em 1986 e 1988. Mesmo com a abertura do mercado ao comércio exterior, a partir de 1991, a produção voltou a crescer ininterruptamente, chegando a atingir o recorde de 2.070 unidades em 1997. Foi também a partir de 1997 que o valor de participação de autopeças fabricadas no Brasil em relação ao valor do faturamento da indústria automobilística começou a decrescer ininterruptamente em valores relativos, descendo a 35,6% em 1999 (últimos dados disponíveis), quando já havia participado com 67,2% em 1990. Em 1998 e 1999 as crises asiática, russa e a desvalorização do real se refletiram negativamente sobre a economia brasileira em geral, e resultaram em acentuada queda na produção de autoveículos. Com a retomada de novo período de relativa estabilidade econômica, a produção voltou a crescer, atingindo mais de 2,2 milhões de unida-

des no ano de 2004, distante ainda da capacidade instalada, da ordem de 3 milhões de veículos anuais. A capacidade ociosa no ano 2000 situava-se em torno de 47%. Se se tivesse mantido o ritmo de produção anterior às crises externas e ao primeiro impacto da desvalorização do real, o potencial da capacidade instalada da indústria automobilística no Brasil já teria sido provavelmente atingido no final do ano 2001. Se o ritmo de aumento de produção dos últimos anos se mantiver, o potencial da capacidade instalada poderá ser atingindo antes do ano 2010. Isso sem considerar, obviamente, a necessidade de atualização constante da tecnologia empregada e da reposição de máquinas e equipamentos.

- O faturamento da indústria automobilística brasileira chegou a superar o equivalente a US$ 20 bilhões em 1997, quase o dobro de 1990 (US$ 10,5 bilhões), mas a elevação do preço médio da unidade vendida foi inferior a 10% na década (US$ 11.494,00 em 1990, contra US$ 12.122,00 em 2000), quando a inflação no período foi superior a 90%,[117] o que revela ter havido modificação expressiva no conjunto dos produtos colocados no mercado, priorizando a fabricação de modelos cujos preços são mais acessíveis ao consumidor brasileiro, além do aumento de produtividade. A participação do faturamento da indústria automobilística no PIB industrial do Brasil evoluiu de 7,9% em 1990 para 10,6% em 2003 (últimos dados disponíveis, ver anexo X).
- O faturamento da indústria brasileira de autopeças, que chegou a superar US$ 17 bilhões em 1997, caiu para US$ 12,0 bilhões em 2003 (estimativa). O mercado de reposição, que chegou a absorver 26% do faturamento total em 1990, também caiu para 16% em 2003. As exportações vêm ganhando expressão no faturamento da indústria de autopeças, tendo evoluído gradativamente de 11,1% do total no início da década para 22,0% em 2003, isto é, dobraram, o que revela o esforço que se vem realizando para conquistar mercados no exterior. É provável que parte do faturamento às montadoras tenha sido

[117] IBGE – Instituto Brasileiro de Geografia e Estatística, *INPC – Índice Nacional de Preços ao Consumidor.*

destinada ao mercado de reposição, por intermédio de seus revendedores autorizados, embora em quantidade não suficiente para compensar a queda dos fornecimentos destinados às linhas de montagem (Ver anexo XI).

A Medida Provisória nº 1.438-17, de 1996, que estabeleceu o chamado regime automotivo, sugere índice de nacionalização de 60% do preço líquido do veículo, abrindo a possibilidade de importar os 40% restantes em autopeças e matérias-primas com alíquota de 2% (depois elevada para 4%). Esses números não protegem a indústria de autopeças, pois consideram conteúdo nacional o lucro, as despesas e os custos internos das montadoras. Os 40% liberados acabam significando mais de 60% das autopeças e matérias-primas contidas. Enquanto em 1990 o valor do fornecimento à indústria automobilística de autopeças produzidas no Brasil correspondeu a 67,2% do faturamento da indústria de autopeças, em 2003 caiu para 41,0% (Ver anexo XII).

- Os investimentos, tanto na indústria automobilística quanto na de autopeças, continuaram crescendo a partir dos anos 90, num fluxo que atingiu cerca de US$ 35 bilhões ao final do ano 2003, dos quais US$ 21,2 bilhões na indústria automobilística (montadoras) e US$ 13,7 bilhões na de autopeças (Ver anexo XIII). Segundo a origem do capital, registraram-se expressivas alterações:
  - enquanto em 1994, 51,9% do valor do capital das 468 empresas associadas ao Sindipeças era de origem nacional, no ano 2000 esse valor era de apenas 26,5%.
  - o valor dos investimentos nacionais caiu ainda mais, de 52,0% para 14,5%.

Conseqüentemente, também o valor do faturamento das empresas de autopeças de capital nacional caiu de 52,4% em 1994 para 27,0% no ano 2000.[118]

É importante destacar que o sucesso das empresas de autopeças encontra-se crescentemente vinculado ao estreitamento de sua dependên-

[118] Sindipeças – Abipeças, "Desempenho do Setor de Autopeças – 2000".

cia e adequação às estratégias das montadoras, que, todas sediadas no exterior, ampliaram seu poder de comando sobre o processo de reestruturação global do complexo industrial automobilístico e alteraram o perfil do setor instalado no Brasil.

- A mão-de-obra ocupada pelo complexo industrial automobilístico reflete o empenho das empresas em elevar os índices de produtividade do setor, fator primordial na formação de custos e, conseqüentemente, de preços, num mercado cada vez mais aberto e competitivo. As diversas fusões e incorporações, assim como a racionalização dos processos de produção e a absorção de novas tecnologias, têm resultado numa inevitável liberação de mão-de-obra, quer das fábricas de veículos, quer dos fabricantes de autopeças. De 1991 a 1999 o emprego na indústria de autopeças caiu de 193,6 mil para 122,6 mil trabalhadores, uma redução de aproximadamente 36% do total ocupado no período. No mesmo lapso de tempo, as fábricas de autoveículos (inclusive fabricantes de máquinas agrícolas automotrizes) reduziram sua mão-de-obra em cerca de 30 mil trabalhadores (de 124,9 mil em 1991 para 94,4 mil em 1999), ou 24%. Cem mil empregos foram extintos em nove anos, se considerarmos os dois segmentos industriais, embora o total faturado tenha evoluído do equivalente a US$ 20,3 bilhões (veículos, US$ 10,5 bilhões, mais autopeças, US$ 9,8 bilhões), em 1991, para US$ 26,8 bilhões (veículos, US$ 16,4 bilhões, autopeças, US$ 10,4 bilhões), em 1999. Se considerarmos os dois segmentos em conjunto, a produtividade da mão-de-obra ocupada evoluiu de aproximadamente três veículos/ano por trabalhador, em 1991, para seis veículos/ano por trabalhador, em 1999. Considerando apenas os trabalhadores ocupados nas fábricas de veículos, a produtividade da mão-de-obra evoluiu de sete para catorze veículos/ano por trabalhador. Segundo qualquer dos dois critérios, a produtividade da mão-de-obra dobrou em nove anos.

2. A globalização e a concorrência internacional

A crise brasileira dos anos 80 coincide com o início de uma nova ordem industrial, que vem se constituindo em todo o mundo, mediante um sistema internacional integrado de produção e o desenvolvimento de novos paradigmas tecnológicos. O Brasil, como em geral os países de industrialização mais recente, retardou sua adaptação a esse reordenamento, com reflexos sobre sua economia.

Até os anos 80 tínhamos alcançado um dos mais expressivos ritmos de crescimento industrial do mundo depois da Segunda Guerra Mundial, devido em grande parte ao sucesso de nossa política de substituição de importações, que culminou com a implantação da indústria automobilística. As empresas que aqui se instalaram foram beneficiadas por um forte esquema de proteção e reserva de mercado que de certa forma compensou a fragilidade de nosso mercado financeiro e de capitais.

A lógica da política de substituição de importações indicava que o crescimento do mercado nacional elevaria gradativamente a capacidade da indústria quanto ao domínio das operações mais complexas, condição necessária para uma intensa política de exportação. Essa lógica, porém, não se confirmou devido principalmente à falta de continuidade e de coordenação da política industrial após o governo Kubitschek, bem como à fragilização da capacidade de financiamento e do mercado interno de capitais.

Uma reestruturação competitiva em profundidade da nossa indústria exigiria, antes de mais nada, disposição governamental para comandar uma integração ativa no mercado internacional, assim como a resolução de problemas estruturais que demandavam investimentos raramente disponíveis.

Antes dos anos 80 o Brasil já era considerado uma das áreas mais promissoras de crescimento, onde as grandes corporações internacionais operavam em um mercado potencialmente grande e atrativo. Mas foi na Ásia que a autoindústria mais se desenvolveu, especialmente na Coréia do Sul.[119] No Brasil a produção cresceu de 987 mil unidades de veículos em 1976 para 1.165 mil em 1980, decrescendo para 914 mil em 1990.

Na Coréia do Sul a produção subiu de 48 mil veículos em 1976 para 123 mil em 1980, disparando para 1.322 mil em 1990. O Brasil ocupava o 10º lugar entre os maiores produtores de veículos no mundo em 1976, e

[119] LATINI, Sydney A. "Os Tigres Asiáticos e o Brasil", *Carta Econômica* (Conselho Técnico da Confederação Nacional da Indústria), Volume 37, número 438, Rio de Janeiro, setembro de 1991.

a Coréia do Sul, apenas o 14º lugar. Em 1990 a Coréia do Sul subiu para o 8º lugar, enquanto o Brasil desceu para o 11º lugar.

Algumas características da indústria coreana sugerem que ela foi concebida, planejada e executada para ser internacionalmente competitiva, enquanto no Brasil a grande motivação foi o atendimento à demanda do mercado interno, potencialmente muito maior do que o mercado interno coreano; mas não se cogitou, no momento oportuno, de planejar e executar uma política de transição entre a substituição de importações e a inserção no mercado externo. Em outras palavras, enquanto no Brasil a prioridade foi a liberação de divisas, no Coréia do Sul ela foi, desde o início, a geração de divisas.

Quando o estímulo à competitividade passou a dominar a orientação da política econômica do governo brasileiro, com vistas à redução de preços no mercado interno, a Medida Provisória nº 158, de março de 1989, eliminou as barreiras não-tarifárias, representadas pela relação de produtos cuja importação estava suspensa, e a Medida Provisória nº 161, baixada quase simultâneamente, ambas no Governo Collor, suspendeu ou eliminou a maioria dos incentivos fiscais e subsídios.

Em junho do mesmo ano, o governo divulgou documento intitulado "diretrizes gerais da política industrial e de comércio exterior", cuja intenção era nortear as mudanças para um novo modelo de livre mercado que expunha a indústria brasileira à concorrência internacional. Segundo as novas normas, o Estado deveria deixar de interferir nas questões referentes ao desenvolvimento industrial. Rapidamente a indústria brasileira se veria exposta à concorrência internacional.

Nos países em desenvolvimento, carentes normalmente de política industrial ou de comércio exterior, o produto globalizado pode trazer não apenas a queda de participação dos componentes de fabricação nacional nos veículos aí montados no país mas também a perda do controle acionário de empresas locais e o abandono da tecnologia até então desenvolvida. Assim, quem quiser ser parceiro de qualquer montadora instalada no Brasil, terá de cruzar o Atlântico e se entender com os fornecedores do exterior, comprando tecnologia, formando *joint ventures* ou até negociando seu controle acionário. É o denominado *global sourcing*, que já atingiu centenas de indústrias de autopeças brasileiras, inclusive as duas maiores – Metal Leve e Cofap. [120]

Já em 1997 o balanço anual do desempenho do setor de autopeças, divulgado pelo Sindipeças (Sindicato Nacional da Indústria de Componentes para Veículos Automotores) revelava que, depois de amargar três anos de prejuizos e demitir 51 mil metalúrgicos, o setor voltou a crescer, ainda que pouco. Não obstante, sua balança comercial (exportações - importações) vem apresentando saldos acentuadamente decrescentes a partir de 1994, tendo registrado seu primeiro déficit, depois de duas décadas, em 1997. Até 2002 não foi possível corrigir essa tendência, até que, a partir de 2003 o segmento recuperou sua posição superavitária no comércio exterior (Ver anexo XIV).

3. O Mercosul

O setor automotivo tem sido um dos principais motivos de disputa entre o Brasil e a Argentina, antes mesmo do acordo do Mercosul, apesar dos esforços das empresas instaladas nos dois países para coordenar suas respectivas operações.

A primeira experiência nesse sentido foi a criação da *Autolatina*, uma *joint-venture* da Volkswagen e da Ford, no Brasil e na Argentina, nos anos 80. Bem-sucedida nos primeiros anos, tendo chegado a ocupar a primeira posição em volume de vendas na América Latina até 1992, encerrou suas atividades após acumular volumoso déficit operacional a partir de 1991.

Com a assinatura do Tratado de Assunção, em 26 de março de 1991, foi criado o Mercado Comum do Sul (Mercosul), entre Argentina, Brasil, Paraguai e Uruguai, cujas bases foram consolidadas em dezembro de 1994 no Protocolo de Ouro Preto. Em 1995 começaram realmente a funcionar a *Zona de Livre Comércio e a Tarifa Externa Comum* visando a *união aduaneira* a completar-se em 2006.

Para a indústria automobilística instalada no Brasil, o Mercosul abriu um mercado que já absorveu aproximadamente 10% da produção, ou em torno de 50% das exportações anuais. Para a indústria automobilística instalada na Argentina, o mercado brasilero é muito mais expressivo, uma vez que

[120] THOMPSON MOTTA, Manoel Fernando. Palestra proferida na Fundação Getúlio Vargas (FGV), Rio de Janeiro, 1996.

absorve mais de 50% de sua produção e a quase totalidade de suas exportações anuais, gerando sistematicamente saldo favorável ao país vizinho. Já no intercâmbio de autopeças o saldo tem sido geralmente favorável ao Brasil.

A Argentina abriga as seguintes marcas: Chrysler, Ciadea (Renault), FIAT, Ford, General Motors, Iveco, Mercedes-Benz, Scania, Sevel Peugeot), Toyota e Volkswagen, com capacidade instalada em torno de 500 mil unidades/ano.

Todas as marcas produzidas na Argentina são também fabricadas no Brasil, onde estão instaladas mais as seguintes marcas: Audi, Agrale, International, Land-Rover, Volvo e Honda, além da Nissan, recém-associada à Renault-Citroën.

O agravamento da crise política, econômica e social na Argentina, a partir do final do ano 2001, abalou fortemente os prognósticos positivos quanto ao destino do Mercosul nos próximos anos, muito especialmente no que se refere à indústria automobilística instalada no país vizinho. Para a indústria automobilística instalada no Brasil, o inevitável encolhimento do mercado argentino está exigindo um esforço adicional para redirecionar as exportações a outros destinos.

4. O conflito entre o automóvel e a comunidade

No final do século 19 não havia praticamente automóveis no mundo, nem estradas pavimentadas, caminhões, ônibus ou aviões.

O advento do automóvel – e das estradas de rodagem – ampliou os horizontes e as oportunidades das pessoas e lhes proporcionou um novo sistema de vida e novos meios de prazer e recreação.

Correndo paralelamente com o intenso processo de urbanização, no entanto, o automóvel trouxe novos problemas à sociedade urbanizada: congestionamento do trânsito, poluição e acidentes, a ponto de parecer incompatível sua existência com a cidade.

Em plena era da urbanização e da modernização, as formas de viver e locomover-se têm se tornado cada vez mais incompatíveis. Enquanto se esgotam todas os esforços para acomodar os automóveis, as ruas se congestionam, a movimentação das pessoas torna-se cada vez mais difícil, sofre a estética urbana, e a qualidade de vida piora.

Na era do automóvel as cidades são, cada vez mais, a negação de comunidade – um cenário de máquinas em vez de pessoas. O automóvel domina. Motoristas e não-motoristas tornam-se prisioneiros do congestionamento, e todos são vítimas dos efeitos danosos do conflito entre o automóvel e a comunidade. O automóvel é uma força irresistível que tende a tornar-se um objeto quase imóvel e, no processo, destruir a cidade.

As cidades foram construídas inicialmente para proporcionar mais segurança e maior convívio de seus habitantes. Como os espaços podiam ser vencidos somente a pé ou por energia animal, era preciso manter curtas as distâncias.

Hoje há mais segurança fora dos centros urbanos, e o relacionamento entre as pessoas se realiza cada vez mais eletronicamente. A proximidade para manter a comunicação entre as pessoas foi substituída, em grande parte, pela maior facilidade em vencer distâncias.

Nesse sentido, diz Paul Virílio, o filósofo da velocidade, em seu ensaio *Repouso a toda a pressa*: "Se o fim do século 19 e o início do século 20 assistiram ao advento do veículo automóvel, do transporte dinâmico ferroviário, viário e aéreo, parece que o fim deste século anunciará, de fato, com a iminente implementação do veículo audiovisual, do veículo estático, um sucedâneo para os nossos movimentos físicos e o prolongamento da imobilidade doméstica, uma alteração última que será finalmente o triunfo da sedentariedade, dessa vez uma sedentariedade definitiva".

Por enquanto, em que pesem todos os problemas que trouxe para a cidade, o automóvel continua a liderar a lista dos bens mais desejados por todos. Mas a mudança é uma constante. Uma nova era, a da eletrônica e da informática, avança assustadoramente veloz, tudo indicando que realizará, neste século, uma nova revolução.

Estará no fim a era do automóvel? O automóvel, milagre industrial do século, estará com seus dias contados? O automóvel brasileiro, bem de consumo mais cobiçado do cidadão de classe média, perderá sua condição de cartão de visita da prosperidade nacional?

As cassandras do automóvel, que pregam a volta do homem ao selvagem feliz de Rousseau, garantem que sim. O automóvel não resistiria ao cerco implacável de quatro moléstias incuráveis da civilização do animal de quatro rodas: a sinistrose do petróleo, a psicose da poluição, a neurose do acidente e a esclerose do trânsito. Estudiosos da civilização motorizada sustentam que não. Os argumentos: 1) o homem urbano transformou-se em homem suburbano, que trabalha na cidade e mora cada vez mais longe dela; 2) há os que continuam morando na cidade e trabalhando cada vez mais longe dela; 3) o automóvel isola o homem na multidão, e o homem moderno tem fome de isolamento, libertação e privacidade; 4) o transporte coletivo evolui para o transporte de massa, o transporte de massa é estanque, radical ou transversal mas nunca capilar; 5) o metrô alimenta e é alimentado pela condução individual, complementa e não substitui o automóvel; 6) a indústria automobilística tem condições de adaptar o automóvel a qualquer tipo de condicionamento, solicitação ou apelo, respondendo logo mais aos dramáticos desafios da segurança, da poluição, do congestionamento e da poupança de combustível.

Não obstante ser ainda impensável o fim do automóvel, é preciso imaginar algo melhor do que ele, para substituí-lo. Tanto quanto a imaginação nos possa conduzir, no estágio atual, melhor do que o automóvel só o automóvel aperfeiçoado, para que atinja crescentes padrões de segurança, eliminar a poluição e reduzir custos com novas fontes de energia.

A crescente proteção para seus ocupantes poderá atenuar os efeitos de colisões e os custos dos seguros, enquanto dispositivos eletrônicos podem prevenir muitos acidentes. Estradas automatizadas, pistas exclusivas nas cidades, que separem o automóvel dos pedestres e uma variedade de aperfeiçamentos no tráfego podem reduzir os congestionamentos e a insegurança.

Outros benefícios podem resultar da crescente utilização de automóveis menores, especialmente projetados para uso urbano, ou de veículos híbridos para transitar em estradas e itinerários urbanos muito movimentados.

Enfim, as cidades e seus transportes precisam viver em maior harmonia, porque a urbanização e a maior liberdade de movimento contribuem, ambas, para a realização do homem. O progresso econômico e social não precisa ser prejudicado por desnecessários conflitos entre viver e mover-se.[121]

---

[121] LATINI, Sydney A Latini. "O conflito entre o automóvel e a comunidade", *Carta Mensal* (Conselho Técnico da Confederação Nacional do Comércio – CNC), Rio de Janeiro, março de 2002.

5. O futuro da indústria automobilística mundial

O futuro da indústria automobilística está intimamente vinculado à solução desses conflitos. Até hoje o automóvel domina o cotidiano de uma grande parte da humanidade e a indústria automobilística ainda é a nau capitânia da segunda revolução industrial fordista, mas começa a apresentar sinais de envelhecimento. Desde os anos 80 se fala de uma era pós-fordista, da terceira revolução industrial: microeletrônica e novas formas de telecomunicação estariam inaugurando uma nova era do capitalismo de serviços pós-industrial, enquanto o setor automobiístico, antigo centro do desenvolvimento e a menina dos olhos do milagre econômico posterior à Segunda Guerra Mundial, como pilar do emprego e do mercado de trabalho, é tido como modelo da velha economia.

Afirma-se que no capitalismo-Internet do futuro o papel decisivo não mais será desempenhado pela rodovia de fato, mas pela rodovia de dados da virtualidade, pois a contínua ampliação da infra-estrutura para expansão automobilística esbarra em limites naturais e financeiros: em regiões densamente povoadas, simplesmente não haveria mais espaço para novas estradas e, paralelamente, os estados não disporiam mais de fundos necessários para tanto. O mesmo vale para os custos de controle e manutenção da logística do tráfego automobilístico. Sem ruas suficientes e demais pressupostos, os carros não poderiam circular. Não bastasse isso, o próprio poder aquisitivo das massas terá de aumentar para poder absorver a crescente produção dos fabricantes de veículos que se instalam nos novos países industrializados, estimulando seus sonhos de se tornar futuras potências automobilísticas. Um número cada vez maior de consumidores, no mundo inteiro, se endivida a longo prazo com créditos e contratos de *leasing* ou lança mão de suas parcas economias para financiar um carro.

Tal como em outros ramos produtivos, também no setor automobilístico a contínua onda de fusões, aquisições e alianças estratégicas acirra um novo tipo de concorrência selvagem transnacional. Agora, todos os produtores querem estar presentes ao mesmo tempo, não somente em todas as regiões do mundo mas também em todos os segmentos do mercado.[122]

[122] KURTZ, Robert. "O crepúsculo da indústria automobilística", *Folha de São Paulo*, 7/01/01.

6. O futuro da indústria automobilística no Brasil

Elevada carga tributária e juros astronômicos vêm asfixiando a economia brasileira, com óbvios reflexos sobre a renda média do pessoal ocupado e o nível de emprego.

A inexistência de uma política industrial conduzida pelo governo federal que levasse em conta a importância da consolidação e do desenvolvimento da indústria automobilística, implantada nos anos 50, resultou na guerra fiscal entre os estados, no afã de atrair novas fábricas para seu território. No entanto, as montadoras instaladas no país utilizam hoje proporção menor de peças fabricadas aqui do que na fase de implantação da indústria automobilística; conseqüentemente, nossa dependência de peças importadas aumentou. Se acrescentarmos os dispêndios em divisas com a importação de veículos montados no exterior, é fácil concluir que aumentou a vulnerabilidade do setor em termos de balanço de pagamentos. Essa vulnerabilidade pode ser compensada com o aumento de exportações, quer de veículos quer de seus componentes. É o que vem ocorrendo ultimamente (Anexo XVI). Tendo em vista, no entanto, que a real saturação do mercado mundial de automóveis não se deixa mais ocultar, tal tendência não se prognostica muito favorável a médio prazo. Só uma explosão da demanda interna, tanto de veículos como de autopeças, poderia acabar com o problema da capacidade ociosa e reduzir a vulnerabilidade externa. Há um mercado interno em potencial à espera de novas diretrizes de política econômica para conquistar.

Sob esse aspecto, as perspectivas de desenvolvimento da indústria automobilística instalada no Brasil se apresentam hoje com características diferentes das que se ofereciam a sua similar coreana quando ensaiava os primeiros passos. Àquela altura eram promissoras as perspectivas do mercado internacional de autoveículos e relativamente acanhado o mercado interno da Coréia do Sul. Tornou-se possível ganhar escala exportando veículos e, assim, reduzir os custos unitários para ampliar o mercado interno.

A indústria automobilística instalada no Brasil enfrenta hoje situação oposta: mercado externo em via de saturação e ampla margem para expansão do mercado interno, dependendo apenas da correção de rumo de políticas econômicas que estão inibindo a redução de custos, para também disputar nichos no mercado internacional. A crescente exportação de motores fabricados no Brasil é um expressivo indicador das perspectivas que se vislumbram nesse particular (Anexo XVI).

Fábricas em operação ou em fase de instalação ou de ampliação estão transformando o Brasil em um dos maiores pólos de fabricação de motores do mundo. A capacidade instalada da indústria local já atingiu 4 milhões de unidades, quantidade de motores suficiente para equipar mais de 6% de todos os automóveis e caminhões montados anualmente no planeta. Boa parte da produção brasileira será destinada à exportação. Algumas unidades, como a da Tritec, uma *joint venture* operacional da BMW com a Daimler-Chrysler em Campo Largo (PR), foram projetadas para destinar a totalidade de seus produtos ao mercado externo. Outras fábricas estão avançando para oferecer motores de alta tecnologia em condições de concorrer internacionalmente, como Zetec RoCam, da Ford, e Fire, da Fiat.

Todas as montadoras tradicionais instaladas no Brasil ampliaram recentemente suas fábricas de motores. A GM investiu US$ 120 milhões com o objetivo de dobrar para 1,6 milhões de motores por ano a produção da unidade de São José dos Campos (SP). A GM tem uma história de exportação de motores para equipar modelos da Opel na Europa e mais recentemente para Índia, Venezuela e Colômbia.

Na região metropolitana de Curitiba, hoje importante centro produtor automobilístico, a Mecânica Mercosul fabrica 400 mil motores por ano, metade dos quais destinada ao mercado externo; e a Detroit Diesel é uma plataforma de exportação.

A Volkswagen modernizou sua fábrica de São Carlos (SP) com investimentos de US$ 270 milhões, para reforçar sua produção de motores de São Bernardo do Campo (SP), que atende o mercado de reposição chinês, onde o Santana é comercializado.

A unidade da Volvo do Brasil que opera na Cidade Industrial de Curitiba (CIC) também já nasceu com vocação exportadora. A tecnologia empregada na fábrica é a mesma utilizada pelo grupo na Suécia, o que faz parte da estratégia da subsidiária brasileira de ter um produto global. [123]

---

[123] "Brasil vira centro de produção de motores", *Gazeta Mercantil*, p. C–1, São Paulo, 16/01/2000.

Proféticas foram as palavras de Eduardo Simonsen, presidente da Sofunge quando, em 21 de dezembro de 1955, na solenidade em que o presidente Juscelino Kubitschek vazou o ferro fundido no molde de areia do motor número 1 fabricado no Brasil, por iniciativa de Alfred Juzykowski, manifestou "a satisfação de receber da Mercedes-Benz a incumbência de fundir os blocos de motores, seus cabeçotes e demais componentes", para concluir: "A fabricação de motores abre nova era na indústria nacional, e em breve, em lugar da exportação de minério de ferro a talvez Cr$ 0,60 o quilo, estaremos exportando motores à razão de aproximadamente Cr$ 300,00 (antigos) o quilo". (Ver Capítulo XII-6, *A obstinação de Alfred Juzykowski e a fabricação do primeiro motor diesel no Brasil*).

7. O fim do petróleo, o advento da célula combustível de hidrogênio, o futuro do motor a álcool e o biodiesel

Segundo relato de Fritz Vahrenholdt, sócio-diretor da Shell alemã, até o ano 2014 uma boa parte do petróleo extraído de modo covencional estará esgotada, e a prospecção ficará cada ano mais dispendiosa. Os enormes custos de investimento em bacias petrolíferas recém-descobertas e ainda a ser exploradas (como, por exemplo, na região do mar Cáspio) afetarão os preços do petróleo de modo semelhante aos custos adicionais para uma possível prospecção petrolífera em outras regiões do mundo, já incapazes de jorrar com tanta generosidade, como nos estados do golfo Pérsico, no Oriente Médio, porque o petróleo há de ser primeiro custosamente separado da areia e da pedraria.

Até agora, foram baldadas as buscas de um substituto economicamente viável para substituir, em grande escala, as fontes energéticas fósseis.

Vultosos investimentos vêm sendo realizados pelos maiores fabricantes de automóveis do mundo no sentido de desenvolver a tecnologia da célula de hidrogênio combustível (*fuel cell*), com o objetivo de utilizá-la num sistema de propulsão que aposentaria o tradicional motor de combustão interna. Desde que foram inventadas, em 1893, por Sir William Grove, as células combustíveis são consideradas a tecnologia do futuro. Elas funcionam de forma inversa à eletrólise. Quando se passa uma corrente elétrica através da água, seus elementos constitutivos – hidrogênio e oxigênio – se separam. Inversamente, quando se combinam hidrogênio e oxigênio, pode-se produzir água. Também as baterias convencionais, competidoras mais próximas das células combustíveis, funcionam à base da eletrólise invertida (usando metais como chumbo ou cádmio) mas necessitam ser recarregadas com eletricidade, um processo muito demorado. As células combustíveis não dependem do uso daqueles metais pesados, o que as torna muito mais leves, e podem ser recarregadas rapidamente com hidrogênio.

Em agosto de 1999 o primeiro sedan do mundo movido a hidrogênio, o P2000 HFC, foi apresentado pela Ford Motor Company em seu laboratório de pesquisas científicas localizado em Dearborn, subúrbio de Detroit, utilizando o sistema de propulsão proporcionado pela célula combustível.

Na realidade, esse protótipo é o segundo veículo – o primeiro foi o Necar 4, uma versão do Classe A – com célula combustível desenvolvida dentro do projeto Ecostar, uma aliança entre a Ford (que detém 62% das ações), a Daimler-Chrysler (17%) e a Ballard Power System (21%). As três companhias investiram US$ 700 milhões com o objetivo de se tornarem líderes mundiais na produção de sistemas de células combustíveis e componentes para carros, caminhões e ônibus.

Pelo menos outros três fabricantes de automóveis estão investindo em projetos que objetivam o desenvolvimento de motores com propulsão a células de hidrogênio combustível; General Motors, Toyota e BMW. O fator crítico é o custo, muito elevado, admitindo-se que ainda há um longo caminho a percorrer para reduzi-lo a níveis compatíveis com as possiblidades do mercado.

Uma alternativa viável, a curto prazo, para substituir o petróleo como fonte energética nos motores de combustão interna usados nos veículos automóveis é o álcool.

O Brasil foi pioneiro na produção em escala industrial de veículos movidos a álcool, sua grande vitória na busca de alternativas para o petróleo. De 1983 a 1988 a produção de autoveículos a álcool superou 50% do total produzido no país (em 1983 atingiu 66,1% do total). Por falta de uma política coerente com a grande potencialidade do setor alcoolquímico, a fabricação de carros a álcool decresceu substancialmente a partir de 1990. O álcool passou a ser usado para incrementar a octanagem da gasolina, numa mistura de 22% em volume de álcool anidro. Quando o suprimento de petróleo voltar a escassear e, conseqüentemente, os preços subirem, a experiência brasileira na fabricação de carros a álcool não deixará de ser considerada, não obstante os vultosos investimentos em curso para desenvolver a sofisticada tecnologia da célula de hidrogênio combustível.

Embora ainda não haja evidência de escassez acentuada de suprimento de petróleo a curto prazo, seus preços, manipulados pelo cartel da OPEP, vêm subindo persistentemente há algum tempo, já tendo superado a cotação de US$ 60 o barril. A utilização de álcool como combustível veicular voltou a despertar interesse. Desde 2003 a indústria automobilística no Brasil vem produzindo veículos movidos a álcool/gasolina (combustível flexível – *flex-fuel*). Em 2004, a participação percentual dessas unidades atingiu 25,9%, continuando a crescer em 2005 (34,6% até março).

A produção de biodiesel derivado de óleos vegetais (como mamona, babaçu, soja) vem sendo estimulada pelo governo, para utilização principalmente em tratores e máquinas agrícolas.

8. A nova meta: um veículo essencialmente nacional

A meta atingida pelo GEIA foi a fabricação no Brasil de veículos automóveis usando partes e peças fabricadas no país. Ao longo de cinco anos esse objetivo foi sendo progressivamente atingido. Chegamos a 1961 usando praticamente 100% de peças fabricadas no Brasil, embora especificadas no exterior. Foi o período de absorção do *know how*. Desde então a engenharia automobolística brasileira vem evoluindo consideravelmente. Não é de hoje que o brasileiro cobra a fabricação no Brasil de veículos essencialmente nacionais, isso é: concebidos para atender às características do mercado brasileiro e, por extensão, de países emergentes, com níveis de desenvolvimento econômico e social semelhantes aos do Brasil.

Até há pouco tempo, ainda havia resistência das matrizes das montadoras em transferir desenvolvimento tecnológico para os países emergentes. Elas demoraram a perceber que tinham uma base de engenharia "de primeira" e barata instaladas em países como o Brasil. Já foram os tempos em que os engenheiros brasileiros e de outros países emergentes tinham de ir à Europa para aprender o que já estava defasado por lá. A base tecnológica brasileira oferece hoje às montadoras mão-de-obra capaz, produtiva e barata.

Cada vez mais apertados pela necessidade de cortar custos, montadoras como a General Motors começam a transferir custos do desenvolvimento de veículos para os países emergentes e incluem centros de engenharia mais capacitados a desenvolver automóveis dessas regiões, na elaboração de novos projetos.

De acordo com o novo conceito, um consumidor americano poderia comprar um carro fabricado nos Estados Unidos mas projetado na Coréia. Esse futuro automóvel poderá também nascer da união de projetos desenvolvidos em diferentes partes do planeta. Dessa forma, esse carro do futuro poderá ser a a soma de projetos de diversas nacionalidades que resultarão em um único veículo. O sistema de suspensão, por exemplo, poderá ser projetado no Brasil, onde sobra conhecimento no assunto como conseqüência das estradas esburacadas.

Essa globalização de engenharias automotivas está em franca evolução. Engenheiros da General Motors de cinco países vêm se reunindo mensalmente. Estados Unidos, Alemanha, Áustria, Brasil e Coréia, conectam-se em videoconferência a cada trinta dias e pessoalmente a cada noventa. Planejam juntos os próximos automóveis e, pela primeira vez, daqui a quatro anos, os consumidores de todo o planeta conhecerão projetos nascidos dessa globalização de engenharia automotiva.

É oportuno lembrar que, ao longo dos anos 90, a engenharia automotiva brasileira perdeu muito de sua autenticidade. Na época, as montadoras trouxeram até mesmo seus fornecedores prediletos para o país, que se encarregaram de comprar fábricas de autopeças brasileiras. Esta foi a pior fase da engenharia automotiva brasileira.

Há sintomas de que hoje seja o momento mais importante da engenharia automotiva no Brasil, havendo motivos para augurar que breve estaremos produzindo o veículo essencialmente nacional, em conteúdo e concepção.[124]

---

[124] Olrros, Marli. "Brasil ajuda a desenvolver o carro global", *Valor*, São Paulo, 7 e 8 de maio de 2005.

Capítulo XVIII

Novos rumos para a economia brasileira

1. A recuperação do papel do Estado

Um projeto nacional para o século 21 requer a recuperação da importância do papel de Estado na economia. Cabe definir de que forma a política econômica continuará a navegar entre os perigos da recessão, de um lado, e da hiperinflação e insolvência externa, do outro, mediante a adoção de políticas públicas que contribuam para combater os desequilíbrios sociais e regionais. Tudo isso em meio à necessidade de definir nova fronteira de expansão para os próximos anos, bem como garantir o pleno exercício da cidadania e da liberdade.[125]

Os anos posteriores ao governo Kubitschek foram carentes de definições de rumo ou trilharam por rumos equivocados: a interrupção do regime democrático por vinte anos; a moratória da dívida externa; o desastrado interregno Collor, com confisco e o trauma do *impeachment*; a precipitada abertura do mercado interno à competição internacional, sem limites; o propósito obcecado de controlar a inflação, nestes últimos anos, como objetivo único, com o mercado inundado de importações amparadas por um endividamento externo inconseqüente e taxas de juros explosivas, que levaram a dívida pública interna a níveis espantosos.

Em favor da abertura a importações de mercadorias invoca-se a ineficiência do protecionismo como alocador de recursos, como obstáculo aos interesses do consumidor nacional e como fator comprometedor das chances de uma inserção competitiva na economia mundial, vista como única forma de promover o desenvolvimento.[126]

---

[125] XIV - Congresso Brasileiro de Economistas, "Carta de Recife", *in Jornal dos Economistas*, Rio de Janeiro, novembro de 2001.

[126] NOGUEIRA BATISTA, Paulo. *O Consenso de Washington: visão neoliberal dos problemas latino-americanos, Rio de Janeiro*, 1994.

Não se leva em conta, nessa argumentação, o caráter oligopolístico do comércio internacional dominado por grandes empresas nem o fato de que substancial parcela desse comércio já se faz intrafirmas, entre matrizes e subsidiárias, o que torna ainda mais difícil o controle das práticas restritivas de negócios. Nem se toma em consideração o quanto a má estrutura da distribuição da renda pode afetar a propensão a importar. Nesse raciocínio, desconsidera-se também o risco da desindustrialização e do desemprego, que inevitavelmente reduz o número de consumidores cuja defesa se invoca.

Ao preconizar a *abertura pela abertura*, como um fim em si mesmo, não se menciona o que de fato se pratica em países do chamado Primeiro Mundo que nos são apontados como modelo. Não se esclarece que ali a abertura dos mercados se faz com a observância de três princípios básicos: a) obtenção de contrapartidas equivalentes dos parceiros comerciais; b) admissão de cláusula de salvaguarda contra a concorrência desleal ou capaz de desoganizar os mercados; e c) gradualidade na redução das barreiras tarifárias, processo que se estendeu por quatro décadas de sucessivas rodadas multilaterais de negociação.

O que se fez no Brasil – com início ainda no governo Collor, é bom lembrar – foi a inserção não negociada, pela abertura unilateral e rápida de nosso mercado. Isso sem levar na devida conta que as trocas comerciais entre as nações são cada vez mais reguladas pelas práticas comerciais restritivas das multinacionais.

Muito discutível também é o conceito neoliberal de *vantagens comparativas*, como sendo intrinsecamente de natureza estática, isto é, em termos de utilização apenas dos fatores de produção existentes. Segundo essa concepção, o capital e a tecnologia só se transfeririam entre nações para exploração de recursos naturais ou para serviços cuja prestação exige presença no local onde são fornecidos.

Assim, o Brasil só teria condições de competir na exportação de produtos primários para os quais supostamente possui vocação natural e/ou em produtos manufaturados por mão-de-obra não qualificada e de baixos salários – como se fosse possível ou desejável perpetuar vantagens comparativas baseadas numa situação socialmente injusta e economicamente retrógrada.

A idéia da plena liberalização tampouco se compatibiliza com a experiência, apontada como exemplo de sucesso, dos novos países industrializados da Ásia. O êxito econômico desses países, indiscutivelmente lastreado na inicativa privada, não é, porém, atribuível a políticas de abstenção do Estado, como liberais caboclos procuram alardear. Pelo contrário, um modelo de crescimento comandado pelas exportações, como praticado pela Coréia do Sul e por Taiwan, pode muito bem exigir forte apoio governamental.

Os tigres asiáticos lançaram-se ao mercado externo mediante fortes subsídios oficiais e graças principalmente ao apoio governamental à criação de grandes empresas nacionais ou ao incentivo a pequenas e médias empresas. O modelo de crescimento puxado pelas exportações adotado por Coréia do Sul e Taiwan não se baseou tampouco numa abertura unilateral dos respectivos mercados. Um crescimento orientado para o exterior pode, portanto, muito bem se realizar sem liberalização comercial, sem abertura de mercado, mesmo negociada.

Os países asiáticos, ainda quando endividados e em que pesem as dificuldades recentes, em via de franca recuperação, souberam resistir à pressão dos credores ocidentais, seguindo um projeto próprio de desenvolvimento que está longe de se poder considerar neoliberal, o que deixa perplexo o Banco Mundial.

2. O reaquecimento da economia

Cabe a pergunta: teria sido possível derrubar a inflação, da astronômica taxa de 2.700% a.a. em 1994 para cerca de 8% a.a em menos de sete anos, sem a competição irrestrita das mercadorias importadas a preços muito inferiores aos das mercadorias produzidas no Brasil? Provavelmente não. Mas tudo poderia ter sido feito com gradualismo. A queda da inflação não teria sido tão espetacular, num período tão curto, mas em compensação tantas empresas não teriam encerrado suas atividades, criando um número tão grande de desempregados, com tantas consequências sociais negativas. A economia brasileira não teria se tornado tão dependente do exterior nem tão vulnerável ao capital especulativo, nacional e estrangeiro. Não teria havido um grau tão elevado de desindustrialização, e o empresariado nacional estaria mais fortalecido para enfrentar a competição crescente que a globalização da economia exige – mesmo com uma taxa de inflação maior do que a atual mas cadente.

Durante décadas a economia brasileira cresceu à taxa média de 7% a.a, surpreendendo o mundo, não obstante a convivência com uma persistente inflação que acabou atingindo níveis insuportáveis que era imprescindível abater. Com o Plano Real, partimos para o extremo oposto. Contivemos uma inflação galopante num prazo tão curto que também surpreendeu o mundo. Por outro lado, a economia nunca cresceu tão lentamente.

É preciso buscar o meio termo. Após os anos de estabilização dos preços, está mais do que na hora de dispensar maior atenção à economia real e a seu desenvolvimento.

Tal como aconteceu ao tempo do Plano de Metas, quando o presidente Juscelino conseguiu uma convergência entre técnicos nacionalistas e técnicos cosmopolitas, é oportuno agora criar condições para que técnicos desenvolvimentistas e técnicos monetaristas se entendam em torno de um plano de ação que congregue governo e iniciativa privada, não propriamente para abandonar o programa de estabilização e nem romper com o Fundo Monetário Internacional (FMI), mas para definir estratégias nítidas visando à recuperação do desenvolvimento com estabilidade, sem abrir mão de nossa identidade cultural.

A abertura da economia – iniciada pelo governo Collo, aprofundada no governo Fernando Henrique Cardoso e tendo prosseguido no governo Lula –, vista e entendida como inevitável, gerou uma situação de desamparo em vários setores da indústria brasileira e também entre os trabalhadores. A partir de então temos nos distanciado cada vez mais de qualquer modelo que possa identificar-se com uma política industrial.

A globalização não cria necessariamente embaraço ao desenvolvimento econômico e pode até criar novas oportunidades de crescimento, desde que os agentes tenham uma noção clara do processo e os governos desenvolvam estratégias que permitam aproveitar suas vantagens.

É possivel obter uma inserção internacional adequada do país se o Estado brasileiro tiver um planejamento estratégico que contemple uma visão sistêmica e holística do desenvolvimento sustentado.

Aos que acreditam que o neoliberalismo é a solução para todos os nossos problemas é imperativo lembrar que, num país como o Brasil, com grandes desigualdades regionais e econômicas, numerosa população e problemas sociais agudos, seria um erro grave adotar um modelo como o preconizado pelos neoliberais sem pensar profundamente sua adequação à realidade nacional. Precisamos procurar soluções próprias para nossos problemas. Essas soluções podem, naturalmente, incorporar elementos provenientes da experiência de outros países, mas a adaptação não pode ser mecânica.

O reconhecimento de que, menos de setenta e cinco anos depois de iniciada oficialmente, a disputa entre capitalismo e socialismo terminou com a vitória do primeiro não implica admitir que venceu o estilo anglo-saxão (ou norte-americano) de capitalismo.

A autorizada revista *The Economist*, em edição de 16/04/1999, analisando o modelo econômico americano, questiona: "*Será que o modelo americano provou sua superioridade?*" Após discorrer sobre os sete modelos que considera os mais representativos (o próprio modelo americano, o japonês, o dos tigres asiáticos, o alemão, o sueco, o neo-zelandês e o holandês), conclui que o modelo ideal muda de acordo com as circunstâncias.

Cabe no entanto considerar três características, comuns em maior ou menor escala aos sete modelos analisados, mas com ênfase especial no modelo japonês, que muito influenciou os dos tigres asiáticos, devem merecer atenta análise dos formuladores da política econômica e social do governo brasileiro:

- a íntima cooperação entre o governo e a iniciativa privada;
- a valorização dos recursos humanos; e
- a formação e preservação de uma burocracia estatal competente.

Naqueles países asiáticos as relações estreitas entre as empresas, o sistema bancário e o governo tornaram possível a formulação e execução de políticas mais preocupadas com o longo prazo e menos vulneráveis às contigências de curto prazo.

A atenção dispensada pelas empresas e pelo governo à educação, em todos os níveis, com ênfase especial no treinamento da mão-de-obra e a preocupação com seu bem-estar, constituiu a base de uma sociedade solidária e de uma coesão social que explicam o elevado nível de produtividade e os baixos níveis de litígio entre patrões e empregados no Japão e nos novos países industrializados do sudeste asiático.

A existência de uma burocracia estatal capaz é outro elemento que se deveria imitar. O perigo a evitar é o de criar uma burocracia eficiente mas divorciada da realidade social que a circunda.

Nosso país possui condições para perseguir esses objetivos, tendo em vista os padrões já atingidos em passado não muito distante.[126] Lamentavelmente, eles têm sido um tanto relegados a segundo plano nas cogitações de nossos governos, principalmente após o regime militar que assumiu o poder em 1964 e os governos que o sucederam. A participação de representantes da iniciativa privada nos conselhos governamentais, como o Conselho Monetário Nacional e a extinta Comissão de Política Aduaneira, por exemplo, foi suprimida ou perdeu expressão.

O mesmo se pode dizer a propósito da valorização dos recursos humanos. A pouca atenção que se vem dispensar à formação de recursos humanos, desde a precariedade do ensino básico, dificulta a maior difusão do ensino técnico-profissional no Brasil, que já mereceu maior atenção do governo, associado à iniciativa privada, e despertou a atenção da comunidade empresarial internacional, pelo magnífico trabalho desenvolvido pelo Senai (Serviço Nacional de Apredizagem Industrial) e pelo Senac (Serviço Nacional de Aprendizagem Comercial). Na área da saúde pública e do saneamento básico o quadro é ainda mais preocupante, situando-nos entre os países de pior qualidade de vida nas classificações das organizações internacionais.

Foi, no entanto, no item formação e preservação de uma burocracia estatal competente que mais regredimos.[127] O governo Vargas realizou, ainda nos anos 40, uma das mais abrangentes e eficazes reformas da administração pública de que se tem notícia, inclusive em escala internacional, levada a efeito pelo DASP (Departamento Administrativo do Serviço Público). Estabeleceu o sistema do mérito para admissão ao serviço

---

[127] LATINI, Sydney A. "Novos rumos para a economia brasileira", *Carta Mensal* (Confe-deração Nacional do Comércio – CNC), Rio de Janeiro, julho de 1999.

público, protegendo-o da nefasta influência de interesses políticos menores; proporcionou treinamento de pessoal para o exercício da função pública; racionalizou e padronizou a elaboração dos orçamentos públicos nos níveis federal, estadual e municipal; modernizou a administração mediante a difusão de métodos de organização e racionalização; garantiu a estabilidade e o respeito aos interesses do servidor público, assegurando o acesso em carreiras devidamente estruturadas, bem como reduzindo o grau de subjetividade na avaliação de desempenho.

Tendo sido realizado sob um governo ditatorial, esse esforço de mo-dernização foi acoimado de centralizador e incompatível com o regime de liberdade política estabelecido após a queda da ditadura Vargas, não obstante inspirado em padrões consagrados da *Civil Service Commission*, do governo democrático de Franklin Delano Roosevelt, presidente dos Estados Unidos.

No exercício de suas funções, o DASP, como sói acontecer com qualquer esforço reformador, contrariou muitos interesses políticos. Aos poucos foi perdendo prestígio, até desaparecer. Velhas práticas foram sendo restabelecidas, começando pela desmoralização do sistema do mérito para ingresso no serviço público. Os quadros da administração pública se incharam, a eficiência foi se reduzindo, a imagem do funcionário público foi se degradando, as despesas com a rubrica de pessoal nos orçamentos públicos foi se tornando insuportável. Depois disso a administração pública, direta e indireta, se deteriorou de forma dramática, concentrando-se o esforço principal na redução do pessoal. Quase nada foi feito na preparação de novos quadros de forma compatível com a revolução tecnológica que estamos vivendo e com a estrutura de um Estado moderno.[128] A importância do papel do Estado na economia passou a ser cada vez mais questionada. A pregação em prol do Estado mínimo cresceu, coincidindo com a onda neoliberal que se propagou em escala global. Globalização, privatização, hegemonia do mercado, são os dogmas da nova religião. A hipertrofia do Estado e a conseqüente ineficiência da administração pública passaram a ser considerados erros irremediáveis, que só seria possível corrigir escancarando o mercado interno à competição internacional,

---

[128] DIAS LEITE, Antônio. "Está difícil crescer", *Jornal do Brasil*, Rio de Janeiro, 05/02/02.

sem restrições, e transferindo à iniciativa privada, nacional ou estrangeira, com urgência, muitas vezes sem considerar o impacto negativo da transferência, todos os ativos controlados pelo governo.

As forças do mercado passaram a dominar, soberanas, obedecendo apenas aos movimentos indicativos de sua mão invisível. O furor de privatizar atingiu tais proporções que chegou a ameaçar empresas que desempanham papel estratégico, como a Petrobrás e o Banco do Brasil. Este último, instrumento de execução da política creditícia e financeira do governo federal.[129]

Como instrumento estratégico para nosso desenvolvimento, especialmente se considerarmos o seu papel de apoio à agricultura e às exportações, o Banco do Brasil exerce – como com toda a propriedade afirmou o deputado e ex-ministro Delfim Netto – "*as funções de olhos e braços do governo*".

A nação tem objetivos – ou pelo menos devia tê-los – que não são cumpridos, pelo sistema financeiro privado, nem aqui e nem no exterior. Ultimamente as legítimas funções do Banco do Brasil como instrumento de execução da política creditícia e financeira do governo federal têm sido mal aproveitadas.

Não tem nenhuma lógica um governo deixar, pela simples dificuldade de resolver alguns problemas adminitrativos, de utilizar a enorme capacidade de mobilização do Banco do Brasil em todas as regiões do país, em apoio a setores vitais para o desenvolvimento brasileiro, como ocorreu em quase duzentos anos de nossa história.

Para toda uma geração de participantes – direta ou indiretamente – do processo de construção da nação brasileira, associando-o à própria história do Banco do Brasil, é inimaginável admitir que seu controle possa vir a se transferir para o setor privado, porque, na medida em que o governo perca esse instrumento, vai esvaziar sua capacidade de intervir, não só do ponto de vista da política de financiamento da produção, especialmente na agricultura e no fomento à exportação, em que o Banco do Brasil tem um papel destacado, mas também em termos operacionais, num mercado financeiro cada vez mais exposto a manobras especulativas sofisticadas e comandadas pelo capital privado sediado nos países mais ricos.[130]

---

[129] Lei nº 4.595, sancionada em 1965, que implantou a reforma bancária e criou o Banco Central.
[130] LATINI, Sydney A. "A crise financeira global e a responsabilidade dos bancos", *Carta Mensal* (Conselho Técnico da Confederação Nacional do Comércio), Rio de Janeiro, setembro de 2000.

Capítulo XIX

Epílogo

A implantação da indústria automobilística no Brasil não resultou de improvisação precipitada, de voluntarismo irresponsável ou da criação de condições artificiais para acelerar o processo de industrialização do país.

O acontecimento que passou à história como o da implantação da indústria automobilística no Brasil, de 1956 a 1961, foi a culminância de um processo iniciado, na realidade, nos anos 40, durante a Segunda Guerra Mundial, quando a indústria nacional de autopeças – constituída em sua maioria absoluta por pequenas e médias empresas – empreendeu esforço pioneiro para abastecer o mercado de reposição e manter a frota de veículos em circulação, abrindo assim perspectiva para o grande salto.

Terminado o conflito, a variedade das autopeças já fabricadas internamente e a experiência adquirida despertaram a atenção das autoridades, então empenhadas em conter os gastos em moeda estrangeira para suprir um mercado ávido por importações e atender a uma forte demanda, inevitavelmente reprimida durante cerca de cinco anos.

Era imperioso substituir importações e mobilizar a indústria local para produzir aqui tudo que fosse possível. Criaram-se mecanismos destinados a estabelecer rigorosos critérios de prioridade para importação e utilização parcimoniosa das preciosas divisas acumuladas durante a guerra, que rapidamente se esgotavam.

A iniciativa privada aceitou o desafio, consciente das oportunidades que se descortinavam, e o governo ofereceu os incentivos cabíveis e procurou aperfeiçoar os mecanismos e instrumentos administrativos indispensáveis. A intervenção do Estado foi exercida no sentido de fortalecer a iniciativa privada.

Desde 1952 governo e iniciativa privada, após cerca de um ano de pesquisas, estudos e negociações, já haviam formado consenso quanto à viabilidade de fabricar no Brasil veículos automóveis com crescente participação de peças produzidas pela indústria local, desde que assegurado o ambiente político, administrativo e econômico indispensável para a continuidade de um plano com regras estáveis. Acontecimentos políticos que marcaram os três anos subseqüentes adiaram a realização dos planos delineados, só retomados em 1956, com a posse do presidente Juscelino Kubitschek e a aprovação de seu Plano de Metas, que se propôs realizar "cinqüenta anos em cinco" e contemplava, entre outros objetivos, a definitiva implantação da indústria automobilística no Brasil.

Grande mérito do novo governo foi atualizar as conclusões e recomendações elaboradas no governo Vargas e, em curto prazo, aprovar os Planos Nacionais Automobilísticos, realizá-los com fiel observância das normas estabelecidas, unidade de comando e coordenação de execução, que conquistaram a confiança dos investidores.

Em 1961 o complexo industrial automobilístico instalado no Brasil já podia oferecer ao mercado (só naquele ano) 145.584 veículos internamente fabricados, com 95%, em peso, de peças também aqui fabricadas.

A abertura às importações de veículos e autopeças, realizada abruptamente a partir de 1965, sem um razoável período de adaptação, atingiu profundamente a indústria local de autopeças, tornando-a cada vez mais dependente de adequação às estratégias das montadoras que, todas sediadas no exterior, ampliaram seu poder de comando sobre o processo de reestruturação global e regional do complexo automobilístico.

As aproximadamente 2 mil fábricas de autopeças, preponderantemente de pequeno e médio portes, que chegaram a existir no Brasil foram reduzidas a cerca de quinhentas. Paralelamente à concentração, ocorre também progressiva desnacionalização do capital, o que contraria as expectativas dos idealizadores dos Planos Nacionais Automobilísticos, na fase pioneira. O desenvolvimento do setor está ocorrendo sobretudo mediante transferência de tecnologia do exterior, que acompanha o ingresso de capitais, mais do que por inovação tecnológica gerada internamente, como se preconizava.

Esperava-se maior apoio governamental à inovação tecnológica nas etapas subseqüentes à implantação, quando maior ênfase foi dada à substituição de importações. Isso não vem ocorrendo.

A lógica da política de substituição de importações indicava que o crescimento do mercado nacional elevaria gradativamente a capacidade da indústria quanto ao domínio das operações mais complexas, condição necessária para uma política de exportação. Essa lógica, porém, não se confirmou principalmente devido à falta de continuidade e de coordenação da política industrial, após o governo Kubitschek, bem como à fragilização da capacidade de financiamento e do mercado interno de capitais.

Uma reestruturação competitiva em profundidade de nossa indústria exigiria, antes de mais nada, disposição governamental para comandar uma integração ativa no mercado internacional, assim como a resolução de problemas estruturais que demandam investimentos disponíveis.

Outra conseqüência da abertura às importações foi a guerra fiscal entre os governos estaduais visando atrair para seu território fábricas de novas marcas e até mesmo das já instaladas no país, oferecendo para isso incentivos superiores aos anteriormente concedidos aos fabricantes pioneiros, na fase de implantação da indústria. Vários governos estaduais comprometeram-se mesmo a participar com capital na construção de novas fábricas e a realizar vultosas obras de infra-estrutura.

Como não se estabeleceram regras uniformes, estados e municípios promoveram verdadeiros leilões, comprometendo recursos desnecessariamente, uma vez que as precondições para o desenvolvimento da indústria nacional já haviam sido criadas. Não houve comando único, permitindo-se a proliferação exagerada de montadoras, atraídas por vantagens fiscais que só se justificaram na fase pioneira de implantação do setor. Às fábricas retardatárias, ao contrário, dever-se-ia ter solicitado a oferta de contra-partida para terem acesso a um dos mercados mais promissores, e não concedido formas adicionais de incentivo.

Criadas as bases para a implantação da indústria automobilística no país mediante a oferta de incentivos de natureza fiscal, cambial, creditícia e comercial, e consolidado seu funcionamento durante quase cinqüenta anos, ao longo dos quais comprovou sua capacidade de adaptar-se às contingências das mais diversas conjunturas e de superar desafios, ela atingiu a maturidade. O êxito de sua trajetória para novas conquistas não mais depende dos cuidados especiais dispensados às indústrias nascentes, porém da preservação de ambiente propício ao desenvolvimento da atividade econômica de modo geral.

Anexos

I – O Plano de Metas
II – Importação de produtos de trigo, do petróleo e automobilísticos (Brasil – 1945/1955)
III – A Secretaria Executiva do GEIA
IV – Estimativa de custos da indústria automobilística no Brasil (1962/1968)
V – Produção de autoveículos a álcool no Brasil (1979/1982)
VI – Medidas de política que afetaram o setor automotivo no Brasil (1990/1998)
VII – Frota mundial de veículos e números de habitantes por veículo
VIII – Produção mundial de autoveículos
IX – Produção da indústria automobilística no Brasil (1957/2000 – projeção até 2010)
X – Produção e faturamento da indústria automobilística instalada no Brasil (1990/2000)
XI – Faturamento da indústria de autopeças instalada no Brasil segundo o destino (1990/1999)
XII – Participação, em valor, de autopeças fabricadas no país no faturamento da indústria automobilística instalada no Brasil (1990/2000)
XIII – Investimentos do complexo industrial automobilístico no Brasil (Fluxos no período 1990/2000)
XIV – Balanço das exportações e importações de autopeças (1988/2000)
XV – Balanço das exportações e importações da indústria automobilística brasileira (1988/2000)
XVI – Fábricas de motores no Brasil

Anexo I

O Plano de Metas

I – SETOR DE ENERGIA

META 1. ENERGIA ELÉTRICA – Elevação da potência, instalada de 3.000.000 kW para 5.000.000 kW até 1960 e ataque de obras que possibilitarão o aumento para 8.000.000 kW em 1965.

META 2. ENERGIA NUCLEAR – Instalação de uma central atômica pioneira de 10.000 kW e expansão da metalurgia dos minerais atômicos.

META 3. CARVÃO MINERAL – Aumento da produção de carvão de 2.000.000 para 3.000.000 de toneladas/ano, de 1955 a 1960, com ampliação da utilização *in loco* para fins termelétricos dos rejeitos e tipos inferiores.

META 4. PETRÓLEO (Produção) – Aumento da produção de petróleo de 6.800 barris, em fins de 1955, para 100.000 barris de média de produção diária, em fins de 1960.

META 5. PETRÓLEO (Refinação) – Aumento da capacidade de refinação de 130.000 barris diários, em 1955, para 330,000 barris diários, em fins de 1960.

II – SETOR DE TRANSPORTES

META 6. FERROVIAS (Reaparelhamento) – Com investimento de US$ 239 milhões e Cr$ 39,8 bilhões.

META 7. FERROVIAS (Construção) – Construção de 2.100 km de novas ferrovias, 280 km de variantes a 320 km de alargamento de bitola.

META 8. RODOVIAS (Pavimentação) – Pavimentação asfáltica de 5.000 km de rodovias até 1960.

META 9. RODOVIAS (Construção) – Construção de 12.000 km de rodovias de 1ª classe até 1960.

META 10. PORTOS E DRAGAGEM – Reaparelhamento e ampliação de portos e aquisição de uma frota de dragagem com investimento de US$ 32,5 milhões e Cr$ 5,9 bilhões.

META 11. MARINHA MERCANTE – Ampliação da frota de cabotagem e longo curso de 300.000 toneladas e da frota de petroleiros de 330.000 toneladas (*dead-weight*) *dwt*.

META 12. TRANSPORTE AEROVIÁRIO – Renovação da frota aérea comercial com a compra de 42 aviões.

III – SETOR DE ALIMENTAÇÃO

META 13. PRODUÇÃO AGRÍCOLA (Trigo) – Aumento da produção de trigo de 700.000 toneladas para 1.500.000 toneladas.

META 14. ARMAZÉNS E SILOS – Construção de armazéns e silos para uma capacidade estática de 742.000 toneladas.

META 15. ARMAZÉNS FRIGORÍFICOS – Construção e aparelhamento de armazéns frigoríficos para uma capacidade estática de 45.000 toneladas.

META 16. MATADOUROS INDUSTRIAIS – Construção de matadouros com capacidade de abate diário de 3.550 bovinos e 1.300 suínos.

META 17. MECANIZAÇÃO DA AGRICULTURA – Aumento do número de tratores em uso na agricultura de 45.000 para 72.000 unidades.

META 18. FERTILIZANTES – Aumento da produção de adubos químicos de18.000 toneladas para 120.000 toneladas de conteúdo de nitrogênio e anidrido fosfórico.

IV – SETOR DE INDÚSTRIAS DE BASE

META 19. SIDERÚRGICA – Aumento da capacidade de produção de aço em lingotes de 1.000.000 para 2.000.000 toneladas por ano, em 1960, e para 3.500.000 toneladas, em 1965.

META 20. ALUMÍNIO – Aumento de capacidade de produção de alumínio de 2.600 para 18.800 toneladas, em 1960, e 42.000 toneladas, em 1962.

META 21. METAIS NÃO-FERROSOS – Expansão da produção e refino de metais não-ferrosos (cobre, chumbo, estanho, níquel etc.).

META 22. CIMENTO – Aumento da capacidade de produção de cimento de 2.700.000 para 5.000.000 toneladas anuais, em 1960.

META 23. ÁLCALIS – Aumento da capacidade de produção de álcalis de 20.000 toneladas, em 1955, para 152.000 toneladas anuais, em 1960.

META 24. CELULOSE E PAPEL – Aumento da produção de celulose de 90.000 para 260.000 toneladas e de papel de jornal de 40.000 para 130.000 toneladas, entre 1955 e 1960.

META 25. BORRACHA – Aumento da produção de borracha de 22.000 para 65.000 toneladas, com início da fabricação da borracha sintética.

META 26. EXPORTAÇÃO DE MINÉRIO – Aumento da exportação de minério de ferro de 2.500.000 para 8.000.000 toneladas e preparação para exportação de 30.000.000 toneladas do próximo qüinqüênio.

META 27. INDÚSTRIA AUTOMOBILÍSTICA – Implantação da indústria para produzir 170.000 veículos nacionalizados em 1960.

META 28. CONSTRUÇÃO NAVAL – Implantação da indústria de construção naval.

META 29. INDÚSTRIA MECÂNICA E DE MATERIAL ELÉTRICO PESADO – Implantação e expansão da indústria mecânica e de material elétrico pesado.

V – SETOR DE EDUCAÇÃO

META 30. PESSOAL TÉCNICO – Intensificação da formação de pessoal técnico e orientação da Educação para o Desenvolvimento.

Fonte: Conselho do Desenvolvimento, Presidência da República, "Relatório do Diretor Executivo". Atividades do ano de 1958, Volume I, Rio de Janeiro, 1959.

Anexo II

Importação de produtos do trigo, do petróleo e automobilísticos (Brasil – 1945 / 1955)

US$ 1.000.000 (*)

	Trigo e farinha de trigo (A)	Petróleo bruto e derivados (B)	Veículos aut. e autopeças (C)	TOTAL PARCIAL (A+B+C)	IMPORTAÇÕES TOTAIS
1945	73,3	28,2	20,4	122,0	437,3
1946	47,0	40,9	51,1	139,1	651,4
1947	124,4	74,5	147,2	346,2	1.139,4
1948	124,6	108,9	146,9	268,3	1.049,2
1949	115,7	107,4	104,8	328,0	1.032,4
1950	102,2	131,2	139,5	373,1	1.015,6
1951	129,5	198,1	276,5	604,1	1.859,9
1952	137,2	227,2	261,4	625,9	1.858,9
1953	185,7	242,1	64,6	492,5	1.318,6
1954	154,8	268,8	89,0	502,6	1.633,5
1955	161,6	259,3	51,7	472,8	1.306,8

Médias:

1945/52	106,7	114,6	142,3	363,7	1.130,5
1945/55	122,3	153,3	126,6	402,2	1.209,4

(*) À taxa de Cr$ 20,00/US$.

Fonte: Serviço de Estatística Econômica e Financeira do Ministério da Fazenda (SEEFMF).

Anexo III

A secretaria executiva do GEIA

Os titulares dos diversos órgãos governamentais que constituíam o GEIA, na data de sua fundação, 16 de junho de 1956, eram os seguintes:

1) Lúcio Martins Meira – presidente-ministro da Viação e Obras Públicas.
2) José Garrido Torres – diretor executivo da Superintendência da Moeda e do Crédito.
3) Ignácio Tosta Filho – diretor da Carteira de Comércio Exterior do Banco do Brasil.
4) Paulo Pook Correia – diretor da Carteira de Câmbio do Banco do Brasil.
5) Roberto de Oliveira Campos – diretor superintendente do Banco Nacional do Desenvolvimento Econômico.

Até pouco antes da extinção do GEIA, no início de 1964, o almirante Lúcio Meira foi mantido na Presidência, mesmo após haver deixado o Ministério da Viação e Obras Públicas e durante os períodos em que foi, sucessivamente, presidente do BNDE (ainda no governo Juscelino Kubitschek) e da Companhia Siderúrgica Nacional (no governo João Goulart). Durante o breve interregno do governo Jânio Quadros, embora tendo retornado à ativa, na Marinha, continuou ocupando a presidência do GEIA e dos demais Grupos Executivos Industriais criados por sua iniciativa (Geimar – Grupo Executivo da Indústria de Máquinas Agrícolas e Rodoviárias; Geicom – Grupo Executivo da Indústria de Construção Naval; Geimape – Grupo Executivo da Indústria de Máquinas Pesadas; e Geimet – Grupo Executivo da Indústria Metalúrgica).

Os outros membros foram substituídos, à medida que também eram substituídos nos órgãos do governo representados no GEIA.

Em meados de 1957 o ministro da Guerra, marechal Henrique Teixeira Lott, reivindicou a participação daquele Ministério no GEIA.

Para representá-lo foi designado o então coronel-engenheiro de automóveis Arthur Napoleão Montagna de Souza. Deve-se ao hoje general Montanha, em particular, o grande esforço de padronização da nomenclatura do material automobilístico realizado por sua iniciativa, pela Associação Brasileira de Normas Técnicas (ABNT). Sua preocupação em incentivar a fabricação, no Brasil, dos milhares de parafusos usados na montagem dos veículos automobilísticos valheu-lhe o apelido carinhoso de "Coronel Parafuso".

Com a aprovação da chamada "Nova Lei de Tarifas Aduaneiras" (Lei nº 3.244, de 14/08/1957), o então criado Conselho de Política Aduaneira passou a integrar o GEIA, por intermédio de seu presidente, Gerson Augusto da Silva.

O Decreto nº 47.473, de 22 de dezembro de 1959, que instituiu o Plano Nacional da Indústria de Tratores Agrícolas, estabeleceu no Art. 2º (parágrafo único) que "a composição do GEIA, quando estiver sendo examinado assunto relacionado com a fabricação de tratores, será acrescida de um representante do Ministério da Agricultura". Para esse posto foi indicado o engenheiro agrônomo Adrião Caminha Filho.

O primeiro secretário executivo do GEIA – e primeiro preposto do seu presidente – foi o engenheiro Eros Orosco, que ocupou o posto até maio de 1957, quando se demitiu.

Orosco acompanhava Lúcio Meira desde a Subcomissão de Jipes, Tratores, Caminhões e Automóveis, quando era também assessor técnico da Cexim, ao tempo em que foi baixado, por inspiração daquela Subcomissão, o Aviso nº 288, de 19 de agosto de 1952, regulamentando a importação de peças e acessórios para veículos automóveis, "limitando-os aos elementos ainda não produzidos no país". Integrou o Grupo de Estudos da Indústria Automobilística – que precedeu o Grupo Executivo, no Conselho do Desenvolvimento, criado por Juscelino Kubitscheck –, do qual foi coordenador e do qual participavam, além do ministro Lúcio Meira, na qualidade de presidente, Roberto de Oliveira Campos (superintendente do BNDE), Guilherme Augusto Pegurier (representando a Sumoc), Armaldo Walter Blanck (por Inácio Tosta Filho, diretor da Cacex), Américo Cury (economista do BNDE). A 27 de maio de 1956 o Grupo de Estudos encaminhou relatório ao presidente da República, do qual resultaram os Planos Nacionais Automobilísticos e o GEIA.

Sucedeu Eros Orosco, como secretário executivo do GEIA e representante do ministro Lúcio Meira, o economista Sydney Alberto Latini, funcionário do Banco do Brasil, servindo então na Superintendência da Moeda e do Crédito (Divisão de Investimentos e Financiamentos Estrangeiros) e consultor especial do Conselho do Desenvolvimento. Latini permaneceu no órgão de maio de 1957 a outubro de 1963, quando se demitiu do GEIA e da Secretaria da Indústria, do Ministério da Indústria e do Comércio, da qual era também titular.

Quando o GEIA foi extinto – no início do movimento militar de 1964, o então o almirante Lúcio Meira já não era seu Presidente –, seu secretário executivo era Alberto Tângari, que foi provavelmente o único participante do GEIA desde sua constituição até o encerramento de suas atividades. Representou, no decorrer de quase todo esse período, a Superintendência da Moeda e do Crédito e exerceu ainda as funções de secretário executivo do Geimape.

José Fernandes Luna foi o preposto do diretor da Carteira de Câmbio do Banco do Brasil por um longo período. Foi também secretário executivo do Geicon.

O economista Maurício Pinheiro representou por muito tempo a Cacex.

Ao economista Américo Cury, primeiro representante do BNDE, sucederam João de Mesquita Lara, José Pelucio Ferreira, Sérgio Faria Alves de Assis e Jardy Sellos Corrêa.

Carlos Eduardo Mauro substituiu Tângari por um breve período. Ary Gilaberte sucedeu a Maurício Pinheiro, João Batista de Melo Serpa a Ary Gilaberte. O engenheiro Wilkie Moreira Borbosa, também da Cacex, incumbia-se da avaliação de todo equipamento importado.

Antônio Machado de Macedo substituiu Luna.

Quando o Coronel Montagna se afastou do GEIA, após longo período de atuação, foi substituído sucessivamente por Manoel F. Velho (major), Dilson Siciliano Loureiro (tenente-coronel), Renato Paiva Rio (tenente-coronel) e Dílio Lima Taborda (coronel).

Com a criação do Grupo Executivo da Indústria de Máquinas Agrícolas e Rodoviárias (Decreto nº 50.519, de 02 de maio de 1961), já no governo de Jânio Quadros e diretamente subordinado ao presidente da República, todos os titulares do GEIA (e seus respectivos prepostos) passaram a integrar também o novo Grupo Executivo, mais o diretor da Carteira de Crédito Agrícola e Industrial do Banco do Brasil, que se fez representar inicialmente pelo engenheiro agrônomo Diogo Paes Leme e, depois, por Newton Diniz.

O representante do Ministério da Guerra no Geimar era o major Jorge Alberto Silveira Martins.

Finalmente, com a instituição do Plano Nacional da Indústria de Máquinas Rodoviárias (Decreto nº 1.246, de 25 de junho de 1962), o Geimar foi acrescido de mais um membro – o representante do Departamento Nacional de Estradas de Rodagem, DNER. O novo posto foi ocupado pelo engenheiro Murillo Bretas Peixoto.

O expediente do GEIA – e depois, o do Geimar – era atendido por uma modesta mas dedicada secretaria, chefiada por Pedro Paulo Uchôa Bittencourt e integrada pelos seguintes funcionários: Otíllia Silva, Neide Nunes, Voltaire Valle Gaspar, Silvio Lago Junior, Orlando Moreira da Silva e Ruthléa Lima de Mattos.

O engenheiro mecânico Miguel Eugênio Monteiro de Barros, o economista Paulo Alfredo Spinelli e Francisco de Oliveira Clausen Junior assessoravam o secretario executivo.

As instalações da Secretaria Executiva do GEIA foram sempre muito modestas, ocupando espaços também muito exíguos, destinados à Secretaria Executiva do Conselho de Desenvolvimento que, por sua vez, funcionava agregada ao Banco Nacional do Desenvolvimento Econômico. Em sua curta existência (oito anos), a Secretaria Executiva do GEIA funcionou na rua 7 de Setembro (primeira sede do BNDE), na rua da Assembléia e na rua São José (Edifício São josé), no Rio de Janeiro, retornando a suas instalações originais na fase final.

Para assegurar maior agilidade ao processo de decisão, a Secretaria Executiva do GEIA mantinha contato permanente com representantes credenciados das empresas, em suas sedes no Rio de Janeiro ou em São Paulo (localização de praticamente todas as empresas), para onde se deslocavam, sempre que necessário, integrantes do GEIA. As fábricas eram visitadas com freqüência pelo engenheiro mecânico Miguel Eugênio Monteiro de Barros, assessor do GEIA localizado em São Paulo, cuja principal função era identificar eventuais problemas do segmento de autopeças, facilitar seus contatos com as fábricas de veículos, procurando diminuir eventuais conflitos de interesse, bem como aproximá-las de instituições de pesquisa e desenvolvimento tecnológico, como o Instituto Tecnológico de Aeronáutica, de São José dos Campos, o Instituto Tecnológico de São Paulo (IPT) e a Associação Brasileira de Normas Técnicas (ABNT).

A equipe de representantes no Rio de Janeiro das fábricas de veículos era constituída por profissionais de alto nível, que conquistaram desde logo a admiração e o respeito do GEIA por sua conduta leal, espírito de colaboração e entusiasmo pelo programa de implantação da indústria automobilística, a par do zelo na defesa dos interesses de cada empresa que representavam, sem deixar de torcer pelo sucesso de todos os concorrentes.

A dedicação desses profissionais facilitou o desempenho do GEIA e, muito especialmente, o de sua Secretaria Executiva. Ficaria incompleta a história da implantação da indústria automobilística no Brasil sem o registro de seus nomes:

Álvaro Castilho Penafiel (Mercedes-Benz do Brasil S.A.)
Edson Meirelles (International Harvester Máq. S.A.)
Euclydes Aranha Neto (Willys Overland do Brasil)
Floriano Spicacci (General Motors do Brasil S.A.)
Guilherme Arinos de Lima Verde (Volkswagen do Brasil S.A.)
Ishiro Nischtani (Toyata do Brasil, Ind. Com. Ltda.)
João Rondom Caporossi (Simca)
Manoel Fernando Thompson Motta (Mercedes-Benz do Brasil S.A.)
Paulo Salomão (Ford Motores do Brasil S.A.)
Pedro Leão Veloso Wahman (Vemag S.A., Veículos e Máquinas Agrícolas)

Obs.: A 19 de junho de 1964 (já, portanto, no início do regime militar que assumiu o poder a 31 de março) o decreto nº 53.975 criou, entre outros, no âmbito do Conselho de Desenvolvimento Industrial (CDI), o Grupo Executivo das Indústrias Mecânicas (Geimec), que absorveu os grupos executivos da Indústria Automobilística (GEIA), da Indústria de Máquinas Agrícolas e Rodoviárias (Geimar) e da Indústria Mecânica Pesada (Geimape).

Reza o referido decreto, em seu artigo segundo, que "os grupos executivos terão como finalidade geral promover e orientar a expansão e integração das indústrias do respectivo setor, assim como fomentar a exportação de seus produtos".

Todos os grupos executivos passaram a ser integrados por um representante do ministro extraordinário para o Planejamento e Coordenação Econômica, além dos órgãos que já integravam os antigos grupos executivos. Os respectivos secretários executivos passam a ser designados pelo ministro da Indústria e Comércio. O primeiro secretário executivo do Geimec foi Alberto Tangari.

Estava, assim, extinto o GEIA.

Anexo IV

Estimativa de custos da indústria automobilística no Brasil (1962 – 1968)

(%)

	1962	1963	1964	1965	1966	1967	1968
Custos diretos	56,5	46,7	46,4	50,6	51,6	48,8	47,4
Matérias-primas	8,8	6,5	6,9	8,3	9,2	8,2	8,7
Componentes	44,1	36,7	35,7	37,7	37,2	35,2	33,7
Combustíveis e lubrificantes	0,4	0,4	0,5	0,5	0,5	0,5	0,4
Energia elétrica	0,2	0,2	0,3	0,6	0,6	0,6	0,5
Mão-de-obra	3,0	2,9	3,0	3,5	4,1	4,3	4,1
Custos indiretos	38,0	46,8	48,9	44,2	45,5	50,7	49,5
Despesas administrativas	4,8	5,6	5,2	4,7	5,0	5,4	5,4
Despesas de vendas	11,3	16,6	12,3	11,6	12,0	12,9	11,8
Despesas financeiras	2,0	1,5	2,1	2,1	1,3	1,6	1,2
Impostos	16,7	20,9	22,2	18,6	21,2	24,9	26,2
Depreciação	3,2	2,2	7,1	7,2	6,0	5,9	4,9
Custo Total	94,5	93,5	95,3	94,8	97,1	99,5	96,9
Lucros	5,5	6,5	4,7	5,2	2,9	0,5	3,1
Valor de Produção	100,0	100,0	100,0	100,0	100,0	100,0	100,0

Fonte: SHAPIRO, Helen. "State Intervention and Industrazation: The Origin of Brazilian Automotive Industry", Yale University, 1988.

Anexo V

Produção de autoveículos a álcool no Brasil (1979 – 1992)

	Produção total (A)	Produção de veículos a álcool (B)	% B/A
1979	1.127.966	4.624	0,4
1980	1.165.174	254.015	21,8
1981	780.841	128.828	16,4
1982	859.27	237.585	27,6
1983	896.454	592.984	66,1
1984	864.652	560.492	64,8
1985	966.706	642.147	66,4
1986	1.056.332	699.183	66,1
1987	920.071	460.555	50,0
1988	1.068.756	569.31	53,2
1989	1.013.252	398.275	39,3
1990	914.466	83.259	9,1
1991	960.219	150.877	15,7
1992	1.073.861	193.441	1,8
1993	1.391.435	264.651	19,0
1994	1.581.389	142.76	9,0
1995	1.629.008	40.484	2,4
1996	1.804.328	7.732	0,4
1997	2.069.703	1.273	0,06
1998	1.586.291	1.451	0,09
1999	1.356.714	11.314	0,8
2000	1.691.240	11.106	0,6

Fonte: Anfavea.

Anexo VI

Medidas de política que afetaram o setor automobilístico no Brasil (1990 – 1998)

Instrumento – Medida

1. Portaria MEEP 259/90 (31/5/90) – Altera alíquotas *ad valorem* do Imposto de automóveis para 85%.

2. Portaria MEEP 58/91 (31/1/91) – Estabelece as alíquotas *ad valorem* do Imposto de Importação em vigor de15/2/9 a 31/12/95.Tarifa estabelecida: 60% para o período de 15/2/91 a 31/12/91; 50% para o ano de 1992; 40% para o ano de 1993 e; 35% para os anos de 1994 e 1995.

3. Portaria MEEP 131/92 (18/2/92) – Altera a data de vigência das alíquotas *ad valorem* do Imposto de Importação fixadas pela Portaria MEEP 58/91. Tarifa estabelecida: 40% para o período de 01/10/92 a 30/06/93; e 35% a partir de 01/07/93.

   Câmaras Setoriais 1992/94 – Diversos acordos tripartites foram realizados. As negociações envolveram redução de impostos (IPI, ICMS), redução de preços e foram estabelecidos níveis de emprego e salário.

4. Portaria MF 506/94 (22/9/94) – Altera a alíquota *ad valorem* do Imposto de Importação de automóveis para 20% (alíquota prevista na Tarifa Externa Comum).

5. Decreto 1.391 (10/2/95) – Inclui os veículos automobilísticos na Lista de Exceção à Tarifa Externa Comum. Passa a vigorar a partir de 10/02/95 a alíquota de importação de 32% para automóveis.

6. Decreto 1.427 (29/3/95) – Altera a alíquota *ad valorem* do Imposto de automóveis que consta na lista de Execução, a TEC. Passa a vigorar a partir de 29/03/95 a alíquota de importação de 70% para automóveis.

7. MP 1.024 (13/6/95) – Reduz para 25 a alíquota do Imposto de Importação de produtos utilizados pelo setor automotivo; 1) máquinas, equipamentos, 2) matérias-primas, partes, peças, componentes, conjuntos e subconjuntos. A medida estabelece cotas de importações vinculadas ao desempenho das firmas, não diferenciando o comércio brasileiro realizado com o Mercosul.

8. MP 1.235 (14/12/95).

9. Decreto 1.761 (26/12/95).

10. Decreto 1.863 (16/4/96) – Estabelece as bases do chamado Regime Automotivo Brasileiro. Entre os diversos incentivos, destacam-se: as montadoras instaladas no país poderão importar automóveis com redução de 50% do imposto de importação e bens de capital com redução de 90% do Imposto de Importação. A redução do imposto para as importações de máquinas, equipamentos, matérias-primas e peças realizadas pelas montadoras instaladas no Brasil seguirão o seguinte cronograma: redução de 85% em 1996; 70% em 1997; 55% em 1998 e 40% em 1999. Índice de nacionalização de 60%. Para as chamadas *newcomers* são estabelecidas flexibilidades especiais. O comércio brasileiro realizado com o Mercosul obedecerá a regras específicas.

11. MP 1.483 (4/2/96) – Modifica a Medida Provisória 1.235.

12. Decreto 1.987 (20/8/96) – Estabelece cota tarifária para importação de 50 mil carros no prazo de um ano a partir da data de publicação do Decreto procedentes de Coréia, Japão e União Européia.

13. MP 1.532 (18/12/96) – Estabelece regime especial para as montadoras que venham a se instalar nas regiões Norte, Nordeste e Centro-Oeste. Fixou-se até 31/05/97 o prazo de habilitação para novas montadoras.

14. Decreto 2.072 (24/11/96) – Altera as alíquotas *ad valorem* do Imposto de máquinas, equipamentos, peças e componentes. Fica estabeleci-

do o seguinte cronograma: redução de 60% no período de 24/11/96 a 31/12/96; 55% em 1997; 40% em 1998 e 1999.

15. Decreto 2.307(20/7/97) – Estabelece cota tarifária para importação de 50 mil carros, no prazo de um ano a partir da data de publicação do Decreto, procedentes de Coréia, Japão e União Européia.

16. Lei 9.440 (14/03/97)
Decreto 2.179 (14/03/97)
Port. Interm. Nº (31/03/97) – Regime Automotivo Especial – regiões NO, NE e CO.

17. Lei 9.449 (14/03/97)
Decreto 2.072 (14/11/96)
Port. Intem. Nº 1 (05/01/97) – Regime Automobilístico Geral.

18. Lei Nº 1.602 (14/11/97) – Altera os incentivos referentes às alíquotas de importação da Lei 9.440 e da Lei 9.449 para empresas não habilitadas até 14/11/97.

19. Decreto 2.391 (20/11/97)
Decreto 2.386 (14/11/97)
Decreto 2.375 (11/11/97) – Alteram as alíquotas do IPI para veículos automotores.

20. Decreto 2.638 (30/6/98) – Altera o Decreto 2.072 – Resultado na negociação Brasil/EUA.

21. Decreto 2.706 (3/8/98) – Altera as alíquotas do IPI para automotores.

Fonte: Banco de dados sobre indústria automobilística DIPPP/IPEA.

Anexo VII

Frota mundial de veículos e número de habitantes por veículo

	Frota de Veículos[1] (000.000)		Habitantes[2] (000.000)		Habitantes por veículo	
	2000	1990[3]	2000	1990	2000	1990
Estados Unidos	215	180	278	250	1,3	1,3
Japão	74	58	127	124	1,7	2,1
Alemanha	48	33	82	79	1,7	2,4
Itália	36	30	57	58	1,6	1,9
França	33	28	59	56	1,8	2,0
Reino Unido	31	26	59	57	1,9	2,2
Rússia	26	24	147	146	5,6	6,0
Espanha	21	14	40	39	1,9	2,8
Brasil	20	13	170	150	8,5	11,5
Canadá	17	17	31	27	1,8	2,7
México	15	10	99	86	6,6	8,6
China	15	6	1.278	1.199	85,2	186,5
Austrália	12	10	19	17	1,6	1,7
Coréia do Sul	12	3	47	43	3,9	14,3
Holanda	7	6	16	15	2,3	2,5
Argentina	7	6	37	32	5,3	5,3
África do Sul	6	5	40	35	6,7	7,0
Bélgica	5	4	10	10	2,0	2,5
Áustria	4	4	8	8	2,0	2,0
Suécia	4	4	9	9	2,2	2,2
Mundo	727	583	6.079	5.292	8,4	9,0

[1] Fonte: Anfavea.
[2] Fonte: *The Economist - 2002*.
[3] Estimativa baseada em números divulgados pela Anfavea, referentes ao crescimento médio no período 1988/1998.

Anexo VIII

Produção mundial de autoveículos (1991 – 2000)

(em milhões de unidades)

	1995	1996	1997	1998	1999	2000
Estados Unidos	12.065	11.859	12.158	12.003	13.025	12.800
Japão	10.196	10.347	10.975	10.05	9.895	10.144
Alemanha	4.667	4.843	5.023	5.727	5.688	5.527
França	3.475	2.391	2.580	2.954	3.180	3.348
Espanha	2.334	2.412	2.562	2.826	2.852	3.033
Coréia do Sul	2.526	2.813	2.818	1.954	2.843	3.115
Canadá	2.420	2.397	2.257	2.173	3.059	2.964
China	1.435	1.470	1.580	1.628	1.830	2.069
México	937	1.226	1.360	1.453	1.550	1.935
Reino Unido	1.765	1.920	1.936	1.976	1.973	1.814
Itália	1.667	1.545	1.828	1.6293	1.701	1.738
Brasil	1.629	1.804	2.070	1.586	1.357	1.691
Rússia (CEI/CIS)	1.106	1.062	1.224	1.093	1.234	1.2960
Índia	573	686	596	513	818	796
Bélgia	468	438	431	406	398	581
Polônia	382	384	322	415	575	556
República Tcheca	216	272	367	410	376	455
Taiwan	410	366	381	405	353	362
Austrália	332	325	349	384	303	348
Suécia	490	463	480	483	246	296
Outros	480	502	1.030	998	2.402	2.702
Total	50.136	50.114	53.117	51.932	56.259	58.296

Fonte: Anfavea.

Anexo IX

Produção da indústria automobilística no Brasil (1957/2000 - projeção até 2010)

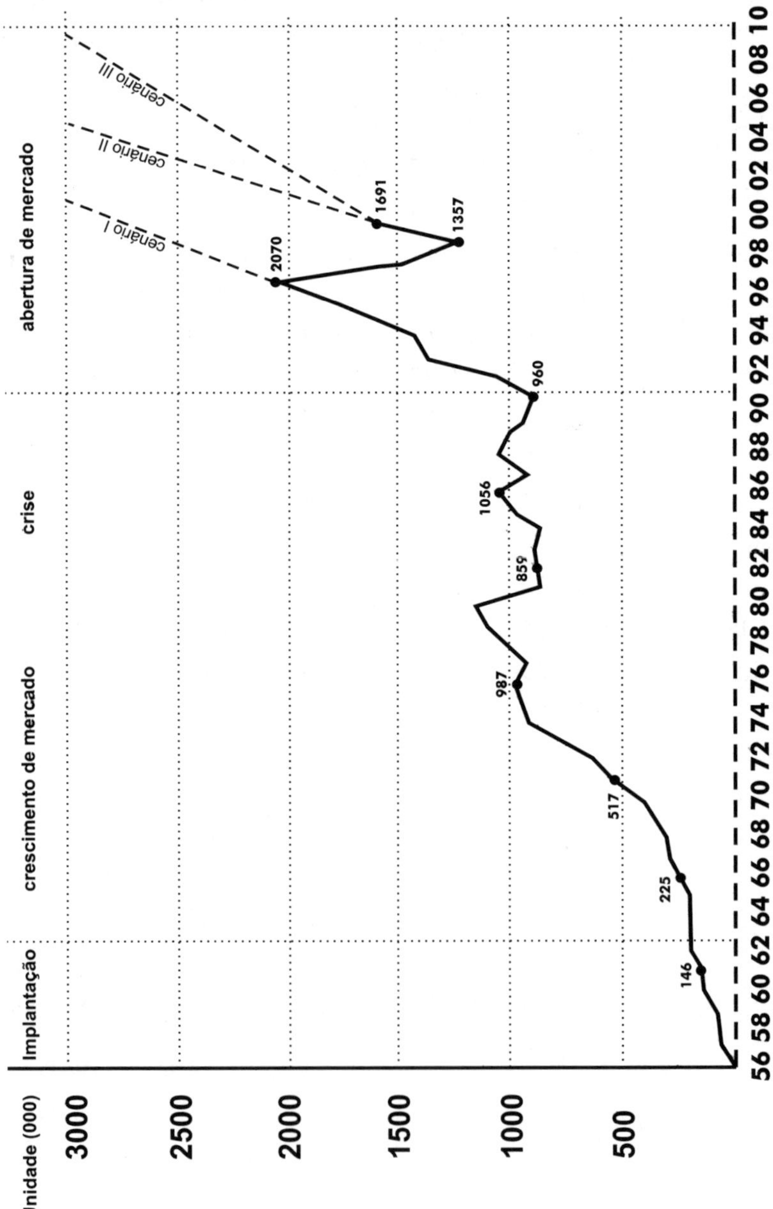

Capacidade ociosa no ano 2000: 46,7%.

Fonte: Anfavea.

Anexo X

Produção e faturamento da indústria automobilística instalada no Brasil (1999 – 2000)

	Produção (unidade)	Faturamento[1] (US$ milhões)	Preço médio unitário (USA)	Participação no PIB industrial[2] (%)
1990	914.466	10.511	11.494	7,0
1991	960.219	10.602	11.041	7,1
1992	1.063.861	12.943	12.053	9,0
1993	1.391.435	14.708	10.570	9,6
1994	1.581.389	17.914	11.328	10,9
1995	1.629.008	16.939	10.398	10,1
1996	1.804.328	18.118	10.041	10,4
1997	2.069.703	20.007	9.666	10,9
1998	1.585.630	19.625	12.377	10,9
1999	1.350.828	16.375	12.122	9,2
2000	1.545.000	18.729	12.122	9,5
1999 – 2000	15.905.867	176.471	11.090	9,5

Fonte: Anfavea.
[1] Faturamento líquido, sem impostos.
[2] Estimativa.

Anexo XI

Faturamento da indústria de autopeças no Brasil segundo destino (1990 – 1999)

	Total[1] (US$ milhões)	Indústria automobilística (%)	Mercado de reposição (%)	Exportações (%)	Outros fabricantes (%)
1990	12.244	57,7	26,0	11,1	5,2
1991	9.848	59,5	22,3	13,5	4,7
1992	10.122	60,1	20,3	15,1	4,5
1993	13.222	61,6	17,5	15,7	5,2
1994	14.376	60,4	19,3	15,5	4,8
1995	16.584	59,5	19,8	15,0	5,7
1996	16.122	59,5	19,5	14,6	6,4
1997	17.458	59,8	17,9	14,7	7,6
1998	14.853	58,0	19,0	17,0	6,0
1999	10.4	56,0	19,0	18,0	7,0

Fonte: Sindipeças.

[1] Faturamento convertido em dólar pela taxa cambial média de cada ano, com Imposto de Circulação de Mercadorias e Serviços (ICMS) e sem Imposto sobre Produtos Industrializados (IPI).

Anexo XII

Participação, em valor, de autopeças fabricadas no país no faturamento da indústria automobilística instalada no Brasil
(1999 – 2000)

	Faturamento da indústria automobilística (US$ milhões) (A)	Faturamento da indústria de autopeças (US$ milhões) (B)	Fornecimento à indústria automobilística (US$ milhões) (C)	% (C/A)
1990	10.511	12.244	7.065	67,2
1991	10.602	9.848	5.860	55,3
1992	12.943	10.122	6.083	47,0
1993	14.708	13.222	8.145	55,4
1994	17.914	14.376	8.632	48,5
1995	16.939	16.584	9.867	58,2
1996	18.118	16.122	9.593	52,9
1997	20.007	17.458	10.388	51,9
1998	19.625	14.853	8.614	43,9
1999	16.375	10.400	5.824	35,9
2000	18.729			

Fonte: Anfavea e Sindipeças.

Anexo XIII

Investimentos do complexo industrial automobilístico no Brasil (Fluxos no período 1999 – 2000)

(US$ milhões)

	Indústria automobilística	Indústria de autopeças	Total
1990	995	987	1.982
1991	938	764	1.702
1992	945	715	1.660
1993	967	702	1.669
1994	1.311	883	2.194
1995	1.800	1.247	3.047
1996	2.438	1.296	3.734
1997	2.168	1.798	3.966
1998	2.454	1.580	4.034
1999	1.883	1.000	2.883
2000	2.057	1.100	3.157
1999 – 2000	17.956	12.072	30.028

Fonte: Anfavea e Sindipeças.

Anexo XIV

Balanço das exportações e importações de autopeças (1988 – 2001)

(US$ milhões FOB)

	Exportações	Importações	Saldo
1988	2.081,23	910,54	1.170,69
1989	2.119,73	708,22	1.411,51
1990	2.128,73	837,11	1.291,62
1991	2.047,82	843,82	1.204,00
1992	2.312,18	1.059,92	1.252,26
1993	2.665,10	1.549,49	1.115,61
1994	2.985,63	2.072,96	912,67
1995	3.262,09	2.789,35	472,74
1996	3.509,53	3.422,61	86,92
1997	4.041,54	4.394,12	(352,58)
1998	4.031,31	4.175,00	(143,69)
1999	3.590,28	3.847,42	(257,14)
2000	3.820,87	4.227,98	(407,11)
2001[1]	3.667,34	4.196,18	(528,80)

Fonte: Anfavea e Sindipeças.
[1]Dados preliminares.

Anexo XV

Balanço das exportações e importações da indústria automobilística brasileira[1] (1988 – 2000)

US$ milhões

	Exportações	Importações	Saldo
1988	3.192	890	2.302
1989	3.175	832	2.343
1990	2.409	933	1.477
1991	2.173	937	1.237
1992	3.376	1.186	2.19
1993	2.965	1.979	986
1994	3.139	2.866	272
1995	2.864	5.074	(2.210)
1996	3.608	5.141	(1.533)
1997	4.688	5.718	(1.030)
1998	5.004	5.397	(393)
1999	3.585	4.359	(774)
2000	3.953	4.215	(262)

Fonte: Anfavea e Sindipeças.
[1]Autoveículos, máquinas agrícolas automotrizes, peças e componentes exportados e importados pelas empresas associadas à Anfavea.

Anexo XVI

Fábricas de motores no Brasil

Marca	Localização	Produção 1999 (em unidades)	Capacidade (em mil unidades/ano)	Exportação[1] (%)
Volkswagen	São Carlos (SP)	360	630	–
	São Bernardo (SP)	–	500	–
GM	São José dos Campos (SP)	365	780	20
Ford	Taubaté (SP)	250	250	–
Fiat[2]	Betim (MG)	330	550	–
Iveco	Sete Logoas (MG)	–	30	15
Renault	São José dos Pinhais (PR)	–	400	50
Tritec	Campo Largo (PR)	–	100	100
Detroit	Curitiba (SC)	–	60	98
Volvo	Curitiba (SC)	–	60	–
Cummins	Guarulhos (SP)		50	10
MWM	São Paulo (SP)		110	20
Navistar Motores	Canoas (RS)	–	70	25
Mercedes Benz	São Bernardo (SP)	–	–	–

Fontes: Empresas.
[1]Motores em carros montados CKD e para mercado de reposição.
[2]Inclui fábrica antiga e nova.

Referências Bibliográficas

ALMEIDA, José. *A implantação da indústria automobilística no Brasil.* Rio de Janeiro: Fundação Getúlio Vargas, 1972.

ANFAVEA (Associação Nacional dos Fabricantes de Veículos Automotores). "Alguns aspectos da indústria automobilística brasileira". São Paulo.

ARBIX, Glauco. *Uma aposta no futuro*, São Paulo: Scritta, 1996.

BANCO CENTRAL. "Memória do Departamento Econômico 1951/1993". Suplemento do Boletim do Banco Central. Rio de Janeiro, 1994.

BEDÊ, Marco Aurélio, 1996. A indústria automobilística no Brasil nos anos 90: proteção efetiva, reestruturação e política industrial. São Paulo: DE-FEA-USP, Tese de Doutorado em Economia.

BELCHIOR, Elyzio de Oliveira. *A economia brasileira em 1945*. Rio de Janeiro: Confederação Nacional do Comércio (Departamento Econômico), 1997.

BENEVIDES, Maria Victoria de Mesquita. *O governo Kubitschek, Desenvolvimento Econômico e Estabilidade política*, Rio de Janeiro: Paz e Terra, 1976.

BIELSCHOWSKY, Ricardo. *Cinqüenta anos de pensamento da Cepal.* Rio de Janeiro: Editora Record, 2000.

BNDE – CEPAL (GRUPO MISTO). "Esboço de um programa de desenvolvimento para a economia brasileira (período 1955/62)". Segunda redação. Rio de Janeiro, 1955.

BETTING, Joelmir. "Carro nacional, uma crise imaginária", São Paulo: *Manchete* (Especial, X Salão do Automóvel), 1976.

CAMPOS, Roberto. *A lanterna na popa*. Rio de Janeiro: Topbooks, 1994.

CONFEDERAÇÃO NACIONAL DO COMÉRCIO (CNC). "Mercado Comum do Sul (Mercosul) e Foro Consultivo Econômico Social (FCES)". Rio de Janeiro, 2000.

CONFEDERAÇÃO NACIONAL DA INDÚSTRIA (CNI). "Análise e perspectivas da indústria automobilística". Rio de Janeiro, 1959.

CONSELHO DO DESENVOLVIMENTO. Relatório ao Presidente Juscelino Kubitschek, do Grupo de Estudos do Conselho do Desenvolvimento para examinar o problema da criação da indústria automobilística no Brasil (O documento foi assinado por Lúcio Meira, Roberto de O. Campos, Guilherme Pegurier, Arnaldo Blank por Ignácio Tosta Fº, Américo Curry e E. Orosco). Rio de Janeiro, 1956.

CONSELHO DO DESENVOLVIMENTO. "A meta da indústria automobilística". Rio de Janeiro, 1957.

FURTADO, Celso. *A fantasia organizada*, Rio de Janeiro: Paz e Terra, 1985.

GARNERO, Mário. *Energia: o futuro é hoje*. Rio de Janeiro: Anfavea, 1980.

GATTÁS, Ramiz. *A indústria automobilística e a 2ª Revolução Industrial no Brasil*. São Paulo: Prello Editora, 1981.

GONÇALVES, Verguiaud Calazans e outros. "O século do automóvel no Brasil (Edição comemorativa do quadragésimo aniversário da Brasinca)". São Paulo, 1989.

HIRSCHMAN, Albert. *The strategy of economic development*. Yale University Press, 1958.

IEDI (INSTITUTO DE ESTUDOS PARA O DESENVOLVIMENTO INDUSTRIAL). "Indústria de autopeças, estratégia de sustentação para os anos 90". São Paulo, 1993.

INSTITUTO DA CULTURA URUGUAYO-BRASILEÑO. Serie Divulgación l – "Juscelino Kubitschek el hombre y su obra". Montevideo, Uruguay, 1958.

JAGUARIBE, Hélio. *Desenvolvimento econômico e desenvolvimento político*. Rio de Janeiro: ISEB, 1958.

KUBITSCHEK, Juscelino. *Diretrizes gerais do plano nacional de desenvolvimento*. Belo Horizonte: Livraria Oscar Nicolai Ltda, 1955.

KUBITSCHEK, Juscelino. *50 anos em cinco*. Rio de Janeiro: Bloch.

KUBITSCHEK, Juscelino. *Meu caminho para Brasília*. Rio de Janeiro, Boch, 2001.

LAFER, Celso. Sistema político brasileiro: estrutura e processos. São Paulo: Perspectiva, 1975.

LATINI, Sydney A. *Estrutura do comércio mundial e aspectos da evolução do balanço de pagamentos do Brasil no após-guerra*. Rio de Janeiro: Escola Superior de Guerra, 1957.

LATINI, Sydney A. "Indústria automobilística" (Geologia e Metalurgia, Centro Moraes Rego, Escola Politécnica, Universidade de São Paulo), Boletim nº 17. São Paulo, 1958.

LATINI, Sydney A. *Indústria automobilística: uma revolução vitoriosa*, Rio de Janeiro: Presidência da República (Serviço de Documentação), 1959.

LATINI, Sydney A. "Plano nacional do desenvolvimento industrial (Relatório do Secretário da Indústria)". Rio de Janeiro, 1963.

LATINI, Sydney A. "Uma revolução vitoriosa, a implantação da indústria automobilística no Brasil". IV Salão do Automóvel, Catálogo oficial. São Paulo, 1964.

LATINI, Sydney A. "Depoimento à Comissão Parlamentar de Inquérito destinada a investigar o custo do veículo nacional". Brasília, 1967.

LATINI, Sydney A. A maturidade da indústria automobilística e suas perspectivas (Comunicado ao I Congresso Nacional da Indústria Automobilística). São Paulo, 1974.

LATINI, Sydney A. *Suma Automobilística*. Rio de Janeiro: Editora Tama, 1984.

LATINI, Sydney A. "Os tigres asiáticos e o Brasil". *Carta Mensal* (Conselho Técnico da Confederação Nacional do Comércio CNC). Rio de Janeiro, 1991.

LATINI, Sydney A. "Lições do capitalismo japonês". *Carta Mensal* (Conselho Técnico da Confederação Nacional do Comércio CNC). Rio de Janeiro, 1993.

LATINI, Sydney A. "O Banco do Brasil". *Carta Mensal* (Conselho Técnico da Confederação Nacional do Comércio CNC). Rio de Janeiro, 1995.

LATINI, Sydney A. "O balanço de pagamentos do Brasil (1947/1994), subsídios e reflexões para uma análise". *Carta Mensal* (Conselho Técnico da Confederação Nacional do Comércio CNC). Rio de Janeiro, 1996.

LATINI, Sydney A. "Schacht apostava no Brasil". *Carta Mensal* (Conselho Técnico da Confederação Nacional do Comércio CNC). Rio de Janeiro, 2000.

LATINI, Sydney A.; e GATTÁS, Ramiz. *A indústria automobilística brasileira em face da Associação Latino-Americana de Livre Comércio*, Montevidéu: Anfavea, 1961.

LATINI, Sydney A.; e MOURA, Ricardo. "Orçamento de câmbio no Brasil". *Econômica Brasileira*, 1995.

LEFF, Nathaniel. *Economic policy – making and development (1947/1964)*. Nova York: John Willey & Sons, 1968.

LEWIHSOHN, Richard. "Alterações no conceito de inflação", *Economika*, 1946.

LOPES, Lucas. *Memórias do desenvolvimento*. Rio de Janeiro: Centro de Memórias da Eletricidade no Brasil, 1991.

MEIRA, Lúcio. "Depoimento à Câmara dos Deputados". Brasília.

MEIRA, Lúcio. "Advento do automóvel brasileiro". Discurso de abertura da Exposição da Indústria Automobilística Brasileira, comemorativo do 1° aniversário do GEIA. Rio de Janeiro, 1957.

MEIRA, Lúcio. "Os efeitos promocionais da indústria automobilística". Separada da revista *Econômica Brasileira*, vol. n° 1-2. Rio de Janeiro, 1958.

MEIRA, Lúcio. "Discurso na comemoração do lançamento do 100.000° autoveículo nacional e do 3° aniversário do GEIA". São Paulo, 1959.

MEIRA, Lúcio. "Um almirante pé na tábua". Entrevista à revista *Quatrorodas*. São Paulo, 1966.

MEIRA, Lúcio. "O homem que motorizou o Brasil". Entrevista à revista *Banas*. São Paulo, 1972.

MEIRA, Lúcio; e LATINI, Sydney A. "22 anos depois", entrevista à revista *Tendência*. Rio de Janeiro, 1978.

MINISTÉRIO DA VIAÇÃO E OBRAS PÚBLICAS. "Um plano em marcha". Rio de Janeiro: Serviço de Documentação, 1957.

MOREIRA FRANCO, Wellington. "A nacionalização dos veículos no Brasil". Tese de Mestrado. São Paulo: USP.

NEGRI, João Alberto de. *Avaliação do regime automotivo brasileiro*. Rio de Janeiro, 1998.

BATISTA Nogueira, Paulo. *O Consenso de Washington: a visão neoliberal dos problemas latino-americanos*. Rio de Janeiro, 1994.

OROSCO, Eros. *The automotive industry in Brazil*. Rio de Janeiro, 1960.

OWEN, Wilfred. *The accessible city*. Washington, D.C.: Brookings Institution, 1972.

PINTO, Mário da Silva. "O controle do comércio externo e o desenvolvimento econômico do Brasil (Subsídios para a História)". *Carta Mensal* (Conselho Técnico da Confederação Nacional do Comércio). Rio de Janeiro, 1992.

PRESIDÊNCIA DA REPÚBLICA. "Programa de metas do presidente Juscelino Kubitschek". Rio de Janeiro: Serviço de Documentação, 1958.

Revista do álcool. "A arrancada do carro a álcool". São Paulo, 1985.

RIBEIRO, Casimiro. "O Banco Central e a reforma do Estado". *Carta Mensal* (Conselho Técnico da Confederação Nacional do Comércio CNC). Rio de Janeiro, 1990.

ROSTOW, W. W. *Etapas do desenvolvimento econômico (um manifesto não comunista)*. Rio de Janeiro: Zahar, 1960.

ROTSTEIN, Jaime. *Conspiração contra o álcool*. Rio de Janeiro: José Alípio Editora (em co-edição com a APEC), 1985.

ROTSTEIN, Jaime. *Contrato com o Brasil*. Rio de Janeiro: Topbooks, 2000.

SCHACHT, Hjalmar. *Setenta anos de minha vida*. São Paulo: Editora 34, 1999.

SHAPIRO, Helen. "State intervention and industrialization: the origins of the brazilian automotive industry" (abstract). Yale University, 1988.

THOMPSON MOTTA, Manoel Fernando. "A criação da indústria automobilística". Palestra no Conselho Técnico da Confederação Nacional do Comércio CNC. Rio de Janeiro, 1999.

TRAVASSOS, Nelson Palma. *Quando eu era menino*. São Paulo: Edart, 1960.

VILLELA, Annibal. *Escritos selecionados*. Brasília: IPEA, 2000.

Índice Onomástico

Fotografias

Foto 1. Lúcio Meira foi o comandante da grande batalha, iniciada em 1951, ainda no segundo governo Vargas, que culminou com a implantação da indústria automobilística no Brasil. Foi o idealizador e presidente do GEIA (Grupo Executivo da Indústria Automobilística), de 1956 a 1964, uma das mais bem-sucedidas realizações do Plano de Metas do governo Juscelino Kubitschek (1956/ 1961). *(S.A.L.)*

Foto 2. Cena da Inauguração oficial da fábrica da Volkswagen do Brasil no km 23,5 da via Anchieta, em 18/11/59. Em um sedan conversível, estão em pé: o presidente Juscelino Kubitschek, no volante Schultz-Wenke, presidente da Volkswagen brasileira, e a seu lado Heinrich Nordhoff, presidente da Volkswagen mundial. *(CEDOC – ANFAVEA)*

Foto 3. A implantação da indústria automobilística no Brasil, no limitado período de cinco anos – 1956/ 1960 – deve-se ao esforço de muitos homens. Homens do governo e da iniciativa privada, empresários nacionais e estrangeiros; simples operários e técnicos altamente especializados; funcionários modestos e homens de grande projeção. A foto que ilustra esta página é de Alfred Jurzykowski, uma amostra representativa dos pioneiros que sempre serão lembrados. *(S.A.L.)*

Foto 4. Ramiz Gattás (sentado), líder do setor de autopeças e um dos pioneiros na campanha pela implantação da indústria automobilística no Brasil, foi homenageado por ocasião do lançamento do livro de sua autoria *A indústria automobilística e a 2° revolução industrial no Brasil*, durante o 12° Salão do Automóvel (1981). Na foto, (da esquerda para a direita) Alberto Tângari (GEIA), Vicente Mamana Neto (vice-presidente do Sindipeças), Lúcio Meira (GEIA), Sebastião Dayrell de Lima (presidente da Anfavea), Sydney A. Latini (GEIA) e Arthur Napoleão Montagna de Souza (GEIA). *(S.A.L.)*

Foto 5. Cenas da inauguração da Primeira Mostra Nacional de Autopeças, no Aeroporto Santos Dummont (Rio de Janeiro, 20/01/1953). Lúcio Meira (uniformizado) acompanha o presidente Getúlio Vargas. *(CEDOC – ANFAVEA)*

Foto 6. A Fábrica Nacional de Motores (FNM) desempenhou papel importante, oferecendo assistência técnica - e até financeira - à florescente indústria nacional de autopeças, logo após o fim da Segunda Guerra Mundial. Destacou-se nesse período o engenheiro Túlio de Alencar Guaripe (na foto), primeiro como seu diretor técnico e depois como seu presidente.
(Acervo de família)

Foto 7. O presidente Juscelino Kubitscheck funde o primeiro bloco de motor, em série, produzido no Brasil pela Sofunge em 21/12/55, para o caminhão Mercedes Benz. O segundo à direita é o engenheiro Eduardo Garcia Rossi, diretor da Sofunge. *(CEDOC- ANFAVEA)*

Foto 8. Durante a inauguração da fábrica da Mercedes Benz do Brasil em São Bernardo do Campo (57), o presidente Juscelino Kubitschek dirige o primeiro caminhão produzido no país por aquela fábrica, em 1956, ao lado do engenheiro Ludwing Winkler, diretor técnico da MBB. *(CEDOC - ANFAVEA)*

Foto 9. Caminhão Ford F-600 de 6 toneladas, com motor V-8 a gasolina, 167 hp, válvulas no cabeçote, cilindrando 4.458 cm^3, distância entre eixos de 4.456 mm e peso em ordem de marcha de 2.500 quilos. Tinha índice de nacionalização de 40% em peso. Saiu da linha de montagem às 10 horas do dia 26/08/57 e era o primeiro Ford brasileiro. *(CEDOC - ANFAVEA)*

Foto 10. Ludwig Winkler (ao centro) foi o engenheiro austríaco que comandou a instalação da Mercedes Benz do Brasil, em 1955, e conduziu sua consolidação, sob a liderança do polonês Alfred Jurzykowski. A foto registra a visita de membros do GEIA, acompanhados por ele e pelo embaixador Sérgio Correia da Costa, a fábricas da Daimler Benz AG, na Alemanha, em 1958. Da esquerda para a direita, Sydney A. Latini, Sérgio Correia da Costa, Ludwig Winkler e José Fernandes Luna. Não aparece na foto mas também participou da viagem o general Arthur Napoleão Montagna de Souza, do GEIA. *(S.A.L.)*

Foto 11. Utilitário Vemag Vemaguet, produzido no Brasil em 1959. *(CEDOC - ANFAVEA)*

Foto 12. Flagrante do almoço oferecido por Henry Ford II em homenagem ao ministro Lúcio Meira e membros do GEIA, no Rio de Janeiro, em 05/03/59. Da esquerda para direita: Lúcio Meira, Henry Ford II e Sydney A. Latini. *(CEDOC - ANFAVEA)*

Foto 13. Placa alusiva à inauguração do conjunto industrial da General Motors do Brasil S.A, em São José dos Campos (SP), construído em cumprimento às normas estabelecidas pelo GEIA. *(CEDOC – ANFAVEA)*

Foto 14. I Salão do Automóvel (1960). O deputado Cunha Bueno e Caio de Alcântara Machado na entrega do Prêmio Lucio Meira, instituído para incentivar a criação de projetos de veículos concebidos no Brasil. *(Roberto Nasser)*

Foto 15. I Salão do Automóvel (1960). Euclides Aranha (diretor da Willlys Overland do Brasil) e o então coronel Arthur Napoleão Montagna de Souza (representante do Ministério da Guerra no GEIA) apreciam um exemplar do jipe Willys, o primeiro veículo de passageiros produzido no Brasil. *(Roberto Nasser)*

Foto 16. Lançamento do automóvel Aero-Willys (25/03/60), com a presença do governador do estado de São Paulo, Lucas Nogueira Garcez, João Figueiredo, mais tarde, presidente da República, Edmundo Macedo Soares, diretores da Willys do Brasil, e Lúcio Meira. *(CEDOC - ANFAVEA)*

Foto 17. Os primeiros tratores agrícolas fabricados no Brasil foram apresentados ao mercado quase simultaneamente, em 1960, pela Valmet (na Escola de Agricultura Luiz de Queiroz, em Piracicaba, SP) e pela Ford (em Brasília) e simbolizam o coroamento dos Planos Nacionais Automobilísticos iniciados em 1956, coordenados pelo GEIA. Ao volante, Sydney Latini. *(S.A.L.)*

Foto 18. Lúcio Meira, Sydney Latini e Ramiz Gattás, na Exposição da Indústria Automobilística realizada no período de janeiro a março de 1961, no Museu de Arte Moderna do Rio de Janeiro. *(CEDOC- ANFAVEA)*

Foto 19. III Salão do Automóvel (1962). O presidente Juscelino Kubitschek e Caio de Alcântara Machado no interior de um automóvel em exposição. *(Roberto Nasser)*

Foto 20. O presidente João Goulart, acompanhado de Lúcio Meira, na cerimônia de inauguração da nova fábrica da Scania-Vabis na via Anchieta (São Paulo), em 1962. *(CEDOC- ANFAVEA)*

Foto 21. Jipe Toyota Bandeirante, o primeiro a sair das linha de montagem em 1962, conduzido por Lúcio Meira, que tinha a seu lado o então presidente da empresa, Kiyoyasum Koide. *(CEDOC- ANFAVEA)*

Foto 22. Na foto, Victor Civita e Sydney Latini, folheando o número zero da revista *Quatro Rodas*. *(Roberto Nasser)*

Foto 23. Para comemorar o 25º aniversário da criação do GEIA, seus ex-membros e representantes de fábricas de veículos instalados no Brasil, com projetos aprovados por aquele grupo executivo, reuniram-se, em 1981, na Associação Comercial do Rio de Janeiro. Da esquerda para a direita (a partir do segundo): Fausto Madeira Bastos, Maurício Pinheiro, Guilherme Arinos de Lima Verde, Paulo Salomão, Sydney Latini, Lúcio Meira, Arthur Napoleão Montagna de Souza, Ruy Barreto (presidente da ACRJ), Alberto Tângari, José Fernandes Luna, Euclydes Aranha Neto, Manoel Fernando Thompsom Motta, João Rondon Caporossi e João de Mesquita Lara. *(S.A.L.)*

Foto 24. XII Salão do Automóvel (1984). Na foto: Alberto Tângari (representante da Sumoc no GEIA), Lúcio Meira (presidente do GEIA), Sydney Latini (secretário executivo do GEIA), Caio de Alcântara Machado (presidente das organizações Alcântara Machado, promotora de feiras e exposições) e Lélio de Toledo Piza (presidente da Anfavea e diretor da Vemag). *(Roberto Nasser)*

LEIA TAMBÉM

DKW
A grande história da pequena maravilha

Paulo Cesar Sandler

Para os saudosos e para os amantes dos automóveis antigos, a história da "pequena maravilha" vem integrar a já consagrada coleção História Sobre Rodas, que visa contribuir para a preservação da memória e da cultura nacional. Este segundo livro da série conta a rica história da DKW e sua trajetória da Alemanha ao Brasil. No início dos anos 50, além do Fusca, havia outro automóvel com sotaque alemão rodando por nossas ruas e estradas: o DKW. Na segunda metade da década, tem início sua produção no Brasil através de uma parceria com a Vemag. Na época, verdadeiro orgulho nacional pelo pioneirismo na fabricação de automóveis no País. Além das ruas e estradas, o DKW também ganhou as pistas. Quem vivenciou aquele período ainda lembra-se do barulho ensurdecedor desses motores que tanto empolgava, e ainda empolga os amantes deste automóvel. Este volume traz mais de 650 fotos, algumas inéditas, que ilustram a chegada do primeiro carro brasileiro às ruas. Uma obra que irá fascinar colecionadores, admiradores e curiosos.

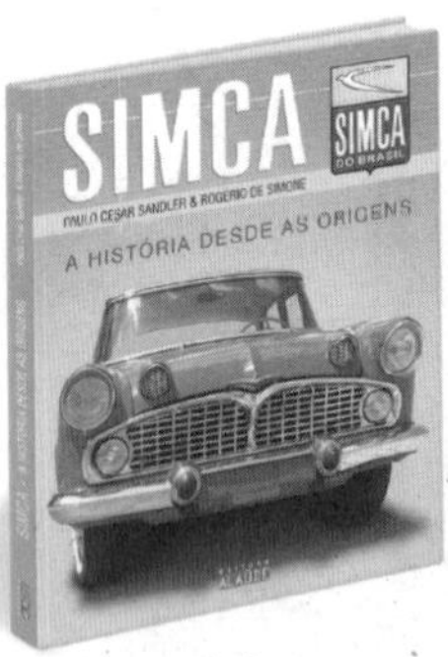

SIMCA
A história desde as origens

Paulo Cesar Sandler e Rogério de Simone

O livro começa contando a história da fábrica em seu país de origem – a França, convidando o leitor a acompanhar a evolução da marca desde sua fundação, nos anos 30, até a finalização de suas atividades, nos anos 80, tendo no meio do percurso a sua vinda para o Brasil, no final dos anos 50. A história da fábrica no Brasil, entre 1959 e 1967, é ilustrada com fotos históricas da linha de montagem e do lançamento dos principais modelos como Chambord, Jangada etc. Entre outras interessantes informações, o livro também conta a trajetória da marca nas pistas com destaque para as principais corridas no Brasil afora, assim como os principais resultados, incluindo a história da lendária equipe Simca, que teve como chefe o saudoso Chico Landi. Concebido num projeto gráfico e design de muito bom gosto, ricamente ilustrado, proporciona ao leitor uma viagem no tempo e no heróico universo dos pioneiros da indústria automobilística brasileira. Este é o primeiro título da coleção "História Sobre Rodas", cujo objetivo é preservar a memória da Indústria Automobilística Brasileira. Cada livro contará a história de uma única fábrica de automóvel, dentre as que se estabeleceram no Brasil, para que o assunto seja abordado de modo mais aprofundado e com maior riqueza de informações.